도박에 빠진 S대생

토카로트 지음

한국전자도서출판
Korea eBook Publishing Company

차례

들어가며 6
1장. 너나할 것 없이 온통 토쟁이 10
2장. 토쟁이 입문, 축구 18
3장. 축구의 재미와 감동에 푹 빠지다 22
4장. 바로 이러한 재미와 감동에 도박의 쾌락에 더해진다 29
5장. 삶의 변화 33
6장. 합법 베팅 사이트 - 토토, 프로토 35
7장. 불법 베팅 사이트 38
8장. 축구 베팅 42
9장. 승리로 인한 기쁨 48
10장. 그까짓 돈? 그까짓 돈도 없어서... 50
11장. 나도 이제 부자다 58
12장. 위기가 찾아오다. 도박에서 패배의 의미, '분노베팅' 62
13장. 넘지 말아야할 선을 넘어버렸다 71
14장. 명문대생, 전문 도박꾼이 되다 76
15장. 야구 베팅, 참 O같은 스포츠 79
16장. 농구 베팅, 나의 효자 종목 83
17장. 행복 중독 90
18장. 지옥행 티켓을 끊다. '사다리'의 시작 93
19장. 빠라바라밤빰 빠라바라밤빰 99
20장. 그런 사다리에 전념하기 시작하다 109

21장. 찾아온 위기, '몬테카를로의 오류' 111
22장. 추첨 대기 시간 115
23장. 지옥 체험 117
24장. 경솔했다 120
25장. 네ㅇ드 122
26장. 또 한 번의 패배 125
27장. 첫 승리 128
28장. 이번엔 '테마'다. 퐁당퐁당, 2222, 1234, 데칼코마니 131
29장. 그런데 왜 사다리 베팅을 그만두지 못했을까? 133
30장. 점점 미쳐가다 135
31장. 파산, 그리고 빚 137
32장. 더 이상은 안 되겠다 140
33장. 부모님께 고백 142
34장. 자숙과 생고생 145
35장. 또다시 찾아온 유혹 147
36장. 대리 베팅 149
37장. 뜻밖에 베팅의 불공정함을 파악하다 153
38장. 토사장이 되어보다 163
39장. 사업 확장 167
40장. 사업 성공 169

41장. 양심의 가책   171
42장. 복수   175
43장. 死다리 바로알기   177
44장. 死다리 정복하기   181
45장. 복수 성공   189
46장. 졸업   192
47장. 천국   197
48장. 다른 이름   200
49장. 승리로 인한 변화   203
50장. 파탄 난 성격이 베팅에까지 영향을 주다   213
51장. 결국엔…   215
52장. 정신병자   219
53장. 진짜 '지옥'   223
54장. 다시 눈을 뜨다   228
55장. 인간답지 못하다   230
56장. 파동 이론   236
57장. 공감   240
58장. 결말   243
59장. 끊어라   246
60장. 결말2   254
　　마치면서   257

들어가며

　승부조작 사건으로 연일 스포츠계가 들썩이고 있다. 의도적으로 볼넷을 내주어 주자를 출루시키는 야구 선수에서부터, 주전 선수들의 출장 시간에 변동을 주어 스코어를 조작한 프로 농구 감독, 상대에게 일부러 져주며 승패를 조작한 프로게이머까지, 승부조작에 대한 문제가 스포츠계의 화두로 떠오르고 있다. 도대체 이들이 자신의 모든 경력을 걸어가면서까지 승부조작에 가담하는 이유는 무엇일까? 대체 승부조작이 어디에 얼마나 많은 이익을 가져다주기에, 또 그에 대한 보답으로 얼마나 많은 돈을 받기에 그런 조작에 서슴없이 임하게 되는 것일까?
　스포츠 도박의 규모는 일반 사람들이 상상하는 것 그 이상이다. 일반적으로 보고된 규모만 해도 80조가 넘는다고 한다. 그 엄청난 규모에 맞게 조작을 청탁하는 사람, 조작을 가하는 사람이 얻어가는 부당이익은 실로 엄청나다. 최근에 적발된 세계대회 우승자 출신인 프로게이머는 한 경기에 1억 원을 받고 승부조작에 응해주었다고 한다. 여타 스포츠에 비해서 규모가 작은 e-스포츠에서도 이 정도니, 메이저 스포츠들의 경우 몇 배 혹은 몇 십 배는 더 큰 돈이 오갈 것이 자명하다.
　어마어마한 돈이 오가는 승부조작이 이루어질 정도로 스포츠 도박의 규모는 상상을 초월하는 정도이고, 이러한 엄청난 규모는 스포츠 도박을 이용하는 사람들이 그만큼 많다는 것을 방증해주는 것이다. 도대체 얼마나 많은 사람들이 스포츠 도박을 이용하는 것일까? 소위 "인생을 말아먹는다."라고 알려진 도박에 왜 이렇게 많은 사람들이 빠지게 되는 것일까?

  대부분의 사람들은 어떤 종류의 사람이 도박에 빠지게 되는 것인지, 또 도박을 시작한 이유는 무엇인지, 그리고 자신의 인생을 바쳐가면서까지 도박에 빠져 헤어나오지 못하는 이유는 무엇인지 의문이 들 것이다.

  도박에 빠지게 되는 사람들이 정해져 있는 것일까? 도박에 빠지게 되는 운명이 있는 것일까? 결코 그렇지 않다. 누구라도 도박에 빠져 인생을 파멸에 이르게 할 수 있다. 도박으로 인생을 탕진한 사람들의 경우를 자세히 살펴보면, 대부분 멀쩡한 사람들이고, 번듯한 직장을 다니고 있었거나 사회적으로 성공한 위치에 있었던 사람들도 있다. 그들은 인생을 말아먹기 위해서 도박을 시작한 것이 아니라 멀쩡히 잘 살다가 우연히 또는 호기심에 도박을 접해본 것일 뿐이다. 그렇게 호기심으로 접해봤을 뿐인데, 도박이 주는 엄청난 쾌락에 사로잡혀 자산을 탕진하고 인생을 말아먹게 된 것이다.

  나 역시 마찬가지로 도박의 '도'자도 몰랐고 관심도 없었다. 그저 공부 열심히 해서 좋은 대학교에 입학한 '학생'일 뿐이었다. 명문대에 입학을 했으니 이제 인생을 탕진해보자는 생각으로 도박을 시작한 것이었을까? 절대 그렇지 않다. 나는 소위 헬조선[1]이라 불리는 치열한 경쟁 사회에서 살아남기 위해 고군분투하며 살아가고 있었던 꿈 많은 20대 청년이었을 뿐이다. 그런 나 역시도 정말 우연히 도박을 접했고, 그 도박이 주는 엄청난 쾌락에 사로잡혀 인생을 파멸과 몰락의 길로 내던지게 된 것이다.

---

1) '지옥(Hell)'과 '조선(대한민국의 옛 중세왕조)'을 합성한 신조어로서, 옛 조선시대의 신분제도처럼 노력해도 쉽사리 상위계층으로 올라갈 수 없는 현실에 대한 불만을 지옥에 빗대어 표현하고 있다.

그런데 중요한 것은 요즘 세상에선 도박에 '우연히' 빠지게 되었다는 말이 더 이상 통용되지 않는다는 것이다. 이제는 '우연히'가 아니고 '빈번히' 도박에 빠진다는 말로 바꿔야한다.

요즘은 컴퓨터만 있으면, 스마트폰만 있으면, 즉 인터넷에 접속할만한 기기만 있으면 도박을 접할 수 있다. 예전처럼 도박을 하기 위해서 성인 오락실이나 도박장(흔히 '하우스'라고 하는)같은 곳을 갈 필요가 없다. 인터넷만 된다면 10분 안에 도박 사이트에 가입을 해서 마음껏 도박을 이용할 수 있다.

도박을 하는 종목도 바뀌었다. 예전처럼 고스톱이나 섯다[2], 포커와 같은, '패'로 상대와 싸움을 하는 것이 아니라 이제는 스포츠가 도박의 종목이 되었다. 남녀노소 할 것 없이 즐길 수 있는 스포츠의 승패로 도박이 이루어진다는 것이다. 그렇기 때문에 도박을 어떻게 하는지 배울 필요도 없다. 우리 팀이 골을 넣으면 이기는 스포츠의 기본적인 룰(rule, 규칙)만 알아도 도박을 이용할 수 있다. 어떤 기술이나 술수가 있는 것도 아니다. 정정당당한 스포츠의 승부에서 나오는 결과만이 도박의 승패를 결정짓는다.

이처럼 최근의 도박은 누구나 즐기기 쉬운 스포츠를 이용해서 그것을 통해 도박에 빠져들게 만드는 형태이다. 거기다가 인터넷을 이용해서 도박이 이루어지기 때문에 접근성과 편리성이 매우 뛰어나다. 그렇기 때문에 누군가가 우연히 도박에 빠지는 것이 아니라, 전 국민이 '빈번히' 도박에 빠질 위험에 노출되어 있는 것이 요새의 실정이다.

이 책을 통해 필자인 내가 이런 스포츠 도박을 어떤 경로로 접하게

---

2) 화투로 하는 도박의 일종, 1월부터 12월까지의 패 숫자를 합하여 끝자리가 낮은 순으로 승(勝)을 잡는다.

되었고, 그 안에서 도박이 어떤 식으로 이루어졌는지, 또 내 인생이 어떤 과정을 거쳐 파멸에 빠지게 되었는지를 밝힐 것이다.

평범하고 멀쩡한 한 인간이 스포츠 도박에 빠져 학업을 뒤로 한 채 도박에만 전념했었고, 그러다 감당 못할 수많은 빚을 지기도 했었고, 직접 도박 사이트 운영도 해봤고, 돈놀이도 해봤고, 주변 사람들을 위험에 빠지게 했으며, 나 자신의 목숨마저 위태롭게 했었다. 나의 이러한 이야기를 통해 도박이 얼마나 우리 주변에 즐비해있고, 또 얼마나 위험천만한 것인지를 밝혀 도박에 대한 경각심을 불러일으키고자 이 글을 쓴다. 다시는 나 같은 인생이 나오지 않도록, 도박을 하면 안 되는 이유를 못 박고자함이다.

* 이 책의 내용은 실화를 바탕으로 합니다. 극적인 요소를 위하여 약간의 각색이 들어갔으나, 이 역시도 글쓴이 주변 지인들의 실제 사례를 토대로 한 것입니다.

* 불법 도박은 형법 제 246조(도박죄)에 의거한 범죄 행위입니다. 불법 도박 사례의 상당수는 사기죄와 연계되어 처리되고 있으며, 이는 가중 처벌의 죄책을 질 수 있습니다.

* 혹여 이 책을 읽고 도박에 대해 잘 알게 되었다는 생각이나 아니면 호기심으로라도 도박을 시작해서는 절대로 안 됩니다. 그것은 오산일 뿐이며, 도박은 자신뿐만 아니라 주변 가족, 친인척, 친구, 지인들에게까지 심각한 정신적 피해와 물질적 손실을 입힐 수 있고, 나아가 사회를 병들게 하는 심각한 범죄 행위입니다. 여러분의 현명한 판단을 바랍니다.

1장.
너나할 것 없이 온통 토쟁이

*토쟁이 : 도박에 베팅(판돈을 거는 행위)하는 사람을 일컫는 은어.

"첫층 20%, 매층 10%, 먹튀 없는 안전한 사이트, 크로스벳 가능"
누구나 한번쯤은 접해봤을 문구이다. 위의 문장은 불법 인터넷 도박 사이트의 광고 내용이다. 요새 화장실이건, SNS댓글이건, 아니면 인터넷 스포츠 중계 채널의 채팅창이건, 저런 광고들을 쉽게 접할 수 있다. 거기에 뉴스에서 다뤄지는 연예인들의 불법 도박 사례, 도박 사이트 운영자의 검거, 도박 자금 마련을 위한 범죄행위, 도박 빚으로 인한 자살까지, 불법 도박 문제가 점점 사회 문제로 대두되며 대중들의 관심을 사고 있다. 하지만 이렇게 드러나는 실상은 아직까지도 빙산의 일각일 뿐이다.

우리나라 불법 인터넷 도박의 규모는 80조원에 이른다는 사행산업 통합감독위원회의 조사 통계가 있다. 이는 휴전 국가인 우리나라 국방비의 2배가 넘는 규모이다. 규모에 걸맞게 이용자의 수도 엄청나다. 요즘에는 미성년자들, 즉 중학생, 고등학생들까지도 인터넷 불법 도박을 하는 경우를 심심찮게 볼 수 있을 정도이다. 당장 버스나 지하철만 타도 스마트폰으로 스포츠 경기를 뚫어져라 바라보며 한숨을 내쉬거나 욕설을 하고 심지어는 큰소리로 환호를 지르는 교복 입은 학생들을 볼 수 있다. 공공장소임에도 감정이 분출되어 나오는 간절함을 가지고 경기를 보는 경우는 국가대표 경기가 아닌 이상, 자신의 피 같은 돈으로 베팅을 하고 경기를 시청할 때뿐이다.

대중교통 안에서 이런 사람을 못 봤다면 근처 pc방만 가보아도 내가 말한 것을 확인할 수 있을 것이다. 스포츠 중계 화면을 2~3개를 켜놓고 줄담배를 태우면서 경기를 관람하거나, "홀날두! 짝메시!"라는 이상한 소리를 내면서 좋아하는 모습들, 또 돈을 잃고 좌절해있는 모습들을 쉽게 찾을 수 있을 것이다. 교복을 입은 '학생'들이 말이다.

그렇다면 성인들의 경우는 얼마나 많은 사람들이 베팅을 할까? 내가 재미있는 이야기로 베팅하는 사람들이 얼마나 많은지를 설명해주겠다.

나는 친구들과 농구 경기를 보러 경기장에 간 적이 있다. 우리 앞자리엔 어떤 가족이 앉아있었는데 아버지뻘로 보이는 한 아저씨는 경기를 즐기지 못하고 계속해서 한숨을 푹푹 쉬고 있었다. 경기가 엄청 치열하고 흥미진진하게 흘러가고 있었는데 이 아저씨는 이상하게 계속 한숨을 내쉬었다. 그리곤 핸드폰으로 계속해서 무언가를 확인했다. 뒤에서 몰래 살펴보니 자신이 베팅 사이트에서 베팅한 내역을 보면서 스코어에 대한 계산을 하고 있었던 것이었다.

경기가 진행될수록 이 아저씨의 한숨은 커져갔다. 그러면서 혼잣말로 나지막하게 이렇게 말했다.

"오버... 오버가야 돼..."

여기서 말하는 '오버(over)'라는 것은 스포츠 베팅 용어로 양 팀의 점수를 더한 것이 어떤 기준보다 높게 나오는 것을 의미한다. 예를 들어 만약 기준점이 150점이라면, 양 팀의 최종 점수를 더한 것이 150점이 넘어가면 오버라는 베팅이 당첨되는 것이다. 나와 내 친구들은 스포츠 베팅을 잘 알고 있었기 때문에 이 아저씨가 왜 한숨을 쉬는지, 왜 오버를 가야한다고 말하는지를 단번에 파악할 수 있었다.

순간 장난기가 발동했다. 우리도 그 오버에 베팅한 척하기로 했다. 그리고 이렇게 말했다.

"아씨- 오버 가야되는데... 아 오버가자 오버!"

그러자 이 아저씨가 깜짝 놀라서 뒤를 쳐다봤다. 바로 뒤에 자신처럼 베팅하는 사람이 있다는 것에 놀란 것이다. 그럼 보통 베팅하는 사람들끼리는 서로 베팅을 했냐고 물어보면서 아는 척 인사하기도 하는데, 이 아저씨는 가족들이랑 같이 온 터라 그렇게 하지는 못하고 우리를 몇 초간 쳐다보다가 다시 돌아서 경기를 관람했다.

그런데 정말로 경기가 다득점 양상으로 흘러갔다. 이대로라면 이 아저씨가 베팅한 오버가 당첨될 수도 있는 상황이었다. 그러자 아저씨의 얼굴에도 미소가 번지기 시작했다. 아저씨의 미소를 보자 내 장난기가 또다시 발동했다.

"자! 그럼 이제 마핸도 가자!"

'마핸'이라는 것은 마이너스 핸디캡(minus handicap)이란 뜻으로 어떤 팀이 큰 점수 차로 승리하는 것을 의미한다. 예를 들어 마이너스 핸디캡이 '-8'이라면, 8점차 이상으로 승리를 거두어야 하는 것이다. 보통 '오버' 베팅과 '마핸' 베팅을 조합해서 베팅하는 것이 일반적이고 이 조합을 '오바마' 베팅이라고 한다. 그래서 나는 이 아저씨도 오버와 마핸을 같이 베팅했을 것이라고 생각하고 그렇게 외쳤던 것이다.

그러자 이 아저씨가 웃음을 참지 못하고 빵-하고 터졌다. 분명히 이 아저씨도 오버와 마핸을 같이 조합했을 것이고, 우리가 뒤에서 오버와 마핸을 가야된다고 말하니, 자신의 베팅한 것과 우리가 외치는 내용이 같은 그 상황이 너무나도 웃겼을 것이다. 그리고 다시 우리를 말없이 쳐다봤다. 무엇인가 말하고 싶어 하는 것처럼 보였지만 가족들이 있기 때문에 참고 있는 것이 분명했다.

그런데 큰 점수 차로 이겨야하는, 그 마핸을 만들어 주어야하는 팀의 한 선수가 상대 팀 선수의 공을 스틸하고 아주 멋지게 덩크슛을 내려찍었다. 그 덩크슛 한 방으로 경기장의 분위기는 뜨겁게 달아올랐다. 그리고 그 덩크슛은 오버 베팅과 마핸 베팅의 당첨을 확정짓는 것이었다. 순간 나와 이 아저씨는 그 뜨거워진 분위기에 휩쓸려 벌떡 일어나 하이파이브를 했다. 그리고 우리는 하이파이브를 한 이후에 이렇게 소리쳤다.

"우워어어 오.바.마!! 오바마다!!!! 들어왔드아!!! 오바마!!!!"

이 아저씨는 그렇게 나와 함께 기쁨을 나누다가 이 상황이 민망했는지 혼자서 킥킥 웃으면서 다시 자리에 앉았다. 이 아저씨의 부인처럼 보이는 한 여성분이 아저씨의 등짝을 세게 내리쳤다. 아마도 베팅을 했다는 사실을 알고 있었을 것이고, 흥분해서 생전 모르는 사람이랑 하이파이브까지 하는 모습이 꼴사나워서 그랬을 것이다. 아들처럼 보이는 꼬마는 이 아저씨에게 계속 "아빠, 오바마가 뭐야?"라고 물어봤다. 아저씨는 제대로 대답을 하지 못하고 먹을 것으로 아이의 입을 틀어막았다.

이런 상황을 쭉 지켜보며 나와 내 친구들은 실신할 정도로 웃고 있었다. 그런데 더 황당한 것은 우리가 그렇게 웃는 모습을 보면서 같이 웃는 사람들이 옆에 또 있었다는 것이다. 아마도 내가 소리치는 것을 듣고 반응이 온 사람들, 즉 베팅을 아는 사람들이었을 것이다.

그런데 이 우스꽝스러운 상황에 기름을 붓는 일이 또 발생했다. 우리 뒷자리에는 초등학생들이 단체 관람을 와있었다. 그런데 응원하는 팀이 승리해서 기분이 좋았는지 아이들이 갑자기 꺄아꺄아거리며 소리를 지르기 시작했다. 내 장난기가 여기서 한 번 더 터졌다. 초등학생들을 향해서 이렇게 소리쳤다.

"오바마 쑤아리질러어!!(=소리 질러!)"
"끼야아아아아아 꺄아아아"

"쑤아리질러"란 스포츠 중계 채널이나 실시간 정보 제공 사이트의 채팅창에 있는 사람들이 자신의 베팅이 적중했으니 다 같이 채팅으로 함성을 질러 기쁨을 공유해보자는 말이다. 한 사람이 "쑤아리질러"라고 채팅을 치면 같은 베팅을 한 다른 사람들이 "우와아아"나 "ㅅㅅㅅㅅㅅㅅ(나이스 샷)"로 반응해준다.

그런데 내가 단체 관람을 온 초등학생들을 향해서 오바마라며 소리를 질러달라고 하니 초등학생들은 내가 응원단장인 줄로 알고 꺄아꺄아거리며 엄청난 함성으로 반응을 해준 것이었다. 채팅창에서 일어나는 당첨 세리머니가 초등학생들 덕분에 현실에서 일어난 것이다. 베팅을 조금이라도 해본 사람이라면 웃음이 나올 수밖에 없는 상황이다.

신기하게도 경기장내에서 이 상황을 보면서 웃는 사람들이 엄청 많았다. 특히 성인 남자들은 거의 다 나를 쳐다보면서 웃었던 것 같다. 베팅을 모르는 사람들이 보기엔 그저 경기에서 이겨서 좋아하는 모습으로 보였을 테지만, 베팅을 하는 사람들은 이 상황이 이해가 되니 웃음이 나올 수밖에 없다. 이 상황에 반응하는 사람들이 많았다는 것은 스포츠를 관람하기 위해 경기장에 온 사람들 중에 스포츠 베팅을 아는 사람들이 이렇게나 즐비하다는 것을 방증해주는 대목이다.

앞에서 이야기한 내용들은 중학생, 고등학생은 말할 것도 없이 대학생, 성인 남성 그리고 가정이 있는 가장까지, 일반 사람들이 스포츠 도박을 이렇게나 많이 접하고 있다는 것을 보여주는 사례들이다.

난 지금 밖에 나가 생면부지의 사람들 속에서 스포츠 도박을 하는 사람들을 1시간 동안 30명 이상 찾아낼 자신이 있다. 도박하는 사람들은 얼굴만 봐도 그 사람이 이쪽 계통의 사람인지 알 수 있다. 경기가 뜻대로 풀리지 않아 나오는 한숨 소리부터해서 패배했을 때의 표정, 순식간의 자신의 피 같은 돈이 날아갈 때의 절망적인 표정을 나는 단번에 알아차릴 수 있다.

강원랜드나 경마장 같은 곳을 다녀온 적이 있는 사람이라면 그 절망적인 표정이 무엇인지 알고 있을 것이다. 먼저 그곳에 가면 건물 주변에 들어설 때부터 분위기가 심상치가 않다는 것을 느낄 수 있다. 영화나 만화에서 살기를 느낀다거나, 예감이 좋지 않은 분위기를 알아차리는 장면과 마찬가지로 무언가 분위기가 다르다는 것을 느낄 수 있다. 공동묘지마냥 음산한 기운이 흘러넘친다.

그곳에 있는 사람들은 인생의 마지막을 써가고 있는 중이다. 그렇기 때문에 생사가 달린 상황에서 막연한 희망을 가지고 싸워나가는 긴장감과 절박함은 얼굴 표정에 드러날 수밖에 없다. 그뿐만 아니라 돈을 잃은 사람들의 좌절하는 표정, 더 이상 희망이 없어 절망하는 표정도 심심찮게 볼 수 있다. 그 표정들은 너무나도 생생하고 선명해서 대화를 나누지 않았음에도 얼굴 표정만으로 그들이 처한 상황을 십분 이해할 수 있다.

안타까운 점은, 도박의 구렁텅이에 빠져 느끼는 생사(生死)기로의 감정들을 학생들과 일반 사람들이 경험하고 있고, 그들의 앳된 얼굴에서 이런 도박중독자의 얼굴이 베어나고 있다는 점이다. 그들은 아직 어린 나이임에도 불구하고 벌써부터 도박에 중독돼 인생이 파멸로 빠지는 것을 경험하고 있는 것이다. 특히 요새 들어 도박중독자의 얼굴을 하고 있는 어린 청년들이 정말 너무나도 많이 보인다.

자주 가는 공영 체육관에 있는 공익 근무 요원은 내가 갈 때마다 표는 안 끊어주고 네O드 실시간 점수 화면만 뚫어져라 보고 있다. 단골인 오뎅바에 있는 아르바이트생은 가게에 있는 TV로 야구를 틀어놓고 베팅을 하면서 일을 하는데, 자신이 베팅한 팀이 지고 있을 땐 퉁명한 표정으로 불친절하다가 상황이 역전되면 얼굴에 행복을 머금고 급 친절해진다. PC방에 가면 학생들뿐만 아니라 성인 남성들부터 아저씨들까지 베팅을 하는 사람들이 줄줄이 앉아있고, 가끔 여자가 베팅을 하고 있는 경우도 본 적이 있다. 나는 이 사람들의 얼굴 표정만 봐도 베팅을 하고 있는지 안하는지를 알 수 있다. 정말 온통 토쟁이 천국이다.

이런 내용을 보면서 '설마 나는 그런 도박에 빠지지 않겠지', '나는 그냥 재미로 하는 거야', '우리 아들은 그런 거 관심도 없고 할 줄도 몰라요.'라는 생각이 들 수도 있을 것이다. 하지만 여러분들이 느끼는 이 생각들은 바로 인터넷 '자살 방지 카페'에서 서로의 경험담을 공유하는 글의 서두를 단골로 장식하는 내용들이다. 거의 모든 글들이 도박에는 관심도 없었던 자신이 도박에 빠져 인생을 탕진할 줄 몰랐다는 내용으로 시작된다.

절대 가볍게 생각해서는 안 된다. 내 지인 중에도 멀쩡하게 잘 살다가 불법 인터넷 스포츠 도박으로 인생을 말아먹은 사람들이 엄청나게 많다. 그들 중에는 주체할 수 없는 도박 빚 때문에 스스로 목숨을 끊은 사람도 여럿 있다. 폐인이 된 사람, 도박 중독 치료 센터에 다니고 있는 사람, 도박 자금을 구하려고 범죄를 저지르다 징역을 살고 있는 사람, 돈에 쫓기다 행방불명이 된 사람까지, 도박으로 인생을 말아먹은 지인들이 너무나도 많다. 다 멀쩡하게 잘 살던 내 '또래 친구들'의 이야기다.

도대체 스포츠 도박이 어떤 것이기에 멀쩡히 잘 살던 사람들을 끌어들여 파멸에 이르게 하는 것인지 궁금할 것이다. 그것을 모범생으로만 살아온 명문대생인 나의 경험담을 통해서 말하고자 한다.

3대 스포츠인 축구, 야구, 농구 그리고 최종 관문인 지옥행 급행열차라 불리는 네0드 사다리 게임까지, 내가 이 종목들을 어떻게 시작하게 되었는지, 어떻게 수익을 냈는지, 또 어떻게 손해를 입었는지, 또 손해는 어떻게 복구해나갔으며 그러는 과정에서 내 인생은 어떻게 바뀌게 되었는지를 생생한 경험담을 통해서 밝힐 것이다.

2장.
토쟁이 입문, 축구

'토쟁이'란 무엇일까? 우리나라에는 합법적인 베팅 사이트인 '스포츠 토토'란 사이트가 있다. 여기서 여러 스포츠 경기를 맞추는 '토토(toto)'라는 합법 베팅이 있는데 이 토토를 하는 사람을 일컬어 '토쟁이'라 부른다. 그런데 점점 그 의미가 확장되어 합법이든 불법이든 인터넷 베팅을 하는 사람들을 모두 토쟁이라 부르게 되었다.

내가 토쟁이가 된 것은 축구 때문이었다. 나의 학창 시절, 우리나라가 2002년 월드컵에서 4강에 진출을 한 것으로 축구의 열기가 뜨겁게 불타올랐다. 하지만 월드컵이 끝난 이후, 우리나라의 K리그는 처참한 경기 수준으로 그 열기를 식힐 뿐이었다. 그 열기를 다시 용광로처럼 끓어오르게 한 사람이 있었으니 바로 '뚜루뚜루뚜뚜 위송 빠레'[3) 박지성이다.

우리나라 국가대표 축구팀을 이끌었던 '히딩크' 감독이 차기 행선지로 '아인트호벤'이란 네덜란드 팀을 맡았는데 그때 박지성이 히딩크의 러브콜로 아인트호벤에 입단하게 된다. 박지성은 아인트호벤에서 맹활

---

3) 박지성이 네덜란드 아인트호벤에서 뛰던 시절, 당시 네덜란드 팬들이 지어서 불렀던 박지성 응원가.

약을 펼쳐보였다. 이윽고 아인트호벤은 세계 최고의 축구 대회인 챔피언스리그에서 4강까지 진출해 지구 방위대라 불리던 'AC 밀란'을 만나게 된다. 당시 AC 밀란은 '말디니, 네스타, 스탐, 카푸'로 이어지는 철의 4백 수비를 자랑했고, 거기에 '셰브첸코, 인자기', 거기에 브라질의 에이스 '카카'가 최강의 화력을 더하는 자타가 공인하는 세계 최강의 축구팀이었다.

AC 밀란의 쉬운 승리가 예상되었고 1차전은 역시 AC 밀란이 손쉽게 승리를 가져갔다. 하지만 2차전에선 상황이 달랐다. 아인트호벤의 대반격이 시작된 것이다. 이때 박지성이 엄청난 활약을 펼치며 골까지 만들어냈다. 박지성이 그 뚫리지 않을 것 같았던 철의 4백을 뚫어낸 것이다. 골을 넣은 장면 또한 가히 예술적이었다. 그렇게 총공세를 펼쳐 AC 밀란을 벼랑 끝까지 몰았지만 결국 최종 스코어에서 패배해 결승 진출은 좌절되었다.

하지만 이때 박지성이 불러일으킨 반향은 엄청났다. 당대 최고의 선수를 뽑는 발롱도르[4]에서 최종 5순위 안에 들었을 뿐만 아니라, 당시 '맨체스터 유나이티드'의 감독이었던 '퍼거슨'이 박지성의 영입을 결정하기로 마음먹은 것도 이 2차전에서의 박지성의 활약상 때문이었을 것이라는 이야기가 있을 정도였다.

그리고 박지성은 맨체스터 유나이티드(이하 맨유)에 입단을 하게 된다. 박지성이 '라이언 긱스, 스콜스 그리고 크리스티아누 호날두'와 같은 기라성들과 한 팀에서 뛰게 된 것이다. 우리나라 축구 팬들은 이러한 사실에 열화와 같이 환호했다. 방송사에선 맨유가 속해 있는 EPL 리그의 중계권을 따와 박지성이 나오는 경기를 중계해주었다. 여기에

---

4) Ballon d'or. 프랑스어로 "황금빛 공"이라는 뜻으로 매년 세계에서 가장 훌륭한 활약을 보여준 축구 선수에게 수여하는 상이다. 2010년부터 FIFA 발롱도르로 통합 변경되었다.

이영표까지 지금 손흥민이 속해 있는 '토트넘'으로 이적했고, 이어서 설기현이 '레딩'으로, 그리고 이동국까지 '미들즈브러'로 입단하며 EPL에 코리안 열풍을 불러일으켰다. 이러한 열풍은 우리나라에 다시 2002년 수준만큼의 축구 열기를 불러일으켰다. 사람들은 우리나라 선수들이 최고의 리그인 EPL에서 활약하는 모습을 보기 위해 주말 저녁만 되면 TV앞에 모여들었다.

이러한 축구의 열기와 더불어서 '위닝 일레븐(Winning Eleven, 이하 위닝)'이라는 플레이스테이션(PS2, 이하 '플스') 축구 게임이 선풍적인 인기를 끌었다. 축구를 좋아하는 남자라면 이 게임을 하지 않는 사람이 없었다. 전국 각지에 플스방이 생기기 시작했고, 남자들은 시간만 나면 이 게임을 하기 위해 플스방에 모여들었다. 이 축구 게임의 인기가 어느 정도였냐면 우리 때에는 PC방보다 플스방에 사람이 더 많았을 정도였다.

그러니까 당시 우리 세대는 축구를 잘 모르면 이야기가 통하지 않았을 정도였다. 노는 학생들이건 모범생이건 할 것 없이 축구 이야기를 하고 축구 게임을 같이 하는 것만으로 하나가 될 수 있었다. 내가 학창 시절이었을 때에도 일진이란 것이 존재했고 집단 따돌림이 없었던 것도 아니었지만 이때만큼 학생들 간에 마음의 벽이 허물어져 하나가 됐을 때도 없었던 것 같다.

나 역시 이런 상황에서 축구와 축구 게임에 미쳐 살았다. 동네에서 친구들과 축구 동호회를 만들어 매주 주말마다 낮에는 축구를 하고, 축구가 끝난 후 밥을 먹고 다 같이 플스방에 가서 축구 게임을 하고, 게임이 끝난 다음에는 당구를 치면서 시간을 보내다가 저녁 때 EPL 중계가 시작하면 치킨 집에 가서 치맥(치킨과 맥주)과 함께 축구 경기를 보곤 했었다. 나와 비슷한 세대를 살았다면 누구나 경험했을 법한 기억들이다.

그런데 실제 축구 시합을 하는 것에부터 위닝이라는 축구 게임, 거기에다가 당구까지 '내기'가 빠질 수가 없었다. 당연히 치킨 집에서 축구를 볼 때에도 치킨값 내기나 술값 내기가 들어갔다. 하지만 친구들끼리 내기를 하다보면 의가 상하기도 하고, 그리고 내기 자체가 성립되지 않는 경기들도 있었다.

그런 상황에서 친구 하나가 자신이 인터넷 베팅 사이트를 이용하고 있는데, 우리끼리 돈을 모아서 그 돈으로 특정 팀에 베팅을 하고 다 같이 그 특정 팀을 응원하면서 경기를 보자는 제안을 했다. 그리고 돈을 따면 그 돈으로 치킨과 술값을 내고 남은 돈은 함께 즐기는 데에 사용하자고 했다.

이것이 내가 실제 도박이라는 것을 처음으로 접하게 된 계기였다. 어려운 과정이 아니었다. 친구가 나를 도박장으로 끌고 간 것도 아니었고, 그저 동네 호프집에서 축구를 더 재미있게 보기 위한 내기의 일환으로 도박을 접한 것뿐이었다. 원체 내기를 좋아했던 성격이었고, 다 같이 응원하면서 축구 경기를 시청하면 재미가 더해질 것이라는 단순한 생각으로 그 제안에 응했던 것이다. 정말 어처구니없을 정도로 쉽게 도박에 발을 들이게 된 것이다. 이토록 간단하고, 아주 단순한 이유로 나의 토쟁이 인생이 시작되었다.

3장.
축구의 재미와 감동에 푹 빠지다

　돈을 걸고 함께 응원하면서 축구 경기를 보니 정말 그보다 재미있는 것이 없었다. 비유를 하자면 매 경기를 볼 때마다 2002년 월드컵 당시로 돌아간 기분이었다. 그때는 우리나라가 개최국이라는 의의와 사상 최초로 4강까지 진출했다는 의미가 더해져 전 국민적인 열화가 있었던 것이었다. 그런데 지금은 꼴랑 회비모아서 한 베팅이 치킨 집에서 보는 EPL 경기를 월드컵 4강전만큼 중요한 경기로 둔갑시켜주었다.

　그렇게 중요해진 경기에서 세계 최고의 플레이가 펼쳐졌다. 경기 수준 자체가 타의 추종을 불허하는 수준이었다. 세계 최고의 축구 리그에서 최정상급 선수들이 펼치는 경기는 가히 예술적이라 할 수 있었다. 그런 플레이에 더해서 지고 있다가 역전을 하는 경기, 경기 시작부터 폭풍처럼 골을 몰아치며 상대를 제압하는 경기, 경기 종료 직전까지 승부를 내지 못하다가 마지막 순간에 극장 골을 넣어서 승리를 쟁취하는 경기까지, 마치 한편의 영화와 같은 경기가 펼쳐졌다고 봐도 무방하다. 이런 경기를 보면서 얻는 재미는 실로 엄청났다. 정말 '미친 듯이' 재미있었다.

그런데 축구 경기가 단순히 재미만을 제공해주는 것이 아니라 심금을 울리는 감동까지 선사해주기도 했다. 두 가지 축구 경기의 사례로 축구가 주는 감동을 설명하겠다.

첫 번째 사례. 나의 영웅, 히카르도 카카

때는 2006-2007시즌 챔피언스리그 4강전 경기였다. AC 밀란과 맨체스터 유나이티드의 경기가 있었다. 두 팀은 리그를 대표하는 강팀들이었고, 사실상 결승전이나 다름없는 매치업(대진)이었다. 이 경기는 역대 챔피언스리그 명경기 중 손에 꼽히는 경기이고 내가 이 경기를 보면서 받은 임팩트는 명경기의 그것 이상이었다.

나는 어릴 적부터 싸움이 잦은 편이었다. 동급생들뿐만 아니라, 선후배나 선생님과 같은 어른들과도 마찰이 많은 편이었다. 이 경기가 있었던 날에도 사건이 하나 있었다.

어떤 유치원집 앞에서 친구와 이야기를 하고 있었는데 우리 옆에 어떤 사람이 와서 담배를 피웠다. 그 사람이 담배를 피우던 곳은 유치원 입구와 가까운 곳이었다. 그 사람은 담배를 다 피우자 사라졌고 하필 그때 유치원 교사가 아이들을 인솔하면서 밖으로 나왔다. 그런데 담배 냄새가 나니 나와 내 친구를 노려보면서 여기서 담배 피우지 말라고 몇 번이나 말했냐며 소리를 치는 것이었다. 나는 담배를 피지도 않았는데 그런 오해를 받자 다른 사람이 피우고 간 것이라고 말했지만, 유치원 교사는 냄새가 이렇게 생생한데 무슨 소리냐며 오히려 언성을 더 높였다. 결국 나도 화가 폭발해서 싸움은 커져갔고 나는 억울한 오해를 받아 화가 머리끝까지 난 상태라 그 유치원 교사에게 욕설까지 내뱉었다. 기어코 유치원 교사는 울음을 터트렸고 유치원 원장까지 나와서 싸움을 말렸다. 그렇게 상황은 끝이 났다.

그리고 저녁 때 경기를 보고 있었는데 이날 경기에서 AC 밀란의 에이스 카카가 맹활약을 펼치며 아주 날아다녔다. 첫 골이 카카의 발에서 나왔고 맨유가 바로 동점 골을 넣으며 따라갔다. 그런데 내 삶의 가치관을 송두리째 바꿔버린 두 번째 골이 또다시 카카의 발에서 나왔다.

두 번째 골이 들어간 상황을 설명하면, 멀리서 카카에게 패스가 날아왔다. 측면 수비수가 카카를 막다가 튕겨져 나갔고 또 다른 수비수가 카카를 막기 위해 달려들었지만 카카는 그 공을 높이 띄워서 그 수비수까지 제쳐냈다. 제껴진 수비수는 카카를 막기 위해 쫓아가는 상황이었고, 이어 최종 수비수가 카카를 막기 위해서 도움 수비를 들어왔다. 공이 공중에 떠있었기 때문에 최종 수비수는 마치 플라잉 니킥을 하듯이 무릎을 들고 공을 향해서 날아왔다. 그 상황에서 카카는 공중에 뜬 공을 머리로 툭 치면서 마지막 최종 수비수까지 제쳐냈다. 카카가 공을 조금만 늦게 쳤더라면 수비수의 무릎이 카카의 얼굴을 가격했을 수도 있는 아주 위험한 상황이었다. 그 수비수 또한 앞선 수비가 붕괴되는 상황에서 위협을 가해서라도 카카를 막으려는 의도였을 것이다. 하지만 카카는 무릎이 자신의 얼굴을 향해 날아오는 상황에서도 눈 하나 깜짝하지 않고 공을 머리로 쳐내고 최종 수비수를 피했다. 최종 수비수는 날아오는 힘을 주체하지 못하고 뒤따라오던 자신의 팀 동료와 부딪히며 넘어졌고 결국 카카는 골키퍼와 1대1 상황에서 멋지게 골을 넣고 두 팔을 하늘로 올려 골 세리머니[5]를 했다.

전 세계의 모든 축구 팬들이 그 장면을 보고 경악을 금치 못했을

---

5) Goal ceremony. 득점 후 축구선수들이 하는 고유의 뒤풀이 행동.

것이다. 그 모습을 바로 앞에서 지켜보고 있었던 맨유 홈 팬들은 쥐죽은 듯 조용해졌고 오히려 상대 팀 선수임에도 박수를 보내는 사람들도 있었다. 정말 챔피언스리그 대회 역사상 가장 용감한 골이 아니었을까 한다.

나는 그 장면을 보면서 내 자신이 그렇게 부끄러울 수 없었다. 카카가 나에게, 남자가 자신의 강함을 보여 줘야할 때가 언제인지를 가르치는 것 같이 느껴졌다. 길거리에서 시비 붙어서 싸우고, 나이 많은 사람들한테 대들고, 그렇게 쓸데없는 상황에서 객기 부리는 것이 강한 것이 아니고, 전 세계 사람들이 주목하는 중요한 경기에서 팀을 승리로 이끌기 위해 자신의 몸을 불사르는 것이 진정한 강함이라고 말해주는 것 같았다.

더군다나 카카는 성품이 부드럽기로 유명한 선수였다. 경기장 안팎에서 행실이 바른 것으로 유명했고 독실한 기독교인이었다. 그런 이미지와는 다르게 엄청난 스피드와 파괴력을 보여주기는 했었지만 그날 보여준 모습은 그것들과는 차원이 다른 것이었다. 평상시에는 한없이 착하고 부드럽기만 하다가 정말로 중요한 상황에서 남들이 보일 수 없는 강인한 능력을 보이는 진정한 남자의 모습을 보여주었던 것이다.

거기다가 카카는 얼굴이 정말 잘생겼다. 축구 선수 외모 순위에서 최상위권을 벗어난 적이 없는 선수다. 그런 선수가 입이 떡 벌어지는 용감함을 보이고 하늘을 향해 손을 뻗어 세리머니하는 모습은 남자가 봐도 반할 정도의 멋진 모습이었다. 남자에게 반해버릴 것 같다는 생각을 한 것은 태어나 처음이었다. 그런 멋진 모습을 보고 있자니 유치원 아줌마를 KO시킨 들개 같았던 내가 한없이 초라하게 느껴졌.

카카의 활약 때문에 역전을 당해 베팅한 내 돈을 잃을 수도 있었지만 결코 기분이 나쁘지 않았고 그의 플레이 하나하나에 빠져들었을 뿐이었다. 결과적으로는 맨유가 다시 역전을 해서 3-2로 승리를 했지만 2차전에선 AC 밀란이 카카의 활약에 힘입어 3-0으로 대승을 거뒀고, 결승전에서 '리버풀'까지 꺾어내며 챔피언스리그 우승을 차지했다. 카카는 대회 MVP뿐만 아니라 당대 최고의 선수들만이 받는 발롱도르까지 수상했다.

이때 이후로 내 인생관이 완전히 달라졌다. '절대 어디 가서도 들개처럼 싸우지 않으리라, 한없이 겸손해지리라, 겉멋에 빠지지 않으리라, 그리고 인생에 있어서 가장 중요한 순간에 그 누구보다 용감한 모습으로 그 중요한 순간에 임하리라, 그것이 진정한 남자이리라.' 그 경기를 본 이후부터 들개 같았던 이전의 모습과는 작별하고 카카처럼 살아가리라 다짐했다. 단순한 축구 한 경기가 내 삶의 가치관을 송두리째 바꾸어버린 것이다.

두 번째 사례. 프로페셔널리즘과 부모를 잃은 슬픔

'프랭크 램파드'라는 '첼시'의 레전드 격인 선수가 있다. 그런데 램파드에게 시즌 도중에 모친상을 당하는 불행이 찾아왔다. 더군다나 챔피언스리그 4강 2차전을 앞둔 상황이었기 때문에 램파드에게 있어서나 팀에 있어서나 청천벽력 같은 소식이 아닐 수 없었다. 1차전을 무승부로 마친 상황이었기 때문에 승부를 가를 수 있는 2차전에서 램파드의 결장[6] 가능성은 첼시에게 있어 매우 심각한 문제였다.

이후 맨유와의 리그 경기에서 첼시는 2-1로 승리를 거두었고 그 경기에서 '발락'이란 선수가 골을 넣은 후 램파드의 모친상에 애도를 표

---

6) 경기에 나오지 않는 것.

하는 세리머니를 보였다. 이러한 모습에 대한 보답이었을까. 램파드는 모친상의 슬픔을 딛고 챔피언스리그 2차전에 출전하겠다는 의사를 보였다. 어머니를 잃은 슬픔을 극복하고, 멸사봉공의 정신으로 경기에 임한다는 것이었다. 축구팬들은 놀라움과 걱정을 동시에 표했다. 팬들은 아무리 강인한 램파드라고 할지라도 그 힘든 상황을 딛고 경기를 뛴다는 것은 어려울 것이라는 진심어린 걱정을 표했다.

하지만 램파드는 출전을 강행했다. 감정을 추스르고 경기에 나서 온 정신을 경기에만 집중하며 최고의 활약을 펼쳐보였다. 이윽고 1-1로 팽팽한 상황에서 첼시가 페널티킥7)을 얻어냈고 팀 내 전담 키커(kicker)였던 램파드가 키커로 나왔다. 그런데 램파드의 얼굴이 좋지 못했다. 계속해서 혀로 입술을 다시며 평소답지 않은 낯빛을 보였다. 승부를 결정지을 수 있는 중요한 상황이기 때문에 침착하게 페널티킥에 임해야했겠지만, 어머니를 잃은 격정의 슬픔을 경험한 사람에게 있어 평정심을 유지하는 일이 어찌 쉬운 일이었을까. 하지만 램파드는 이내 마음을 잡고 페널티킥을 성공시켰다. 골을 넣고 세리머니를 하는 와중에 옷 속에 숨겨놓았던 검은 띠를 꺼내서 하늘을 바라보며 입을 맞췄다. 그리곤 억눌러왔던 감정이 터져 나왔는지 그라운드에 풀썩 주저앉았다. 손으로 얼굴을 필사적으로 가리며 오열했고 그런 감정을 추스르기 위해 이를 악무는 모습까지 보였다. 순간 화면에 관중석에 있던 램파드의 아버지의 모습이 잡혔다. 아들의 그런 모습을 바라보다가 감정이 북받쳐 고개를 숙이는 모습이었다. 램파드는 슬픔을 참고 다시 일어나 관중석에 있는 아버지를 바라보며 경기를 마무리하기 위해 달려 나갔다. 그리고 첼시는 이 램파드의 결승 골로 경기에서 승리해 결

---

7) 페널티에어리어 안에서 수비 팀 선수가 반칙을 범했을 경우, 공격 팀이 페널티마크 위에 볼을 올려놓고 골키퍼와 일대일 상황에서 차는 킥.

승전에 진출하게 되었다.

경기 이후 밝혀진 사실이지만, 램파드의 어머니는 아들이 행여 본인의 맡은바 소임을 다하지 못할까 걱정돼 병문안도 오지 못하게 했다고 한다. 램파드는 그런 어머니의 기대에 부응하여 멸사봉공의 의미, 즉 진정한 프로 정신이란 것이 무엇인지 보여준 것이다. 하지만 그런 램파드도 어머니 앞에선 한없이 작은 아들일 뿐이다. 그렇기에 그가 프로 정신을 보이기 위해 감정을 억누르며 경기를 임했음에도 끝내 감정이 북받쳐 올라 눈물을 흘렸던 모습이 한없이 감동적이게 그려진 것이다. 프로 정신과 자식으로서 어머니를 잃은 슬픔의 모습이 동시에 담겨 최고의 감동을 선사한 것이라 할 수 있다.

이런 사례들 이외에도 역경을 딛고 최고의 자리에 오른 선수들의 이야기, 위기와 좌절을 극복해나가는 모습들, 그 외의 드라마틱한 이야기들을 접하면 축구라는 스포츠 안에 인생의 희로애락과 심금을 울리는 감동이 담겨있다는 것을 느낄 수 있을 것이다.

4장.
바로 이러한 재미와 감동이
도박의 쾌락에 더해진다

먼저 쾌락의 지수를 수치로 표현한 심리학 연구를 살펴보자.

적당한 취기 = 1
첫 키스 = 1
폭력 = 2
도망, 탈출 = 2
당 섭취 = 3
명상 = 3
운동, 육체노동 = 3
이상형을 발견했을 때 = 4
궁금증 해소했을 때 = 5
컴퓨터 게임 = 5
목욕 후 가벼운 운동 = 6
쾌변 = 8
좋아하는 모임, 만남을 가졌을 때 = 8
간지러운 곳을 긁을 때 = 8
스트레스를 해소시켜주는 자기만의 취미 = 9
잃어버린 것을 찾았을 때 = 10

극심한 갈증을 해소하는 물을 마셨을 때 = 10
독서 = 10
운동 후 맛있는 식사 = 10
위로를 받았을 때 = 10
협동심+전우애+팀워크 = 10
일상에서의 작은 친절 = 12
칭찬 = 13
웃음 = 15
울음 = 16
멋진 풍경이나 그림을 보았을 때 = 17
험담 = 19
위로를 해줬을 때 = 20
합격 = 20
감동 = 20
자신의 결과에 의한 뿌듯함 = 30
자신과 연관된 타인의 결과에 의한 뿌듯함 = 30
믿음에 대한 결실 = 30
숙면을 취하고 깨어난 아침 = 35
위대한 발견이나 일에서의 성취감 = 45
공포감 = 50
여행 = 55
성관계 = 55
좋아하는 이성과의 교제를 성공하는 순간 = 80
도박 = 115
마약 = 150

쭉 읽으면서 대체적으로 공감했을 것이다. 그리고 마약이라는 것이 쾌락에 있어서 최고봉이라는 것도 어느 정도는 예상했을 것이다. 그런데 도박이 2번째로 높을 것이라고 생각한 사람은 드물 것이다. 마약과 더불어서 유일하게 상대 수치가 100이 넘는 것이 도박이다. 도박을 경험해보지 않은 사람들은 대부분 여행이나 성관계, 그리고 사랑과 같은 고상한 것들이 마약 다음의 쾌락이라고 생각했을 것이다. 그 수치의 2배가 넘는 것이 바로 도박의 쾌락이다. 그리고 마약이 약물에 의존해야한다는 점을 감안하면 약물이 필요 없는 쾌락에 있어선 도박이 가히 독보적인 것이라 할 수 있다. 하지만 이것이 전부가 아니다.

일반 도박, 즉 카드나 화투 아니면 슬롯머신과 같은 기계로 하는 도박들은 대부분 상대의 패와 나의 패 중 어느 것이 높은지에 의해 승패가 갈리는 단순한 게임이다. 심리전의 요소가 들어가긴 하지만 결국에는 패싸움으로 승부가 갈린다. 종목 자체에 재미적인 요소가 부족하기 때문에 승부에 돈을 걸지 않고 단순히 재미로만 임한다면 그 게임에 빠져드는 사람은 드물 것이다. 또 혼자서 고독한 싸움을 하는 것이기 때문에 승부에서 이기든 지든 모든 결과를 개인적으로 감수해야한다.

하지만 스포츠 도박은 다르다. 도박에서 얻을 수 있는 승리의 쾌락이 스포츠에서 얻을 수 있는 재미와 감동과 합쳐져 그 쾌락의 덩어리를 증폭시킨다. 먼저 스포츠 자체의 재미와 친구들과 함께 응원하고 기뻐하는 협동심이 더해진다. TV에 나오는 경기장에 있는 축구 팬들, 후보 선수, 코치, 감독까지 우리와 함께이다. 협동심과 기쁨은 배가 된다. 거기에다 앞에서 말했던 것처럼 심금을 울리는 감동까지 더해질 수 있다.

즉 스포츠 도박은 일반 도박과 달리 재미와 협동심, 그리고 감동까지 선사해주는 도박이라는 것이다. 스포츠의 특성과 도박의 특성이 맞물려 시너지 효과를 내기 때문에 사람들이 스포츠 도박에서 느끼는 쾌락은 마약을 하며 느끼는 쾌락에 필적할 정도라 할 수 있다. (실제로 외국에 놀러갔을 때 마약을 경험해본 적이 있는데 그다지 좋은 느낌을 받지 못했었다. 이미 마약과 같은 쾌락에 적응되어있었기 때문일 것이다.)

이처럼 스포츠 도박은 스포츠에서 파생되는 것이기 때문에 사람들이 접하기도 즐기기도 쉽다. 그리고 스포츠와 맞물리기 때문에 더 빠져들기가 쉽고, 헤어나오기는 더 힘든 것이라 할 수 있다. 일반 도박이 전문 도박꾼들의 전유물이라면 스포츠 도박은 '일반인'들의 전유물로 자리잡아가고 있다.

5장.
삶의 변화

다시 나의 이야기로 돌아와서, 그렇게 재미가 넘치는 스포츠 베팅을 즐기다보니 나의 생활 전반에 큰 변화가 찾아왔는데 그것은 바로 베팅을 하는 주말만 바라보고 살게 됐다는 것이다.

주말을 그런 식으로 보냈으니 다가오는 월요일은 죽음이었다. 쾌락에 빠져 시간가는 줄 모르고 밤새도록 즐겼으니 다음날 피곤이 극에 달해있는 것은 당연한 결과였다. 일주일의 시작부터 수업을 빼먹으면서까지 잠만 잤다. 그렇게 일주일의 시작을 망쳐버렸으니 한 주를 제대로 보낼 수 있을 리가 없었다.

또 그런 마약과 같은 쾌락을 경험하다보니 베팅이외에 다른 것들에서 점차 흥미를 잃어갔다. 그렇게 다니고 싶어 했던 학교를 가는 것에서부터, 공부하는 것, 친구들과 술 한잔하는 것, 그리고 여자친구를 만나는 것까지, 모든 것들이 점점 지루해지고 무의미하게 느껴졌다. 머릿속에는 하루빨리 주말이 찾아와 베팅하면서 축구 경기를 봤으면 좋겠다는 생각만이 자리 잡았다.

그런데 주말에 다른 일들이 겹쳐 베팅을 하는 모임에 참석하지 못하게 되는 경우가 빈번하게 발생했다. 그렇게 일주일 내내 기다리던 베팅을 못하게 될 때면 아쉬움이 상당했다.

그러다가 나도 베팅 사이트에 가입을 해서 나 홀로 베팅을 즐겨보면 어떨까하는 생각을 하게 되었다. 베팅 사이트에 가입해 직접 베팅을 할 수 있게 되면, 굳이 베팅하는 모임에 참석하지 않더라도 집에서 혼자서 즐길 수도 있고, 아니면 다른 자리에서라도 경기를 보면서 베팅할 수 있을 것이라는 생각에서였다.

6장.
합법 베팅 사이트 - 토토, 프로토

아무리 그렇다고 해도 섣불리 불법 베팅 사이트에 가입할 순 없는 것이기에 먼저 우리나라 합법 베팅 사이트인 토토(toto), 프로토(proto) 사이트를 이용해보기로 했다. 하지만 그때 당시의 합법 베팅 사이트는 최악의 운영 방식으로 사람들의 원성을 샀었다.

이유인 즉, 먼저 자신이 베팅하고 싶은 한 경기에만 베팅할 수 있는 것이 아니라 두 경기 이상 조합을 해야 했다. 베팅을 하고 싶은 경기가 있어도, 그 이외에 조합할만한 경기가 없으면 베팅 자체를 할 수 없는 것이다. 그렇다고 아무 경기나 갖다 붙일 수는 없는 것이기 때문에 이 규정은 베팅하는 데에 있어 상당한 걸림돌일 수밖에 없었다.

또 베팅 마감 시간이란 것이 있어서 보통 첫 대상 경기가 있기 하루 전날 베팅을 마감했었어야 했다. 경기에 어떤 선수가 출전하는지를 알려주는 '선발 라인업'이라는 것이 있는데 이 라인업은 해당 경기를 분석하고 승부를 예측하는 데에 있어 가장 중요한 정보이다. 선발 라인업은 보통 경기가 시작하기 30분전에나 확정된다. 예를 들어 맨유의 핵심인 박지성이 부상의 의심이 있어서 출전 가능성이 불투명하다고 해보자. 그의 부재는 경기력에 큰 영향을 주기 때문에 맨유에 베팅을 할 생각이라면 박지성의 출전 여부를 반드시 체크해야한다. 그런데 하루 전날 베팅을 하게 되면 이러한 라인업에 대한 확실한 정보도 없이 베팅을 해야 하는 것이다.

거기에다가 이 합법 베팅 사이트는 거의 도둑놈 수준의 배당을 제공해주었다. '배당'이란 나의 베팅이 적중했을 때 받게 될 이익을 의미한다. 예를 들어서 맨유가 토트넘을 이기는 배당이 1.8배라고 해보자. 1만 원을 맨유가 이기는 것에 베팅을 해서 승리하면 그 돈에 1.8배가 곱해져 1만 8천 원을 얻게 되는 것이다. 그런데 해외 베팅 사이트에서 한 경기에 배당을 1.8배로 제공해주면 우리나라 토토 사이트는 그 같은 경기의 배당을 1.4배도 안 되는 수준으로 제공해주었다. 해외 사이트에서 맨유가 이기는 것에 1만 원을 걸면 8천 원을 따는 것인데, 우리나라에서 베팅을 하면 4천 원뿐이 못 따는 것이다. 같은 맥락으로, 1.8배의 배당으로 2승 1패를 하면 해외 사이트 이용자는 6천 원을 따지만 합법 사이트 이용자는 배당이 1.4배뿐이 안되므로 2천 원의 손해를 보게 된다. 같은 경기에서 같은 승률을 기록했는데 어떤 사이트를 이용하느냐에 따라서 득실의 차이가 발생하는 것이다.

나는 앞서 말한 베팅 제약은 차치하고서라도, 이 도둑놈 수준의 배당이 우리나라 불법 베팅 사이트의 발전에 수많은 기여를 했다고 본다. 우리나라에서 만들어지는 불법 베팅 사이트에서는 해외 사이트와 거의 유사한 배당을 제공해주었다. 합법 사이트에 비해서 압도적인 배당을 제공해주는 것이다. 합법 사이트를 이용하다가 불법 사이트의 배당을 한 번이라도 이용해보면 합법 사이트가 마치 사기꾼처럼 느껴진다.

합법 사이트에서 해외 베팅 사이트와 유사한 배당을 줬다면 굳이 불법 사이트를 이용할 메리트가 전혀 없다. 하지만 사행성 도박을 방지하는 차원에서 불법 베팅 사이트를 제한하면서, 어처구니없는 배당으로 합법 베팅 사이트가 운영된다. 사행성 도박을 방지한다고 하는데 도대체 사행성 도박 사이트인 토토 사이트는 왜 존재하는 것일까? 불법인 스포츠 도박을 이용하게 해주니 그 대가로 터무니없는 배당에서 베팅을 하라는 것일까? 한마디로 합법 토토 사이트는 사람들에게 스포츠 도박을 알려주어 스포츠 도박에 빠트려서 놓고는 어처구니없는 배당을 제공하는 것으로 불법 사이트의 이용을 부추기는 존재일 뿐이라는 것이다.

상황이 이렇다보니 수많은 베팅 유저들이 불법 베팅 사이트를 이용할 수밖에 없었다. 당연한 것이었다. 같은 승률이어도 배당의 차이 때문에 불법 사이트 이용자는 이익을 보고 합법 사이트 이용자는 손해를 보는데, 어느 누가 이런 차별적인 상황을 감수해가며 베팅을 하려 할까. 아예 합법 베팅 사이트가 존재하지 않았다면 이러한 차별성이 부각될 일도 없었을 것이다. 하지만 합법 사이트는 버젓이 성행하여 스포츠 도박을 만천하에 드러내는 것으로, 합법과 불법의 차이를 부각시키는 것으로 그 존재감을 십분 발휘해댔다. 아이러니하게도 이러한 합법 사이트의 맹활약 덕분에 많은 사람들이 불법 도박의 길을 걷는 것을 선택할 수밖에 없었던 것이다.

7장.
불법 베팅 사이트

앞서 말한 상황에서 해외 베팅 사이트와 유사한 방식과 높은 배당률을 제공해주는 불법 사이트가 우후죽순처럼 생겨났고 합법 사이트와는 차원이 다른 환급률을 보장하며 회원들을 끌어 모으기 시작했다. 물론 불법 사이트를 이용하다가 경찰에 적발되면 형사처벌을 받게 될 가능성도 있었다. 하지만 보안과 안전을 최우선으로 삼는다는 불법 사이트의 광고와 만약 적발된다하더라도 초범이거나 소액으로 베팅을 이용한 사람들은 대부분 훈방 조치가 난다는 무성한 소문들은 그나마 불법 사이트를 이용하는 데에 있었던 걱정거리마저 없애주었다. 사람들은 너나할 것 없이 불법 사이트에 가입했다.

베팅 사이트를 알아보는 방법은 어렵지 않다. 아O리카TV나 다O팟 같은 인터넷 방송 채널에서 스포츠 방송을 하는 곳에 들어가면, BJ(개인방송 진행자)들이 국내 채널에서 볼 수 없는 스포츠 경기를 해외 사이트에서 찾아와 중계해준다. 그러면서 경기에 대한 분석을 해주고 추천할만한 경기들을 알려준다. 중계 화질이 좋거나 추천해준 경기가 잘 들어맞으면 그 BJ는 점점 유명해지고 사람들을 끌어 모으게 된다. 방송의 시청률이 높아지면 베팅 사이트 측에서 BJ를 후원해주는 명목으로 자신들의 베팅 사이트에 대한 광고를 부탁한다. 그러면 BJ들은 경기 중계 도중에 베팅 사이트에 대한 홍보를 하고, 베팅 사이트를 찾고 있는 시청자가 있으면 그 사이트를 추천해준다.

그리고 찌라시 형식으로 인터넷 댓글이나 문자 메세지를 통해서 홍보를 하거나 화장실에다가 광고지를 붙여서 홍보하는 사이트들도 있는데 그 경로를 통해 사이트를 접하게 되는 경우도 있다.

그런데 이처럼 홍보를 하는 사이트는 먹튀 사이트일 가능성이 높다. '먹튀'라는 것은 돈을 잃을 때는 가만히 있다가 돈을 따기만 하면 갑자기 아이디를 없애고 돈을 몰수해버리는 것을 의미한다. 지금은 먹튀 사이트가 많이 사라졌는데, 예전만 하더라도 이 먹튀가 기승해서 베팅 사이트를 신중히 골라야만 했다. 그렇기 때문에 먹튀가 없는 '메이저급' 사이트를 찾아야했다.

메이저급 사이트란 경찰에 적발되거나 먹튀 문제로 사이트를 문 닫는 일 없이 오랫동안 믿을만한 운영을 해온 사이트들을 말한다. 이런 사이트들은 먹튀 소문으로 이용자들이 빠져나가는 일이 없도록 하기 위해 그 어떠한 환전상의 문제도 만들지 않으려 한다. 또 보안과 안전 유지를 위해서 사이트 도메인과 입출금 계좌를 주기적으로 변경하여 경찰의 수사망을 피한다. 만약에 경찰에 적발된 회원이 나오는 경우 대처 요령을 알려주기도 하고, 벌금형이 나오는 경우에는 벌금까지 대신 내주면서 회원 관리에 만발을 기한다.

이런 메이저 사이트들은 특별한 홍보를 하지 않고 지인 추천을 위주로 사람들을 끌어 모은다. 철저한 회원 관리로 이미 많은 회원을 보유하고 있기 때문에 아무 회원이나 받을 이유가 없다. 그리고 무분별한 광고로 사람들을 모으면 적발의 가능성이 그만큼 높아지기 때문에 비공개로 회원을 모집하는 것이다. 지인을 추천하면 추천해준 것에 대한 감사의 의미로 일정한 사례금을 제공해주기도 한다.

요즘은 슈어O이나 페어O 같은 사이트에서 메이저 사이트에 가입하기 위한 추천인 코드를 거래하는 경우가 있다고 하는데 내가 접할 때만 하더라도 메이저 사이트에 가입을 하는 것은 쉬운 일이 아니었다.

나는 불법 사이트를 접하는 것이 처음이라 사이트를 고르는데 어려움을 겪고 있었다. 그러는 와중에 한 친구가 군대에서 선임이 알려줬다며 어떤 사이트 하나를 소개해주었다. 군대에서 몇 년 동안 전통적으로 내려오던 꽤 유명한 메이저 사이트라고 했다. 나는 먹튀를 당하거나 경찰에 적발될 수 있다는 걱정에 망설였지만 친구는 거의 10년 가까이 되는 군대 전통이고, 나처럼 소액으로 베팅을 하는 사람들은 경찰에 적발되어도 무조건 훈방이라며 나를 안심시켰다.

가입 절차는 의외로 간단했다. 그 친구가 사이트에서 받은 추천인 코드만 입력하면 가입이 가능했다. 그 친구가 사이트를 오랫동안 이용했기 때문에 누군가를 추천할만한 자격이 된다고 여겨져 추천인 코드를 받을 수 있었던 것이고, 나는 그 덕에 어렵지 않게 사이트에 가입할 수 있었다.

처음 접했을 때의 느낌은 신세계를 보는 것 같았다. 합법 사이트와는 비교도 할 수 없을 정도의 배당률과 운영 방식에 놀라움을 금치 못했다. 거의 해외 베팅 사이트와 똑같은 수준이었다. 이 사이트에 있는 자유 게시판에 들어가 보니 서로의 베팅 내역을 공유하는 글들부터 경기 분석글, 이외의 푸념글, 단순한 일상 대화들로 이루어진 글들이 수십만 개는 있었고, 이용자의 수 또한 셀 수 없을 정도로 많았다. 또 사이트를 이용한 기간 등을 고려해서 회원들 별로 레벨이 제공됐는데, 레벨이 높은 회원들은 유명인처럼 활동했다. 그들이 올리는 베팅 내역들은 글 조회 수가 몇 만 건이 넘었고 그 글에 달린 응원 댓글, 감사 댓글만 몇 백 개가 넘었다.

 이렇게 사이트를 둘러보니, 뉴스에서나 들었던 불법 베팅 사이트의 규모가 어떻다하는 내용들을 직접 실감할 수 있었다. 나는 단순히 어떤 사이트 하나에 가입했을 뿐인데 이곳에서 살펴본 것들만 하더라도 그 규모를 실감하기에 충분했다. 얼마나 보안이 철저했으면 이렇게 이용자들이 많을까 생각해보니 오히려 이곳이라면 안전하겠다는 생각까지 들 정도였다.

 내가 불법 베팅 사이트에 가입할 때에 느꼈던 고민, 걱정들은 진즉에 사라진지 오래였다. 빨리 베팅을 시작하고 그 베팅이 주는 쾌감을 느끼고 싶다는 생각만이 머릿속을 차지했다. 이렇게 나의 불법 스포츠 도박의 역사는 시작되었다.

8장.
축구 베팅

 주말에 친구들과 축구 베팅을 한 것으로 도박에 입문했던 것이니, 당연히 나의 첫 주력 종목은 축구였다. 물론 처음에는 무척 신중했다. 친구들과 함께 하던 때와는 다르게 나 홀로 승부를 봐야하는 상황이었고, 불법 도박에 발을 디딘 것은 처음이었기 때문에 만전에 만전을 기해서 베팅을 해야겠다고 생각했다.

 여기서 잠깐 축구 베팅에 특징들을 간단히 살펴보겠다. 축구에 있어 가장 중요한 것은 최근의 '폼'이다. 폼이란 영어로 'form'을 말하는 것으로, 컨디션, 기량, 솜씨 등을 말하는 포괄적인 용어이다. 선수 개개인의 폼부터 그것이 이루는 팀 전체의 '최근' 폼이 축구에 있어서 가장 중요한 요소이다.
 팀이 예전에 어떠했는지는 전혀 중요하지 않다. 최근에 보여주는 모습이 결과를 결정짓는 데에 있어 가장 많은 비중을 차지하는 요인이다. 부상이나 다른 요인들로 폼이 떨어지는 상황이라면 명문 구단, 1위인 팀, 많은 연승을 기록한 팀조차도 쉽사리 무너질 수 있다. 기록의 스포츠인 농구나 야구와 다르게 최근에 보여주는 폼이 모든 기록을 상쇄할 정도의 막대한 영향을 끼치는 것이 축구라는 스포츠이다.

가장 대표적인 예로, 작년에(14/15시즌) 리그 우승을 한 '첼시'는 올해 리그 시작부터 선수들과 의료팀 간에 불륜 관계가 밝혀지고, 그것이 감독과의 불화로 이어져 팀의 사기가 땅에 곤두박질치고 말았다. 전력 이탈이 있었던 것도 아니었고 당대 최고의 감독인 '무리뉴' 감독이 사령탑을 지키고 있었음에도, 악재들로 인해 팀의 폼이 엉망이 되었기 때문에 한동안 하위권에서 빌빌 거릴 수밖에 없었다. 결국 감독이 교체되고 그런 불화가 해결되고 나서야 겨우 순위를 회복할 수 있었다.

또 1년 전에 2부 리그에서 승격한 '레스터 시티'란 팀은 B급 명장이란 소리를 듣던 '라니에리' 감독과 7부 리그 선수였던 '제이미 바디', 2류 선수 취급받던 '마레즈, 칸테'와 같은 선수들이 최강의 폼을 형성하여 132년 만에 우승을 경험했다. 리그가 시작하기 전에는 구단주로부터 강등만 당하지 말아달라는 요구를 받는 수준이었고, 전문가들은 이 팀이 아무리 잘해봐야 10위권에도 들어오지 못할 것이라고 예상했었다. 하지만 그들이 보여준 최강의 폼은 모든 부정적인 예상을 뒤집고 우승을 이루기에 충분했다.

이처럼 축구에서의 모든 기록과 예상을 뒤엎는 것이 최근의 폼이기 때문에 그 폼을 읽는 것이 축구 베팅에 있어서 무엇보다 중요한 요인이다.

결과의 측면에서 보면 축구에는 무승부라는 것이 존재한다. 연장 승부가 있는 야구나 농구, 배구와는 다르게 정규 경기 시간인 90분 동안 승부가 나지 않으면 그 경기는 무승부로 처리된다. 물론 컵 대회나 토너먼트에서는 연장 승부가 있지만, 베팅 계열에선 그 연장 승부까지도 90분 내에 승부가 나지 않은 것으로 간주해서 무승부로 처리한다.

그렇기 때문에 기본적인 확률은 승리, 무승부, 패배 3가지 중 하나를 맞춰야 하는 1/3의 확률인 셈이다. 다른 종목들은 승리 아니면 패배만을 맞추면 되는 1/2의 확률이지만 무승부 때문에 확률적으로 손해를 볼 수밖에 없는 것이 축구 베팅의 특징이다.

그리고 또 다른 특징은 변수가 너무나도 많은 스포츠라는 것이다. 축구 경기를 어느 정도 관람해 본 사람이라면 누구나 동의할 것이다. 경기가 시작하자마자 한선수가 거친 파울을 해서 퇴장을 당한다거나, 열심히 수비를 하다가 공이 손에 닿아서 핸드링 파울로 페널티킥을 제공한다거나, 아니면 수비를 잘했음에도 공이 수비수 몸에 맞고 굴절되어 골키퍼가 손을 쓸 수 없는 방향으로 골이 들어가는 경우가 나오기도 한다. 또 죽어라고 공격을 퍼부어도 골대 불운이 나타나서 득점을 만들지 못하는 경우도 있고 우리 팀 공격수가 완벽한 공격 찬스를 놓쳐버려서 득점을 하지 못하는 경우도 있다. 그리고 심판의 판정 실수 하나 때문에 경기가 급격히 기울어버리는 경우가 나타나기도 한다.

이처럼 축구는 기본적으로 '변수의 스포츠'이다. 물론 팀의 전력과 선수 개인들이 만들어가는 플레이가 중요한 것은 당연한 사실이다. 하지만 발로 하는 스포츠이기에 축구를 아무리 잘한다고 하더라도 실수가 나오기 마련이고 그로 인한 변수가 무궁무진하다는 것이다. 그것을 잘 이용하는 팀이 승리를 가져가는 팀이 되는 것이고 어떤 팀이라도 운이 따라 그 변수들이 유리하게 작용한다면 승리를 가져갈 수 있게 되는 것이다. 그렇기 때문에 전력상 열세에 있는 팀이 강팀을 상대로 승리를 거두는 상황이 타 스포츠에 비해 많이 나온다. 마찬가지로 아무리 승리가 당연할 정도의 최강 팀이라 할지라도 무궁무진한 변수 속에서 승리를 만드는 것이 쉬운 일이 아니기 때문에 승리를 했을 때의 기쁨이 클 수밖에 없는 것이다.

  정리하면 가뜩이나 무승부 때문에 1/3의 불리한 확률을 안고 베팅을 해야 하는 것인데 수많은 변수 덕에 다른 스포츠에 비해 맞추기가 어려운 것이 축구 베팅이 갖는 특징이라고 할 수 있다.

  이런 상황에서 나는, 먼저 팀들이 보이는 최근의 폼을 분석하고, 무승부와 변수까지 고려해서, 이 모든 것들을 모조리 상쇄할 수 있을 정도의 전력 차가 나는 경기들에만 베팅을 하는 것으로 방향을 정했다. 또 그런 전력 차가 여지없이 드러날 수 있는, 경기 외적인 변수가 추호도 없는 경기들만 찾아서 베팅하기로 했다.

  먼저 내가 베팅하려고 하는 팀의 최근 경기 일정을 고려해서 체력적으로 부담을 느낄만한 상황은 없는지, 또 주전 선수 중에서 부상을 입은 선수는 없는지, 아니면 팀 내의 문제점들로 팀의 폼에 영향을 줄 만한 것이 있는지를 파악하고, 그것과 반대로 상대 팀이 가지고 있는 문제점을 철저히 분석했다. 그리고 상대 팀과의 상대 전적은 어떠했고, 이전의 대결에서 징크스 같은 것이 존재했는지, 또 경기가 치러지는 현지의 날씨는 어떠한 지까지 분석을 했다. 부족하다싶으면 해외 사이트까지 들어가서 분석에 필요한 정보를 구했다. 어렸을 때부터 영어 공부를 많이 해놓은 덕택에 해외 분석 사이트에서 많은 정보들을 얻을 수 있었다. 여기서 해외 베팅 사이트들의 배당률 변동 추이와 해외 분석가의 분석 팁과 픽, 그리고 사사로운 정보들까지도 하나하나 해석해가면서 베팅을 준비했다.

  내가 주로 베팅을 했던 팀은 갈락티고[8] 2기의 시작 단계에 있었던

---

[8] '은하수'라는 뜻으로, 최고의 선수들만으로 구성·운영하는 스페인 프로축구팀 레알 마드리드의 정책을 의미한다.

'레알 마드리드', '메시'가 '호나우딩뇨'의 바통을 이어받은 시절의 '바르셀로나'였다. 또 박지성이 있었던 퍼거슨 감독의 맨체스터 유나이티드, 또 사례에서 예를 들었던 첼시가 주력 팀이었다.

그런데 누가 봐도 강팀이었고 리그 1위를 달리는 팀들이었기 때문에 약체인 팀들과의 경기에선 승리 배당률이 낮을 수밖에 없었다. 그것을 속칭 '똥배당'이라고 하는데, 보통 1.2배 정도를 주었다. 그러니까 레알 마드리드가 헤타페와 같은 약팀과 경기를 할 때 레알 마드리드 승리의 배당이 1.2배라는 것이다. 확실한 승리를 위해서 배당률을 신경 쓰기보다는 이길 확률에 더 중점을 두었지만 아무리 그래도 1.2배는 너무 낮은 배당이었다. 그래서 다른 경기와 조합을 했다. 동일한 상황에서 바르셀로나가 데포르티보와 경기를 하는데도 마찬가지로 배당이 1.2배라고 해보자. 그러면 레알 마드리드의 승리와 바르셀로나의 승리를 같이 엮으면 1.44배의 배당이 나오게 된다. 물론 두 경기를 같이 엮었기 때문에 한 경기만 맞추는 경우엔 돈을 잃게 된다. 두 팀이 모두 이겨야 한다.

한 팀이라도 예측에서 어긋나면 안 되기 때문에 변수로 작용할만한 불안 요소가 조금이라도 있으면 베팅에서 제외하였다. 되도록 원정 경기는 피하려고 했고, 국가대표 차출 경기인 A매치가 있는 시기나, 리그와 컵 대회를 같이 치렀거나, 챔피언스리그가 일정에 껴 있는 경우는 체력적인 요소가 경기에 영향을 미칠 수 있기 때문에 베팅에서 제외하였다. 또 주전 선수들의 부상이 있거나 경기외적인 문제가 있는 경우도 베팅에서 제외하였다. 날씨가 경기에 영향을 줄 수도 있기 때문에 비나 눈이 오는 날의 경기도 제외하였다. 일말의 불안 요소도 없는 경기들에만 베팅을 했다.

그렇게 주력으로 삼은 팀들 중 가장 좋아 보이는 2~3경기를 엮어서 1.5배당 이상을 만들어서 베팅을 했었다. 운 좋게도 10번 중 8~9번은 적중했다. 베팅할 때마다 내 분석대로 들어맞았다. 불안 요소들이 있어서 베팅을 하지 않고 '패스'9)했을 때에만 그 팀들이 패배를 했다. 그러다보니 7주 연속으로 맞추기만 했던 적도 있었다. 처음 시작은 10만 원으로 해서 5만 원씩 땄지만, 승리가 계속되면서 돈도 쌓이고 자신감까지 붙어서 베팅 금액을 점차적으로 키워나갔다. 100만 원이 넘는 금액까지도 베팅을 했었다. (내가 이용했던 베팅 사이트의 최대 베팅 금액은 300만 원이었다.) 그렇게 금액을 키웠음에도 계속해서 적중해서 매주 상당한 돈을 딸 수 있었다.

---

9) 베팅을 하지 않고 다음을 기약한다는 베팅 용어.

9장.
승리로 인한 기쁨

평일에 베팅하려는 주말 경기에 대한 분석을 하며 시간을 보내고, 주말엔 그 경기에 베팅을 하고 관람했다. 베팅을 할 때마다 승리를 경험했으니 매주 그 마약과 같은 쾌락에 빠져 살았다고 봐도 무방하다. 정말 좋았다. 인생이 이렇게 재미있어도 되나 싶을 정도로 좋았다. 레알 마드리드의 크리스티아누 호날두와 바르셀로나의 메시가 수비수들을 농락하며 게임에서나 나올 법한 골을 만들어내며 나의 베팅을 당첨되게 해주었다. 그 멋진 모습을 보면서 전율을 느끼고 승리로 인한 쾌락을 느끼고 또 당첨된 나의 베팅 내역을 보면서 기쁨을 느꼈다.

그렇게 매주 승리를 하니 자랑을 하고 싶은 마음이 들었다. 베팅 사이트 자유 게시판에 나의 당첨된 베팅 내역을 올리기 시작했다. 적중률이 좋다보니 나는 점점 유명세를 탔고 사람들은 나의 내역을 보면서 혼자서만 따지 말고 같이 좀 먹자는 댓글을 달았다. 그리고 경기 시작 전에 베팅 내역을 공개해서 자신들도 따라갈 수 있도록 해달라고 했다.

그래서 나는 평일동안 분석한 내용들과 함께 베팅 내역을 게시판에 올렸다. 사람들은 내가 분석한 내용들을 보고 놀라워했다. 거의 스포츠 기자 급으로 경기에 대한 데이터를 수집하고 승패를 분석했으니 사람들이 놀라는 것은 당연했다. 내 피 같은 돈이 달려있는데 그 정도도 분석하지 않고 베팅에 임할 순 없었다. 그리고 경기를 보는 것 말고도 그런 분석을 하는 것 자체에도 재미가 있었다. 열심히 분석한 것에 대한 대가로 매주 승리를 얻을 수 있었으니 분석하는 재미도 나날이 늘어갔다.

점점 내 분석글과 베팅 내역을 보고 똑같이 베팅을 해서 적중하는 사람들의 수가 많아졌고 난 그 덕에 엄청난 유명인이 되었다. 경기가 있는 날이면 행여나 내가 내역을 올리지 않을까봐 아침부터 나를 찾는 글들이 올라왔고, 내가 글을 올리면 순식간에 수십 개의 댓글이 달렸다. 주로 감사하다는 내용과 믿고 탑승한다는 내용들의 댓글이었다.

이렇게 실적이 좋았으니 돈이 굴러 들어오는 것은 당연한 결과였다. 돈이 많으니 정말 좋았다. 단순히 생활 여유 자금이 늘어난 것이 아니라, 내가 가지고 있었던 돈에 대한 콤플렉스가 해소되는 느낌과 사회적으로 성공한 것 같은 느낌도 들었다. 돈이 많아진다는 것에 의미는 실로 엄청났다. 그까짓 돈이 뭐기에 그랬을까?

10장.
그까짓 돈? 그까짓 돈도 없어서...

 '돈의 가치'보다 중요한 것은 얼마든지 있을 것이다. 하지만 우리나라에서만큼은 그렇지 못하다. 대한민국은 돈이면 다되는 돈이 최고인 나라이다. 돈이 인간에게 미치는 영향이 전 세계에서 가장 큰 나라가 우리나라라고 할 수 있다.
 "10억 원 받고 감옥에서 1년 살기 VS 안 받고 그냥 살기"라는 질문에서 많은 사람들이 '10억 원을 받는 것'을 택했다고 한다. 1년이라는 시간은 인생에 있어서 다시 돌아오지 않는 귀중한 시간이다. 그 1년 동안 공부를 할 수도 있고, 여행을 다녀올 수도 있고, 봉사를 하며 값지게 보낼 수도 있다. 반면에 10억 원이라는 돈은 연봉이 3,000만 원인 사람이 30년 동안 한 푼도 쓰지 않고 모아도 만들 수 없는 아주 큰돈이다. 그렇기 때문에 1년의 귀중한 시간을 범죄사가 되어 감옥에서 보낸다하더라도 10억 원이라는 돈을 얻을 수 있다면 투자 대비 효용이 그보다 좋을 수는 없을 것이다. 아무리 그렇다고 해도 1년을 바쳐서가면서까지 10억 원을 얻는다는 것이 합당한 선택일까?
 애석하지만 그렇다고 말할 수밖에 없다. 현재 우리나라에서 10억 원이라는 돈의 가치, 즉 돈의 힘은 거의 모든 것을 초월할 정도로 강력하다. 1년이 아닌, 2년, 3년을 바쳐서라도 10억 원을 얻는 선택을 하는 사람들도 개중에는 상당히 많을 것이다. 다시 돌이킬 수 없는 소중한 시간을 포기하고, 범죄자가 되어야한다는 사실을 감수하고도 돈을 택할 정도로 돈의 가치가 어느 무엇보다 강력하다는 것이다.

다시 나의 이야기로 돌아와서, 우리 세대는 어렸을 때 IMF10)를 겪은 세대이고, IMF 시기를 우리 부모님들이 힘겹게 이겨내시는 모습을 보면서 자라왔다. 그런데 IMF 이후로 우리 세대가 느낀 것은 삶이 나아졌다는 느낌보다는 오히려 빈부 격차가 심해졌다는 것이었다. 실제로 우리나라는 IMF 이후로 빈부 격차가 급격히 심해졌고 우리 세대는 그 빈부 격차를 어렸을 때부터 체감하며 자라온 세대이다.

우리 집은 어렸을 때 경제적인 이유로 이사를 많이 다녔다. 이사를 하게 되면 친하게 지냈던 친구들과 헤어질 수밖에 없었는데 그럴 때면 항상 아쉽기도 하고 속상한 마음도 들었다. 그리고 매번 새로운 친구를 사귀어야하는 어려움도 있었다. 어떤 녀석이 이사를 자주 다니는 것은 빚쟁이한테 쫓기기 때문이라고 놀린 적이 있었는데 그것이 어린 나에게 크나큰 상처로 다가왔던 기억이 있다.

중학교에 올라가서 또 이사 때문에 전학을 가게 됐다. 부모님께 이사를 가지 않으면 안 되냐고 여쭈어봤더니 부동산 투자 가치가 있는 집으로 이사를 하는 것이니 내가 이해를 해야 한다고 하셨다. 또 전학을 가야한다는 것이 정말로 싫었지만 그저 어쩔 수 없는 일이겠거니 생각했다. 전학 온 첫날부터 새로운 친구들에게 거짓말을 했다. 전학

---

10) 1997년 대한민국의 외환위기를 일컫는 말. 당시 우리나라는 외환보유액이 부족해져서 국제통화기금(IMF, International Monetary Fund)의 지원을 받았다. 자금차입의 대가로 IMF는 우리나라의 재무와 경제산업의 불건전성을 해소하기 위하여 구조개선을 요구하였다. 이로 인하여 많은 기업이 도산하였고, 대규모 구조조정을 실시하였으며 이로 인하여 많은 실직자들이 발생하였다.

온 나를 보고 이상한 생각을 할 것이라는 괜한 마음에 전에 있던 학교에서 사고를 치는 바람에 강제로 전학을 온 것이라는 거짓말을 했다. 그 정도로 전학 다니는 것에 대한 트라우마(trauma)[11]가 있었다.

그런데 새로 이사를 온 곳은 예전에 살던 곳과 느낌이 많이 달랐다. 예전에는 친구들 중에 기껏해야 한두 명 정도만 잘살고 거의 비슷한 형편이었었는데 이사를 온 동네는 평범한 집안의 친구들보다 잘사는 집안의 친구들이 훨씬 많았다. 잘사는 친구들은 입고 다니는 교복부터가 고급 브랜드였고 신발, 가방, 시계, mp3플레이어, 휴대전화까지 갖가지 비싼 물건들을 가지고 다녔다. 방과 후에 학원을 갈 적에는 교복을 벗고 온통 명품 옷들로 치장했다.

좋은 것들을 하고 다니는 애들을 보고 있으면 그렇지 못한 내 자신이 초라하게 느껴졌고 그런 무리들이 오히려 더 많다보니 소외감까지 느꼈다. 안 그래도 경제적인 이유로 이사를 많이 다녔었고, 또 그에 대한 트라우마까지 있었기 때문에 나의 소외감과 열등감이 더 심했던 것 같다.

예전보다 친구 사귀는 것이 더 힘들게 느껴졌다. 나는 집에 명품 옷이 없으니 싸구려 브랜드의 옷을 입고 그 부잣집 무리들에 껴야했는데 행여나 그 애들이 나를 무시하고 흉을 볼까봐 걱정되었다. 그래서 학원을 갈 때에도 일부러 교복에다 학교에서 신던 실내화를 그대로 신고 다녔다. 누군가 왜 그러고 다니는지 물어보면 실내화 갈아 신는 것조차 귀찮아서 바로 학원으로 오는 것이라고 둘러댔다. 친구들은 나를 게으른 애 정도로만 생각했을 것이다. 하지만 실상이 그렇지 않은 나는 정말 속상했고 슬프기까지 했다.

---

11) 심리학에서의 '정신적 외상', 영구적인 정신 장애를 남기는 충격.

그러던 어느 날 좋아하는 여자아이가 생겼다. 하지만 열등감에 빠져 살던 터라 자신 있게 다가갈 수 없었다. 그저 속으로만 애태울 뿐이었다. 그 아이와 사귀게 되면 꾸미는데도 돈이 들어갈 것이고, 데이트를 하게 되면 또 돈이 깨질 텐데 내 용돈만으로 그런 것들을 충당하기는 힘들 것 같았다. 그래도 좋아하는 마음을 앞세워 고백을 하고 그 아이와 사귀게 되었다. 옷 같은 것은 친구한테 빌리고 용돈에 밥값까지 아껴서 데이트 비용을 충당할 생각이었다. 하지만 그 돈 모은다고 얼마나 됐을까.

이후 그 여자아이와 친구 그리고 내 친구까지 포함해서 넷이서 노래방을 가게 됐는데 첫 데이트라 내가 멋지게 돈을 내기로 했다. 그런데 노래방비와 음료수값을 내고 나니까 일주일치 용돈과 밥값이 사라졌다. 노래는커녕 앞으로 쫄쫄 굶을 걱정만 하고 앉아있었다. 또 앞으로 이 여자애를 돈도 없이 어떻게 만나야할지를 생각하니 앞날이 까마득했다. 부모님께 연애한다고 용돈을 늘려달라고 할 수도 없는 노릇이었다. 첫 데이트부터 제대로 즐기지도 못하고 돈 걱정이나 하고 있는 내 자신이 너무나도 처량하게 느껴졌다. '이런 내 주제에 연애는 무슨..' 이럴 바에야 그냥 만나지 않는 편이 낫겠다고 생각했다. 결국 여자애한테 다른 이유를 둘러대며 이별을 통보했다.

그리고 시간이 흘러서 그 여자애가 어떤 잘사는 집 친구와 사귄다는 소문을 들었다. 우리 때는 '프리챌'이라는 커뮤니티12)가 있었는데 그 여자애가 활동하는 커뮤니티에 들어가서 확인해보니 정말 사실이었다. 그놈이랑 커피숍에 가서 차 마시는 사진, 영화관에서 영화 본 이야기, 만난 지 22일됐다고 '투투' 선물을 받아서 행복하다는 글들이 올라와있었다. 차라리 모르는 게 약이라고. 그런데 우리 세대는 휴대

---

12) 페이스북 같은 소셜 네트워크의 전신.

전화와 인터넷의 발달로 사람들의 일상을 즉각적으로 확인할 수 있었다. 그 사실을 접한 나는 집에서 혼자 펑펑 울었다. 왠지 내가 돈이 없어서 여자친구를 뺏긴 것 같다는 생각마저 들었다. 내 자신이 한없이 초라하게 느껴졌다.

다짜고짜 부모님께 용돈 좀 늘려달라고 했다. 내가 갑자기 그런 말을 하니 자초지종을 물어보셨지만 나는 제대로 된 이유를 말하지 못하고 징징거리며 그저 돈이 더 필요하다고 졸라댔다. 부모님께선 어림짐작을 하시고 내가 공부를 열심히 해서 좋은 성적을 받아오면 용돈을 늘려주신다고 했다.

내가 공부를 나를 위해서 열심히 해봐야겠다고 느낀 것이 그때가 처음이었다. 그 어린 나이에 하기 싫은 공부를 자신의 찬란한 미래를 위하는 마음으로 하는 기특한 친구들은 드물 것이다. 대부분 부모님이 시키시니 어쩔 수 없이 하는 것이고 나 역시 마찬가지였다. 그런데 용돈이 부족해서 연애도 제대로 못하니, 좋은 성적을 받아서 용돈을 많이 타 그 목적을 이뤄야겠다는 생각을 하게 된 것이다. 공부가 제대로 된 연애를 위한 수단이 되었다.

죽어라 공부를 하니 성적이 올랐고 부모님께서는 용돈을 올려주셨다. 그런데도 돈을 더 많이 받고 싶어서 성적을 좀 더 끌어올렸다. 전교에서 순위권에 들 정도로 성적이 올랐다. 부모님께서는 무척 기뻐하시며 용돈을 두둑하게 주셨다. 그 용돈 받은 것으로 명품 옷을 사서 나를 꾸며보기도 하고 다른 여자애도 만나보았다. 용돈이 늘어나니 예전처럼 돈에 쪼들리지 않고 여유 있게 연애를 할 수 있었지만 무언가 예전에 연애를 제대로 하지 못했던 것에 대한 아쉬움과 미련이 계속 남아있었다. 내가 받았던 마음의 상처는 쉽게 치유되는 것이 아니었다.

그러다 고등학교에 올라와서 내 미래에 대한 생각을 해보았다. 내가 하고 싶은 일, 즉 적성이 무엇인지 고민해보았다. 그런데 매번 결론이 적성보다는 결국 돈으로 귀결됐다. 돈 때문에 받은 상처가 커서 그랬을까. 아무리 적성도 중요하다지만 그저 돈을 많이 버는 직업을 선택하고 싶었다. 그래서 담임선생님과 상담을 해보았다. 담임선생님도 내 적성을 고려해서 직업을 선택해야한다고 말씀하셨지만 아무리 생각해봐도 돈을 많이 버는 직업을 선택하는 것이 나을 것 같았다.

같은 반에 있는 친구들도 마찬가지였다. 진로를 선택하는 데에 있어서 본인의 적성 따위는 중요하지 않았다. 사회복지사가 되어 어려운 사람들을 돕고 싶다는 친구는 세상물정 모르는 한심한 놈 취급을 당했고, 심리학자가 되고 싶어 심리학과에 진학하고 싶어 하는 친구는 요새 심리학과가 취업이 잘 안 되니 취업이 잘되는 과에 진학하라는 말을 듣기 일쑤였다. 다들 하나같이 변호사, 의사, 펀드매니저, 증권가 애널리스트(analyst, 분석가), 대기업 취직 등등 본인들의 적성보다는 돈을 우선시하는 진로를 택하는 방향으로 흘러갔다.

그러려면 먼저 대한민국 최고의 명문대인 SKY13)대학에 진학을 해야 했다. 대학의 교수진이 어떻고, 그 학교의 학과 커리큘럼이 어떤지를 고려하기보다는 무조건 명문대라는 간판이 중요했다. 본인이 원하지 않는 과를 진학하는 한이 있어도 무조건 학벌이 최우선이었다. 물론 그 이유는 명문대에 진학을 해야 취업이 잘되기 때문이었다. 적성 따위는 개나 줘버리고 돈 잘 버는 기계가 되기 위해선 무조건 명문대에 들어가야 했다.

---

13) 서울대, 고려대, 연세대의 영문 앞글자를 따온 대한민국 최고의 명문대를 뜻하는 학생들의 은어.

그렇게 죽어라 공부해서 명문대에 진학을 했건만 나를 반기는 것은 장밋빛미래가 아니었다. 이제 시작이었다. 대학이라는 곳은 역대 최악의 청년실업률로 빚어진 취업 전쟁에서 살아남기 위해 발버둥치는 병사들의 집합소였다. 병사들은 많은 돈을 벌기 위해서, 좋은 직장을 차지하기 위해서 20대의 꽃다운 청춘을 바쳐가며 싸워나가야 했다.

그런데 내가 이렇게 개고생하며 살아가고 있는 동안, 어릴 때 나를 주눅 들게 만들었던 금수저14) 물고 태어난 놈들은 중학교 때부터 벌써 어학연수를 다녀와 영어 특기생으로 쉽사리 명문대에 들어왔다. 그리고 흙수저15) 문 우리들이 경쟁에서 살아남기 위해 고군분투하며 살아가고 있는 동안 그놈들은 대학생 때부터 외제차를 끌고 다니면서 호의호식하며 살아가고 있었다. 방학 때만 되면 취업준비는커녕 해외여행을 다니며 청춘을 즐겼고 누구는 소주 먹으며 미래에 대한 걱정을 할 때 그놈들은 호텔에 있는 클럽에서 VIP룸을 잡고 여자들을 끼고 양주를 마셨다. 그런데 몇 놈만 그러는 게 아니었다. 학생 때와 마찬가지로 그런 놈들이 정말 많았고 그때와는 차원이 다른 격차로 '양극화'라는 것이 무엇인지 제대로 느끼게 해주었다.

이런 상황에서 TV 드라마는 이러한 계층 격차를 공개적으로 부각시키는 역할을 했다. IMF 전까지만 하더라도 대학생들을 다룬 드라마나 대기업 사원들의 아기자기한 이야기를 다루는 드라마들이 많았었는데 IMF 이후에는 돈에 대한 사회의 시선을 반영하기라도 하듯 재벌 가문의 남자와 가난한 집의 여자가 만나서 사랑을 하는 '신데렐라 스토리'의 드라마가 대다수를 차지했다. 근래의 드라마를 보면 재벌이

---

14) 태어날 때부터 부유한 집안에서 태어난 이들을 비하하는 은어.
15) 태어날 때부터 가난한 집안에서 태어난 이들이 자책하는 은어.

빠지는 법이 없다. 시청률을 높이려면 재벌이 주인공으로 출연해야하는 것처럼 보이기까지 한다. 재벌들은 어떤 드라마에서나 등장해서 그들의 부유함을 과시하며 그렇지 못한 우리를 열등감 속에 빠지게 만들었다.

그러다보니 여자들이 남자를 만날 때의 기준도 점점 바뀌어갔다. 남자를 평가하는 데에 있어서 제 일의 기준이 '재력'이 되어버렸다. 성격과 그 사람의 됨됨이보다는 자산이 얼마고 차가 어떻고 연봉이 얼마인지가 남자를 평가하는데 있어서 최고의 가치들이 되어버렸다. 이 기준을 충족시키려면 억대 연봉을 받아야하고 서울의 전셋집 하나 마련할 정도의 돈을 모아놓았어야 한다. 그렇지 못한 남자들은 루저(loser, 패배자) 취급당하며 연애도 사랑도 제대로 못한다.

물론 금수저 물고 태어난 놈들은 대학 졸업하자마자 어디 좋은 자리에 낙하산으로 들어가거나 아니면 사업 자금을 지원받아 큰 사업을 하거나 그것도 아니라면 많은 돈을 물려받았다는 것만으로 연애에 있어서나 결혼 시장에서나 우위를 점한다. 백수인들 집에 돈이 많은데 무슨 걱정이 있을까. 집이 가난하지만 누구보다 성실한 대기업 사원은 수십억 원을 물려받은 백수의 발끝도 따라가지 못한다.

결국 달라진 것은 없었다. 금수저 문 놈들 때문에 열등감과 소외감을 느끼고 연애도 사랑도 제대로 못하는 것은 어릴 때나 성인이 되어서나 마찬가지였다. 인생의 가치를 탐구해야할 20대의 나이에, 용돈 많이 받으려 공부했던 것처럼 나의 연봉을 키우고, 사회가 바라는 '돈'이라는 가치에 부합하기 위해서 죽어라 살아가야할 뿐이었다. 오직 그 '돈'이라는 것 때문에..

11장.
나도 이제 부자다

 다시 내 베팅 이야기로 돌아 와, 승리와 함께 많은 돈을 따니 금전적인 여유가 생기는 것은 당연했다. 거기에다가 아르바이트로 학생들 과외까지 병행하고 있었기 때문에 당시 내 나이로는 만지기 힘든 돈을 얻게 되었다. 베팅을 시작한지 얼마 되지 않았음에도 1,000만 원이 넘는 돈을 벌어들였다.
 위에 말했던 것처럼 나는 평범한 가정에서 태어나 검소하게 사는 것을 미덕으로 배워왔던지라, 택시 같은 것은 절대 타려하지 않았고, 대중교통을 이용하는 것도 아까워서 웬만한 거리는 걸어가거나 자전거를 타고 다녔었다. 또 어떤 물건을 살 때에도 공동구매 같은 것을 이용해서 최대한 많은 할인을 받는 방법으로 사거나 그것이 안 된다면 남이 이용하는 중고 물품을 구매하곤 했었다.
 그런데 돈이 조금 많아지니 그것만으로도 부유함이라는 것을 느끼기에 충분했다. 사소한 데서 오는 풍족함이 너무나도 좋았다. 아무런 부담 없이 먹고 싶은 것은 다 먹을 수 있었고, 어릴 때부터 그렇게 사고 싶어 했던 명품들에서부터 최신 노트북, 오토바이에 이르기까지, 필요한 것이 있으면 전부 사들일 수 있었다. 그렇게 돈을 써댔는데도 잔고가 줄지 않았다.

그러다가 필요한 것을 다 사고, 더 이상 필요한 것이 없을 때 '무엇을 사면 좋을까' 하고 막연하게 이것저것 살 것을 살펴볼 때가 있었는데 그것이 그렇게 좋았다. 쭉 둘러보면 막상 사야할 이유도 없고, 사도 별로 좋을 것 같지 않은데 그런 것들을 검색해보는 것만으로도 기분이 좋았다. 여자들이 왜 쇼핑에 미치는지를 알 것 같았다.

제일 좋았던 것은 친구들이랑 같이 밥이나 술을 먹을 때나 여자친구와 데이트할 때, 또 여자친구의 지인들과 함께 만났을 때 내가 그 자리의 계산을 흔쾌히 할 수 있게 됐다는 점이었다. 구질구질하게 더치페이하자는 말을 할 필요가 없었다. 다 먹은 후 얼마씩 나눠서 계산하자는 말이 나오면 그냥 내가 턱하니 계산을 해버렸다. 그러면 사람들은 돈이 많이 나왔을 것이라며 미안해하거나 잘 먹었다는 말로 고마움을 표했다. 또 멋지게 계산하는 모습을 보고 나를 능력 있는 남자로 띄워주는 사람도 있었다. 그게 그렇게 좋을 수 없었다.

예전에 '쏜다'라는 개념의 계산을 해본 적이 없는 것은 아니었지만 그때는 항상 돈에 대한 걱정과 불편한 마음이 뒤따라왔었다. 하지만 돈이 넘쳐나니 그런 불편한 마음은 온데간데없이 사라졌다. 아무런 걱정 없이 흔쾌히 쏘고 사람들이 표하는 고마움을 만끽할 수 있었다. 어깨가 절로 으쓱해졌다.

그런 식으로 돈을 내는 빈도가 늘어나니 내가 계산을 하지 않는 것이 이상하게 느껴질 때도 있었다. 그럴 때마다 내가 호구처럼 이용당하고 있다는 생각보다는 내가 돈이 많기 때문에 당연히 그래야하는 것이라는 생각이 들어 오히려 기분이 좋아지기까지 했다.

또 나보다 나이가 많은 사람과 함께 있는 자리일 때는 보통 연장자가 계산을 하는데 그때에도 그냥 내가 계산을 해버렸다. 그러면 자신이 계산을 하려고 했다면서 왜 내가 계산을 했냐는 말을 하는데, 그 얼굴 속에서 계산하기 부담스러웠는데 계산해줘서 고맙다는, 말과 표정이 다른 것을 느낄 때면 더 우쭐해선 일종의 우월감까지 느끼기도 했었다.

그리고 여자친구의 친구가 자신의 남자친구와 싸우면서 "누구는 돈이 많아서 해달라는 거, 사달라는 거 다 들어주는데 너는 왜 그렇게 못해주느냐"는 비난을 했다는 이야기를 들은 적이 있었다. 그러면서 내 여자친구를 그렇게 부러워했다고. 그런 얘기를 들을 때면 우월감은 더더욱 치솟았다. 오히려 돈 그렇게 많은 거 아니니까 오해하지 말아달라는 엄살을 부리며 꼴값을 떨었던 적도 있다. 그런데 그렇게 꼴값을 떠는 것도 마냥 좋았다. 너무너무 좋았다.

사람들이 날 보는 시선도 달라지고 대우 역시 달라졌다. 사람들은 돈을 그렇게 써대는 내 모습을 보며 단순히 공부만 잘하는 명문대생에서 사회적으로 성공한 사람처럼 격상해서 대해줬다. 누군가 내가 학생신분에 어떻게 그런 식으로 돈을 쓰는지에 대해 의문을 가지면, 그냥 집이 잘 살아서 그런다고 말하든지 아니면 따로 무언가를 하는 게 있다며 둘러대곤 했다. 나 같은 명문대생이 스포츠 도박에 빠져서 번 돈일 것이라곤 상상도 못했을 것이다. 출처를 명확히 밝힐 수 없었지만, 나를 부러워하고 인정해주고 또 대단한 사람처럼 대해주니 그것이 그렇게 좋을 수 없었다.

아직 돈이라는 것을 제대로 만져본 것도 아니고 또 돈을 그렇게 미친 듯이 써본 것도 아니었지만 처음으로 '부유함'이라는 것을 느껴보고, 그것으로 인해 주위의 선망을 사보니 내 마음 속에 있던 돈에 대한 콤플렉스와 트라우마들이 치유되는 것처럼 느껴졌다. 이대로만 가면 돈 때문에 죽어라 열심히 살던 그 구질구질하던 시절과는 안녕하고, 부유함 속에서 여유 넘치는 행복을 누리며 살 수 있을 것이란 생각도 들었다.

돈이 많다는 것만으로 이런 우월감을 만끽할 수 있고, 이 치열한 사회에서 앞으로의 미래가 행복할 것이라는 자신감마저 생기는 이 대한민국이라는 나라가 참 고맙게 느껴지기도 했다. 그리고 이런 고마움을 느끼게 만들어준 도박이라는 것을 내 인생의 돌파구로 삼으면 되겠거니 생각했다.

몇 달 동안을 재미가 넘치는 축구 경기를 보면서 스포츠 도박이 주는 쾌락에 푹 빠졌고, 결과마저 좋아 많은 돈까지 만졌으니 내 삶은 행복 그 자체였다. 평생을 이렇게만 살았으면 좋겠다는 생각이 들 정도였다.

12장.
위기가 찾아오다.
도박에서 패배의 의미, '분노베팅'

꿈만 같았던 생활이 끝나고 위기가 찾아왔다. 베팅을 하다가 큰돈을 잃고 말았다. 베팅을 하다보면 돈을 잃을 수도 있는 것은 당연한 것이다. 잃으면 다시 따면 그만이라고 단순하게 생각할 수 있겠지만 베팅의 세계에서 돈을 잃는다는 것은 그렇게 쉽게 생각할 문제가 아니다.

이길 수밖에 없는 경기, 이길 확률이 높은 경기 위주로 베팅을 한다고 해도 프로 스포츠의 세계에서 경기가 예상한대로만 흘러 항상 이기기만 할 수는 없다. 아무리 내가 분석을 잘해서 변수를 줄인다하더라도 예측 못한 작은 변수 하나 때문에 예상에서 빗나가는 결과가 나오기 마련이다.

그렇게 나는 패배를 경험하게 되었다. 그런데 예전에 돈을 많이 땄었기 때문에 자신감이 붙어 베팅 금액을 상당히 키운 상태였다. 그래서 이번에 패배로 찾아온 손해는 실로 엄청났다.

일반 도박이라면 내 패가 상대방보다 안 좋게 나온 것, 즉 운이 좋지 않은 것이 패배의 단순한 원인일 것이다. 하지만 스포츠 베팅에서는 패배의 이유가 좀 더 직접적으로 찾아오게 된다. 예를 들면 한 선수의 실책일 수 있고, 심판의 오심 때문일 수도 있다. 어떤 이유이든지 간에 패배의 이유가 좀 더 구체적이고 그 이유를 탓할 수 있는 대상이 존재한다는 것이 일반 도박과 다른 점이다. 대상이 존재한다는 것은 패배로 인한 분노가 향할 곳이 있다는 것이며 그 분노를 정당화할 수 있는 이유가 명확하다는 것이다.

예를 들어 맨유가 1-0으로 이기고 있는 상황에서 경기 종료 직전에 박지성이 엄청난 실책을 저질러 상대 팀에게 실점을 허용해 경기가 무승부로 끝났다고 해보자. 경기에서 승리를 하지 못한 것에는 다른 요인들이 복합적으로 작용한 것이겠지만, 베팅을 하는 사람들은 백이면 백 박지성 때문에 이기지 못한 것이라고 생각할 것이다. 우리의 영웅 박지성이 그 한순간의 실수 때문에 벤치성이 되어버린다. (한창 박지성이 출전하지 못하고 벤치를 지킬 때 얻었던 별명이다. 괜히 나와서 경기 망치지 말고 벤치에나 앉아있으라는 뜻이다.) 같이 베팅을 한 친구들 사이에서든지, 실시간 채팅창에서든지 벤치성에 대한 분노와 욕이 쏟아져 나올 것이다.

그렇다면 이런 분노가 어떻게 작용하게 되는 것일까? 바로 다음번 감정을 앞세우는 베팅에 정당성을 불어넣어주게 된다. 그 과정을 내가 위의 예를 경험한 것으로 설명하겠다.

경기를 보는 내내 기분이 최고조에 이른 상태였고, 이번에 딴 돈으로는 무엇을 할지에 대한 행복한 고민을 하고 있었던 상황이었다. 그런데 이 행복한 순간이 한 선수의 실수 때문에 날아가 버렸으니 그 선수에 대한 분노가 머리끝까지 치솟았다. 베팅한 돈만 잃은 것이 아니라, 땄을 때의 돈까지 날아간 기분이었다.

아예 내 분석과 어긋나는 결과가 나왔다면 내가 분석을 잘못한 탓으로 화를 삭이겠지만, 내 분석대로 잘 들어맞다가 작은 실수 하나로 이익이 날아가는 것뿐만 아니라 손해까지 보게 된 것이니 분노가 불타오를 수밖에 없었다.

이런 상황에서 '여태껏 돈을 많이 땄으니 괜찮다, 질 수도 있지, 일단 오늘은 여기서 접고 다음번에 좋은 경기가 있을 때 오늘의 손해를 만회하자'고 생각하는 사람은 드물 것이다. 그리고 만약 그렇게 생각할 수 있다면 그것은 손해 본 금액이 그렇게 크지 않기 때문이다. 베팅 금액이 커지면 커질수록 손해는 커지게 되고, 손해가 커지면 커질수록 패배로 인한 분노가 심해지기 때문에 평정심을 잃는 것이 더욱 쉬워진다. 나 역시 많은 승리를 거두다가 경험하는 패배였음에도 그 손해가 막심해 감정을 앞세운 '분노 베팅'을 하기 직전까지 이르렀었다.

아무리 그래도 무턱대고 아무 경기나 베팅을 할 수는 없는 노릇이었다. 나의 베팅 모토는 확실한 정보를 바탕으로 일말의 변수도 없는 경기들에만 베팅을 하는 것이었기 때문에, 내가 잘 모르는, 변수가 눈에 훤히 보이는 경기들에 베팅할 수는 없었다. 그래서 여태껏 딴 돈이 훨씬 많으니 참아야한다고, 기다렸다가 좋은 경기가 있으면 그때 다시 걸자고 나 자신을 추스르며 분을 삭였다.

그렇게 다음번 좋아 보이는 경기가 있을 때까지 기다렸고, 다행히도 그 경기에서 승리해서 손해 본 것을 어느 정도는 복구할 수 있었다. 하지만 다 복구한 것은 아니었다. 안전한 경기 위주로 조합을 하다보면 배당이 1.5배 정도뿐이 안 되기 때문에 두세 번은 더 이겨야 본전을 찾을 수 있었다. 그렇다고 배당이 높은 경기를 선택하는 것은 그만큼의 위험 부담을 안아야한다는 것인데, 한번 돈을 잃은 상황인지라 그런 위험한 선택을 할 수는 없었다.

그래서 시간이 걸리더라도 안전한 경기들로 조합을 해서 베팅을 했고, 다시 몇 번의 승리로 잃었던 돈을 모두 복구할 수 있었다. 복구하는데 오랜 시간이 걸리긴 했지만, 무리한 베팅을 하지 않고 참아냈다는 것이 참 대견하게 느껴졌다. 이정도 자제력이면 또다시 패배가 찾아온다고 해도 충분히 복구를 할 수 있을 것이니, 항상 조바심 부리지 말고 차근차근 안전한 베팅을 하자는 생각을 했었다. 그렇게 긍정적으로 잘 넘어갔다.

하지만 또다시 패배가 찾아왔고, 그때에도 꾸역꾸역 참아가며 무리한 베팅을 시도한 것은 아니었지만, 이번에는 연패를 경험했다. 그렇게 참고 참으며 좋아 보이는 경기가 찾아오기를 기다리다 베팅을 한 것이었는데 그 경기에서마저 또다시 패배를 한 것이다.

한동안 복구하느냐고 베팅으로 인한 수익이 없었던 상황이었기 때문에 또 다시 찾아온, 그것도 연패는 상당히 큰 충격이었다. 총수익과 손해를 따져봤을 땐 여전히 많은 돈을 따고 있는 상황이었지만, 돈을 많이 땄다고 우쭐대며 지출한 것을 생각하면 거의 본전과도 다름이 없었다.

이번의 연패는 금전적인 것뿐만 아니라 정신적으로도 심각한 출혈이었다. 몇 달을 그렇게 많은 돈을 만졌었고 그것으로 인해 행복함 속에서 살았었는데, 이번의 연패가 그 모든 걸 앗아가 버리는 것 같은 기분이 들었다. 일종의 배신감도 느껴졌다.

속에서 분노가 끓어올랐다. 화가 머리끝까지 올라온 상태라 이성적인 사고를 할 수 있는 상황이 아니었다. 변수를 고려하여 신중히 걸어야한다는 생각은 진즉에 사라진지 오래였다.

'생각할수록 너무 화가 나고 그렇기 때문에 이대로 있을 수만은 없다. 한번은 참았지만 두 번은 못 참는다. 참을 만큼 참았다. 지금의 이 분노를 없애줄 수 있는 것은 오로지 승리뿐이다. 빨리 그 승리로 내 분노를 삭여야하기 때문에 더 이상 기다릴 수 없다.' 이렇게 생각하며 내 분노를 정당화해버렸다.

순간 패배한 경기 직후에 있는 다른 경기가 눈에 들어왔다. 승리 배당률은 2배가 넘었다. 전력 차가 거의 나지 않는 팀 간의 경기였고 누가 이겨도 이상하지 않은 경기였기 때문이다. 이미 내 평정심은 온 데간데없는 상태였고, 즉각적인 복구를 원하고 있었던 상태였기 때문에 운에 모든 것을 맡겨 보기로 했다. 그렇게 다음 경기에 내가 가지고 있는 돈 전부를 걸었다. 이전의 베팅과는 차원이 다른 고액 베팅, '강승부'를 시도한 것이다.

막상 베팅을 하고나니 무서운 생각이 들었다. 여태껏 경험했던 어떤 베팅보다 긴장감이 강했다. 꼭 승리를 해야 한다는 간절함뿐만 아니라 패배에 대한 불안감과 공포심까지 내 머릿속을 차지했다. 경기 시작 휘슬소리가 들리자마자 분노에 휩쓸려 베팅한 것을 후회했다.

하지만 이미 경기는 시작했다. 우리 팀의 공격이 실패로 돌아갈 때마다 너무나도 아쉽게 느껴졌고, 상대 팀이 공격을 할 때면 마음 졸이며 실점하지 않기만을 바랐다. 행여나 상대 팀이 슈팅을 때릴 때면 가슴이 철렁 내려앉은 것 같이 느껴졌다.

경기 종료 10분전까지 0-0으로 승부가 나지 않았었다. 내 마음은 타들어갈 대로 타들어간 상태였고, 슬슬 체념하기 시작했다. 머리를 쥐어뜯으며 분노를 추스르지 못한 내 자신을 탓할 뿐이었다. 정말 울고 싶은 생각까지 들었다. 이 돈마저 날아가면 나는 무일푼이 되어버리는 것이었고, 돈이 없어지는 것뿐만 아니라 나의 행복마저 날아가

버리는 것이었다. 그렇게 열등감 속에서 살다가 이제야 좀 인생이 피는구나 싶었는데, 다시 예전의 나로 돌아가야 한다는 생각을 하니 슬프기까지 했다. 베팅하지말걸, 참을 걸 그랬다는 자책만 계속했다. 제대로 앉아있기도 힘들었고 경기를 쳐다보는 것조차 힘들게 느껴졌다.

그렇게 타들어가는 내 마음을 알아주기라도 한 것이었을까. 내가 건 팀에서 득점을 만들어냈다. 순간 자리에서 일어나 방방 뛰었다.

"으하악 끄하아악! 아넬카~~ 우왘 크크크크 아넬캌ㅋㅋㅋㅋ"

(아넬카 = 골 넣은 선수이름)

늦은 저녁 시간이라 소리는 지르지 못했지만 입을 쩍 벌리고 소리 없는 아우성을 만들어냈다. 그것은 소리는 없었지만 기쁨과 행복으로 가득한 아우성이었고 내 귀에는 관중들의 함성과 내 아우성이 합쳐진 기쁨의 소리가 들려왔다. 골 넣은 선수가 하트 세리머니를 하는데 그 세리머니를 똑같이 따라하며 계속 그 아우성을 질러댔다. 몇 분은 그렇게 기뻐하며 방방 뛰었던 것 같다. 어머니께서 방으로 들어와 무슨 일이 있냐고 물어보실 정도였다. 나는 그냥 운동하고 있는 것이라고 둘러대면서 어머니를 나가게 했고, 경기는 끝까지 봐야하는 것이기 때문에 다시 모니터 앞에 앉아서 경기를 시청했다. 제발 이대로만 끝나라. 간절히 또 간절히 빌었다.

경기 종료까지 얼마 남지 않은 상황이었는데 그 몇 분이 정말 너무나도 길게 느껴졌다. 종료 시간인 90분이 다되고 부심이 추가 시간을 알리는 전광판을 들었는데 4분이었다. 보통 추가 시간은 3분에서 4분을 주는데 1분 더 많이 준 것이 그렇게 야속하게 느껴질 수 없었다. 그 4분은 40분처럼 느껴졌다. 예전에 고속버스에서 대변을 참을 때보다도 더 길게 느껴졌다. 상대 팀은 어떻게든 만회해보려고 총공세를 퍼부었고, 우리 팀은 그것을 막기 위해 육탄 방어를 펼쳤다. 상대방의 공격 하나하나에 심장이 내려앉는 것만 같은 기분이 들었다. 우리 팀 골대로 공이 다가오는 것 자체가 공포였다.

결국 우리 팀이 승리를 지켜냈다. 승리를 확신하고 다시 방방 뛰었다. 이불 속에 얼굴을 파묻고 "으아으아 아넬카" 거리면서 계속 그 기쁨을 만끽했다. 다시 일어나서 화면에 나오는, 우리 팀 선수들이 껴안고 좋아하는 모습과 관중들이 환호하는 모습을 보았다. 그 순간만큼은 그들과 함께인 것이나 마찬가지였다. 화면은 다시 아까의 골 장면을 보여주었고 나는 그 선수가 골을 넣을 때 했던 슈팅의 모션을 그대로 따라했고 또다시 그 하트 세리머니를 멋지게 흉내 내었다.

그때까지 베팅하면서 느꼈던 모든 쾌감을 다 합쳐도 이날의 기쁨을 넘지는 못할 것이다. 정말 너무나도 좋았다. 온 몸에서 쾌락에 관련된 호르몬인 도파민과 세로토닌, 엔돌핀이 치솟는 듯 했다. 그 치솟는 것이 느껴질 정도였다. 당첨 결과를 보고 내 보유 금액이 다시 원상복귀된 것을 확인하니 세상을 다가진 것 같은 기분이 들었다.

모든 것이 날아가 버리기 직전의 절망적인 상황 속에서, 머리까지 쥐어뜯어가며 후회와 자책을 하고 있었는데, 그 고뇌가 한순간의 승리로 눈 녹듯이 사라졌다. 그 절망과 고뇌, 불안감이 한순간에 극도의 쾌락으로 역전되는 기분은 실로 엄청났다.

보통 절망을 느끼다가 그 절망이 해소될 때의 안도감은 많이들 느껴봤을 것이다. 그리고 그 안도감만으로도, 더 이상 절망 속에 있지 않아도 된다는 것만으로도 감사함을 느낄 것이다. 그런데 절망이 한순간에 역전되어 엄청난 환희로 바뀌는 것은 그 안도감에 몇 배, 몇 십 배가 넘는 극도의 쾌감이다.

순간 그런 쾌락들에 의해서 뇌에 어떤 변화가 찾아왔는지 갑자기 아까 어머니께서 들어와서 무슨 일 있냐고 물어보시며 걱정하셨던 것이 너무나도 죄송스럽게 느껴졌다. 사실 방에서 소리가 나서 들어와 보신 것이니 별일 아닌 것인데, 그냥 그 사실 자체만으로 죄송한 마음이 들었다. 그래서 방에서 나와 어머니께 가서 요새 다시 운동을 시작한다며 살이 너무 많이 찐 것 같다는 괜한 말들을 지껄였다.

그리고 돈을 잃는 기간 동안 복구를 해야 하는 것에만 집중해서 여자친구한테 소홀했었는데, 그랬던 것에 대해서도 갑자기 미안한 마음이 들었다. 이 순간은 그저 승리를 만끽해야할 시간인데 이상하게도 머릿속에 그런 생각들이 떠올랐다. 바로 여자친구에게 전화를 걸어서 그동안 잘못한 것에 대해 미안했다고 사과하고, "내일 맛있는 거 사주겠다, 네가 하고 싶은 거, 네가 하자는 대로 다 하겠다"는 식의 달콤한 말들을 내뱉었다.

앞에 이야기했던 마약과도 같은 도박의 엄청난 쾌락이 생체적인 변화를 만든 것임에 틀림없었다. 한순간에 지옥에서 천국을 경험하게 만드는 그 쾌락은 실로 어마어마한 것이었다. 그러한 막대한 쾌락은 뇌의 사고 기로에까지 영향을 주어 갑자기 안하던 생각이나 안하던 행동을 하게끔 만들 정도였다. 사람을 순간적으로 변하게 만들어버릴 정도로 엄청난 것이었다.

시간이 지나 다시 안정을 찾은 후 자리에 앉아서 베팅한 것을 다시 복기하는 시간을 가졌다. 운이 나빴으면 가진 돈 전부를 잃을 수도 있었던 상황이었다. 다시는 이런 모험식의 베팅을 하지말자는 다짐을 했다. 지금 이 기쁨이 큰 만큼 패배했을 경우의 고통도 그만큼 컸을 것이라 생각하며 다짐 또 다짐했다.

반성을 하긴 했지만 이 환희의 순간을 반성이나 하며 보낼 순 없었다. 다시 그 경기의 하이라이트 장면을 틀어 주요 장면들을 하나씩 살피며 그 격변의 시간을 회고했다. 골 장면은 100번도 넘게 본 것 같다.

순간 극심한 피로가 찾아왔다. 갑자기 너무나도 피곤해졌다. 두통으로 머리가 깨질 것 같이 아파왔고 허리에도 극심한 통증이 찾아왔다. 그런 감정의 대격변을 겪었으니 당연한 것이었다.

침대에 누웠다. 핸드폰으로 다시 그 경기의 골 장면을 틀어서 잠들기 전에 마지막으로 한 번 더 보았다. 핸드폰을 내려놓고 눈을 감았다. 온 몸이 녹아들어가는 것 같은, 정화되는 것 같은 기분이 들었다. 그렇게 스르르 잠이 들었는데 그때만큼 달콤하게 잤던 적도 없었던 것 같다. 꿈같은 것은 일절 꾸지 않고 그냥 계속해서 잠만 잤다.

13장.
넘지 말아야할 선을 넘어버렸다

 다음날 지옥에서 살아 돌아온 승리를 만끽하며 여자친구와 행복한 시간을 보냈다. 그리고 다시 승리자의 마차를 타고 한주를 시작했다.
 그런데 문제의 순간이 찾아왔다. 그 사건 이후로 다시는 그런 위험한 베팅을 해야 하는 상황을 만들지 않기 위해 기본적인 베팅 금액을 줄이려 했었다. 금액이 커질수록 그로 인한 감정의 변화도 커지기 때문에 금액을 줄여 평정심을 잃는 상황을 만들지 않기 위함이었다.
 하지만 금액을 줄여 베팅을 하고 경기를 보니 재미가 없었다. 너무 재미가 없었다. 그렇게 재미있게 느껴졌었던 축구 경기가 이상하게도 지루하게 느껴졌다. 경기는 뒷전에 두고 계속 딴 짓만 했다. 하품까지 나왔다. 극한의 쾌락을 경험하고 온 나에게 소액으로 베팅한 경기는 그 어떤 흥미도 제공해주지 못했다.

 도박을 하면 할수록, 처음에 느꼈던 엄청난 쾌락은 점점 익숙하게 느껴졌고 내 머리는 더 큰 쾌락을 갈구하고 있었다. 그래서 베팅하는 횟수도 늘렸고 베팅 금액도 키워서 승리로 인한 쾌감을 더 많이 얻고자 했었다. 그런데 한 번의 분노 베팅으로 이전의 경험했던 모든 쾌락을 다 합친 것보다 더 큰 쾌락을 경험하고 나니 쾌락을 느끼는 기준 자체가 바뀌어버렸다. 쾌락의 임계치가 너무 높아져서 이제 작은 쾌락으로는 어떠한 만족도 느끼지 못하는 지경에 이른 것이다.

나를 이정도로 선을 넘게 만들어버린 분노 베팅을 황당하리만큼 쉽게 저질러버렸었다. 나의 분노는 이유가 있는 것이라고 정당화하며 그러한 극한의 승부를 너무 섣불리 경험해버렸다.

일반 도박에서처럼 패배의 이유가 단순히 운의 작용이었다면 이런 극한의 승부를 섣불리 저질러버리진 않았을 것이다. 하지만 스포츠 베팅의 특성상 분노의 작용이 좀 더 직접적이고 분명하기 때문에, 그 분노를 무리한 베팅을 하기 위한 합리화의 수단으로 섣불리 이용해버렸던 것이다. 이토록 단순한 이유로 나는 '넘어선 안 될 선'을 너무나도 쉽게 넘어버렸다.

선을 넘었다는 것 중에서 가장 심각했던 것은 그런 쾌락을 느끼지 못하는 상황이면 극도의 짜증과 불안감, 무기력함까지 찾아오는 금단 현상을 경험하게 된 것이었다. 어느 정도였냐면 이런 불만족스러운 상태인 와중에 학교 시험 기간까지 껴서 베팅을 못하게 됐던 적이 있었는데, 이때 우울증과 비슷한 증상을 경험했었다. 시험을 마치고 버스 타고 돌아오는 길에 갑자기 죽고 싶다는 생각이 들기까지 했다.

내가 느끼는 쾌락의 강도가 계속해서 커져갈수록 그것이 없을 때에 느끼는 결핍감 또한 극도로 심해졌던 것이다. 그 결핍의 감정이 너무 심해 우울 증세뿐만 아니라, 이렇게 쾌락을 느끼지 못할 바에야 죽는 것이 낫겠다는 말도 안 되는 생각을 하게 된 것이다. 문득 내가 이런 생각을 하고 있다는 것에 섬뜩한 기분이 들었고, 내가 점점 도박중독자가 되어가고 있는 것처럼 느껴졌다.

그때, 도박이 나를 이토록 변하게 만들 정도로 심각하고 위험한 것이니 그만두어야겠다는 생각이 들었을까? 결코 그렇지 않다. 우리의 뇌는 그렇게 착하고 현명한 기관이 아니다. 빨리 다시 베팅을 시작해서 이 증세를 없애야겠다는 생각만이 들 뿐이었다.

  시험이 끝난 후 다시 베팅을 시작했다. 소액으로 베팅하는 것으론 재미와 쾌락을 느끼지 못하는 지경까지 온데다가 시험 기간 동안 베팅에 굶주려 있었던 터라 베팅하는 금액을 급격하게 키워버렸다. 결과는 어땠을까?
  이전에 경험했던 감정의 대격변이 이제는 일상이 되어버렸다. 그런 대격변의 베팅을 계속해서 경험하다보니 이젠 그 극한의 감정들조차 무덤덤하게 느껴지게 되었다. 그렇게 무섭게만 느껴졌던 고액 베팅이 이제는 아무렇지 않게 느껴질 정도까지 온 것이다.
  그에 따라 이익과 손해의 크기가 예전과 비교할 수 없을 정도로 커지게 되었고, 아예 이익과 손해를 대하는 마음 자체가 달라졌다. 예전과 비교해봤을 때 엄청나게 많은 돈을 따고 있더라도 많이 딴 것 같은 느낌이 들지 않았다. 손해에 대한 인식 또한 바꿔어버렸다. 이익을 보고 있는 기간이 길어지면 길어질수록 그 이익의 상황이 당연한 것처럼 느껴졌다. 그렇기 때문에 이익을 보고 있을 때가 본전인 상황처럼 느껴졌고, 예전의 본전은 단순히 딴 돈이 사라진 것이 아니라 오히려 손해를 보고 있는 상황으로, 그리고 거기서 조금이라도 더 손해가 나오면 그 상황은 막대한 손해로 인식되었다. 그렇기 때문에 고액으로 베팅을 시도해야하는 상황이 계속해서 늘어났고 그 빈도가 늘어날수록 고액 베팅에 대한 심적 부담감도 점점 사라져갔다. 나중에는 간에 기별도 오지 않을 정도까지 되어버렸고 시간이 흐를수록 이런 현상은 심각해져갔다.

베팅으로 인한 극한의 감정 굴곡은 하도 많이 경험을 해서 무덤덤하게 느껴졌지만 그것이 없을 때 느끼는 금단현상은 그렇지 않았다. 금단현상은 작아질 줄 모르고 계속해서 커져만 갔다. 베팅을 쉬게 되는 날이 있으면 예전처럼 우울증 같은 증상만 찾아오는 것이 아니고 이제는 불안 증상까지 찾아왔다. 알 수 없는 불안감 때문에 진정이 되지 않았다. 그럴 때면 베팅할만한 경기가 있는지를 알아보고 그 경기에 대한 분석 정보를 검색해보면서 베팅에 관련된 행위를 하는 것으로 불안 증세를 진정시켜야했다.

그래서 되도록 베팅을 못하게 되는 상황을 만들지 않으려고 했고 정말 피치 못할 상황이 아니고서야 베팅에만 몰두했다. 예전에는 베팅이 일상 속에서 작은 재미를 얻기 위한 돌파구였다면 이제는 내 일상의 전부를 차지했다.

학업은 부차적인 것이 되어버렸다. 그러니 학교 성적이 제대로 나올 리가 없었다. 시험 기간에도 베팅을 하는 지경까지 와버렸고 베팅을 해서 만족을 얻어야만 그 이후 시간에 공부를 할 수 있었다. 경기를 보면서 공부를 한 적도 있었다. 매 시험마다 성적은 최하위권을 달렸고 그저 유급을 당하지 않기 위해 억지로 공부했을 뿐이었다. 학업은 나의 진로와 미래를 위한 것이 아니라 그저 졸업장을 따기 위해 어쩔 수 없이 지속해야하는 것으로 전락해버렸다. 그 고생해서 입학한 명문대에서 비싼 등록금만 낭비하고 있었던 것이다. 진로를 잘못 선택했다고 후회한 적도 있었다. 베팅만 할 수 있는 백수들이 부럽게 느껴지기까지 했다.

그러다보니 당연히 가족들과의 관계도 계속해서 멀어졌고, 친구들 만나는 것도 귀찮은 일이 되어버렸다. 예전에는 친구들과 축구도 하고 당구도 치고 게임을 하는 것이 그렇게 재밌었는데, 이제는 그 모든 것에 흥미를 잃어버렸다. 베팅을 하는 친구들과 만나서 PC방에서 밤새도록 아침 해가 뜰 때까지 베팅을 하는 것이 유일한 낙이 되어버렸다.

연애하는 것에도 흥미를 잃었다. 보통 여자친구를 만나면 오랜 시간 같이 있어야하기 때문에 베팅하는 시간을 많이 빼앗길 수밖에 없었다. 그래서 여자친구를 만나는 날이면 축구 경기를 보러 경기장에 가는 것으로 데이트를 대체했다. 아니면 되도록 경기가 없는 낮 시간에 만나서 데이트를 하고, 경기가 시작하는 저녁 시간에는 경기를 틀어주는 호프집에 가서 베팅한 경기를 보면서 술 마시는 것으로 데이트를 끝마쳤다. 행여나 여행을 가자는 이야기가 나오면 갖은 핑계를 대면서 피했다. 그러다보니 여자친구와 불화가 생기는 것이 당연했다. 이런 문제들로 여자친구와 다투고 헤어진 적이 있었는데, 헤어지면 방해하는 사람도 없고 베팅만 할 수 있게 될 테니 차라리 그게 낫겠다는 생각을 할 정도였다. 사랑하는 여자친구마저 관심 밖으로 밀려날 정도로 심각한 도박 중독의 증세를 보였던 것이다. 이러한 중독은 거의 마약 중독과 다를 바 없는 매우 심각한 수준이었다.

그렇게 베팅을 방해하는 모든 요소들을 배제해버렸고 일상을 베팅에 관한 것으로 채워버렸다. 아침에 눈을 뜨면서 감을 때까지 머릿속에 베팅만을 채운채로 살아가게 되었다. 이렇게 심각한 도박중독자의 길을 걷게 된 계기는 정말 간단했다. 한 번의 분노 베팅으로 나는 돌아올 수 없는 강을 건너게 된 것이다.

14장.
명문대생, 전문 도박꾼이 되다

 도박이 내 삶의 전부가 되었다. 이제는 재미를 위해서 도박을 하는 것이 아니라 도박이 삶 그 자체인 프로 도박꾼이 되어버렸다.
 예전에는 내가 잘 아는 리그에서 확실해 보이는 경기 위주로 베팅을 하고, 불안한 경기는 피하며 높은 승률을 유지하고자했었다. 그런데 베팅에만 주력하기 위해서 베팅이외에 모든 것을 단절했으니 당연히 경기를 분석할 수 있는 시간도 많아졌다. 그래서 내가 잘 아는 리그 이외에 다른 리그의 경기들도 관심을 갖기 시작했다. 그러다보니 베팅을 하는 횟수가 기하급수적으로 늘어났고 돈을 잃고 따는 과정의 반복도 그에 맞게 늘어났다. 당연히 돈을 크게 잃는 경우도 늘었고 그 상황에서 다시 복구를 경험하는 일도 부지기수로 늘어났다.
 그 결과, 복구했던 기억이 점차 쌓이게 되었고 그 복구의 기억은 복구할 수 있는 능력으로 여겨지기 시작했다. 내게 있어 그 능력치는 날이 갈수록 커져가고 있었다. 베팅은 더욱더 과감해졌다. 실제로 과감하게 베팅을 해서 엄청난 돈을 잃어도 금방 복구할 수 있었다. 그러다보니 이런 복구의 기억들이 점점 나에게 자신감을 불어 넣었고 나는 내 복구 능력을 과신하는 지경까지 이르게 되었다. 어떤 상황이 와도 복구할 수 있다는 자신감까지 붙어버린 나는 더 이상 말릴 수 없는 단계까지 오게 된 것이다.

미리 말을 하면, 이 '복구의 기억'은 사람들이 베팅을 끊지 못하는 데에 있어 가장 강력하게 작용하는 요인이다. 복구했던 기억은 어떤 기억들보다 명확하게 기억되고 어떤 것들보다 머릿속에 강하게 자리 잡고 있다. 내가 처음 돈을 크게 잃었다가 그 손해를 한 번에 복구해준 경기는 글을 쓰고 있는 지금도 잊지 못한다. 언제 있었던 경기인지 누가 골을 몇 분에 넣었는지까지 생생히 기억난다. 지금도 그 경기를 생각하면 몸이 형언할 수 없는 반응을 하곤 한다. 다른 복구의 기억들 역시 전부 생생히 기억난다. 아무리 그 숫자가 많을지라도 다 기억해 낼 수 있다.

복구하는 경험이 많아져 점차 그 복구가 주는 엄청난 쾌락에 덤덤함을 느끼는 단계까지 왔다고 하더라도, 복구를 하면서 얻는 쾌락은 여전히 그 어떤 쾌락들보다도 비교할 수 없을 정도로 크다. 단지 내가 그 마약과 같은 쾌락에 너무 익숙해져 무덤덤해졌을 뿐이다. 그런데 아무리 익숙해졌다하더라도 그 마약의 쾌락을 기억하지 못할 순 없다. 그렇기 때문에 복구의 기억은 어떤 기억보다도 생생하게 자리 잡고 있는 것이다.

이 생생한 기억들은 점점 복구 능력으로 착각되어가고 그럴수록 이 능력에 집착을 하게 된다. 그렇기 때문에 아무리 많은 돈을 잃고 힘든 상황에 놓인다고 하더라도, 복구 능력에 대한 집착으로 복구할 수 있다는 생각만 하게 되니 또다시 도박에 손을 댈 수밖에 없는 것이다. '왠지 이번에 한번만 더 도전하면 예전처럼 복구를 할 수 있을 것 같다'는 생각이 들게 된다. 그러다가 또 몇 번의 실패를 경험하건 몇 번의 좌절을 경험하건 그것은 중요하지 않다. 머릿속은 온통 복구의 기억(능력)과 복구할 수 있다는 생각뿐이기에 다시 도전해보자며 또 도박에 손을 대는 것이다.

베팅이 내 일상의 전부를 차지했고, 이제는 어떤 상황에 처하더라도 복구를 할 수 있다는 자신감까지 붙게 되었으니 축구 이외에 다른 종목에도 도전을 해보자는 생각이 들었다. 더 이상 패배가 두렵지 않게 되었으니 더 많은 종류의 승리를 얻고자함이었다.

축구는 경기의 특성상 아무리 경기가 많아도 일주일에 2번 정도이고, 주력 리그 이외에 다른 리그들까지 포함해도 베팅할 경기가 없는 때가 많았다. 그리고 대부분의 경기가 저녁 시간이나 새벽 시간에 있었기 때문에 아침 시간이나 낮 시간에는 베팅을 할 수 없었다. 그 시간은 보통 베팅할 경기를 분석하면서 대신하곤 했었다.

하지만 이제는 복구할 수 있다는 자신감이 머리꼭대기까지 올라간 상태라, 경기 분석을 잘못해서 돈을 잃더라도 다시 복구를 하면 그만이니 분석은 대충하고 그 시간에 베팅이나 더 하자는 생각을 갖게 되었다. 복구의 기억, 복구할 수 있다는 능력, 즉 베팅에 대한 자신감은 명문대생인 나를 전 종목을 망라하는 전문 도박꾼으로 만들어버렸다.

15장.
야구 베팅, 참 O같은 스포츠

먼저 우리나라에서 축구 다음으로 인기가 있는 스포츠인 야구에 손을 댔다. 일단 경기 일정부터가 내 입맛에 맞았다. 평일 오후 6시 30분. 수업이 끝나고 집에 오는 시간에 딱 맞춰서 야구가 시작했다. 그리고 월요일을 제외하고 매일같이 경기가 있다 보니 평일에도 경기를 즐길 수 있었다. 주말에는 낮 시간에 야구 경기가 있었는데, 야구 경기가 끝나면 곧바로 저녁에 축구 경기가 이어졌다. 야구덕분에 주말엔 하루 온종일 베팅을 할 수 있게 되었다.

원래 나는 야구에 야자도 몰랐다. 아무리 패배가 두렵지 않아진 나였지만 그래도 처음 접하는 종목이었기 때문에 성실히 분석에 임했다. 야구를 어느 정도 통달하는 데에는 오랜 시간이 걸리지 않았다. 돈을 걸고 경기를 보면 매 경기가 일종의 결승전처럼 느껴지니 어떤 스포츠이던지 간에 바보들도 금방 마스터할 수 있다.

그런데 야구 때문에 손해를 많이 봤다. 야구는 베팅할 종목이 못된다. 맞추는 것은 그냥 운이다. 잘 들어맞을 때는 분석이고 뭐고 필요 없다. 마찬가지로 틀릴 때에도 분석이고 나발이고 다 필요 없다. 변수가 너무나도 많다. 축구와 마찬가지로 그 변수를 잘 활용하는 팀이 이기는 팀이라고 할 수 있겠지만, 그 변수의 종류가 너무나도 많고 그 작용들이 너무나도 크다. 모든 스포츠를 통틀어 봐도 야구가 가장 변수가 심한 스포츠일 것이다.

작년(2015년도)에 1위를 했던 '삼성 라이온즈'의 승률이 6할이 조금 넘는다. 신생팀 격인 'KT'가 3할 6푼 정도의 승률이고, 바로 위순위인 'LG'가 4할 5푼이다. 총 10개의 팀 중에서 1위 팀과 9위 팀의 승률이 1할 5푼 차이뿐이 나지 않는다는 것은 승패가 변수에 의해 좌우되는 것이 심각하다는 걸 증명해주는 것이다.

야구는 투수 싸움이라는 말이 있는데 이는 투수가 경기에 있어서 가장 중요한 요인이라는 말이다. 하지만 아~주 장기적으로 봤을 때의 이야기이다. 당장 내가 베팅한 경기에서 확실하게 승부를 보장해줄 수 있는 것은 아무 것도 없다. 예를 들어서 우리 팀의 에이스 투수가 등판했고, 상대 팀에서 신인 격의 선수가 나왔다고 가정해보자. 당연히 우리 팀이 쉽게 이길 것이라 예상될 것이고, 승리 배당률 역시 낮게 책정될 것이다. 근데 우리 팀 투수가 당일 컨디션이 좋지 않아서 상대 팀 타자들에게 난도질을 당한다면 우리 팀 투수는 교체되고 만다. 그러면 비상을 대비해서 준비하고 있던 다른 투수가 나와서 경기를 책임져야한다. 그렇다면 에이스만 믿고 낮은 배당에 베팅을 한 나는 이제는 엄한 투수를 믿어야하는 상황이 오는 것이다.

또 우리 팀 투수가 아무리 호투를 한다고 해도 타자들이 컨디션 난조로 득점을 만들어주지 못한다면 승부를 내지 못한 채 마무리 이닝에 돌입해야한다. 선발 투수는 평균적으로 6~7이닝 정도를 던지는데, 그렇다면 승부를 중간 계투조에게 넘겨야하는 상황이 오는 것이다. 그러면 나의 베팅은 또다시 오리무중이 된다.

마지막으로 선발 투수가 호투를 하고, 타자들이 득점 지원까지 잘

해준 상황이 왔다고 해보자. 이제 중간 계투조와 마무리 투수가 경기를 안정적으로 마무리만 하면 되는 상황이다. 하지만 그 상황에서도 중간계투조가 동점 혹은 역전을 허용할 수도 있는 것이고, 중간 계투조가 잘 이끌어주어 리드한 상태로 마지막 9회까지 온다고 해도 마무리 투수가 승리를 날려버리는 '블론 세이브(blown save)'를 할 수도 있는 것이다. (한 예로 임창O이란 선수는 이 승리를 날려먹는 블론 세이브를 하도 밥 먹듯이 해서 엠창O이란 별명을 얻기도 했다.)

세계에서 공을 가장 잘 던지는 투수, 'LA 다저스'의 '클레이튼 커쇼'의 성적으로 야구의 O같음을 마무리 지겠다. 작년 커쇼의 성적은 16승 7패, 방어율[16]은 2점대였다. 보통 방어율이 3점대이하면 준수한 성적으로 보는데, 커쇼는 방어율이 1점대였던 적도 있을 정도로 최고의 투수임이 분명하다.

그렇다면 커쇼가 16승을 했으니 커쇼만 믿고 LA다저스에 베팅을 했다면 16번을 따고 7번을 잃는 것이었을까? 답은 아니오이다. 설령 16승을 하고 7패를 했더라도, 커쇼 같은 슈퍼 에이스가 등판하는 경기는 배당이 1.5배가 넘는 경우가 드물다. 그렇기 때문에 커쇼만 믿고 베팅을 했다면 겨우 본전을 유지할까말까 하는 상황이다.

그리고 23전 16승 7패가 아니다. 33전 16승 7패다. 나머지 10경기는 커쇼가 마운드에 있을 때 승부가 나지 않아서 커쇼가 내려간 후 다른 투수들에게 승패가 넘어간 것이다. 이 오리무중의 상황에서 LA 다저스의 평균 승률인 5할 6푼을 대입하면 잘해봐야 6승 아니면 5승일 텐데, 그렇다면 커쇼가 선발로 출전한 33경기에서 총 22승 11패,

---

16) 야구 경기에서, 투수가 한 게임 동안 내준 자책점의 평균율. 방어율은 투수의 역량을 재는 지표로, 평균자책점이라고도 한다.

아니면 21승 12패라는 것이다.

커쇼의 이름값 덕에 배당은 아무리 높아봐야 1.5배였을 테고, 상태 팀 투수의 성적이 나쁘다면 1.25배나 1.3배가 나온 적도 있었을 것이다. 그렇기 때문에 커쇼만 믿고 LA다저스의 베팅을 했다면 오히려 손해를 보는 상황이 발생하는 것이다. 참고로 LA다저스는 지구 우승을 밥 먹듯이 하는 팀이다.

앞에서 말했듯 야구에서 가장 믿을만한 승리 요소가 투수이고 클레이튼 커쇼는 야구 역사를 통틀어 봐도 최강의 투수임이 틀림없다. 하지만 가장 믿을만한 요소인 투수에 클레이튼 커쇼를 대입해도 이익이 나오지 않는 스포츠가 야구라는 것이다.

이렇게 변수가 많아 예측이 어렵지만, 그런 덕에 웬만한 경기들은 배당률이 높은 편이고, 일단 무승부가 없기 때문에 어차피 1/2의 확률이다. 그래서 운이 좋아 분석한 대로 잘 들어맞으면 돈을 크게 따기도 한다. 하지만 역시 장기적으로 수백 경기, 수천 경기에 베팅을 한다면 손해가 날 수 밖에 없는 스포츠라는 것은 자명한 사실이다.

그렇기 때문에 야구를 베팅한 나는 조금씩 손해를 볼 수밖에 없었다. 내 주력 종목인 축구에서 그 손해를 만회하기는 했지만 결과적으로 봤을 땐, 야구를 베팅함으로써 이제는 평일 날에도 베팅을 하는 전문 도박꾼이 된 것이고, 베팅이 내 삶의 전부가 되는 데에 있어 이 야구라는 것이 이바지하는 역할만 했을 뿐이다.

16장.
농구 베팅, 나의 효자 종목

그러다보니 야구 이외에 다른 스포츠에 관심을 돌렸고 이젠 농구까지 접하게 됐다. 앞에서 말했듯이 농구 박사가 되는데 오랜 시간이 걸리지 않았다. 우선 미국 농구 리그인 NBA17)를 주력으로 삼았다.

그나마 농구가 변수가 가장 적은 스포츠이다. 축구처럼 골 한두 개로 승부가 결정이 나는 것이 아니고, 양 팀 다 50골씩 넣는 상황에서 어느 팀이 더 많은 골을 넣었고 상대 팀의 공격을 얼마나 잘 막았는지에 의해 승부가 결정이 나기 때문에 그 과정에서의 변수들을 상당 부분 상쇄할 수 있다.

또 농구는 4쿼터로 나누어서 경기를 하는데 매 쿼터마다 작전 시간을 사용할 수가 있다. 경기가 계획대로 풀리지 않을 때 작전 시간을 사용하여 경기를 중단하고 경기 계획을 수정할 수 있다. 언제라도 변수를 제어할 수 있다는 것이다. 어떤 농구 감독은 작전 시간이 무한대로 있다면 경기에서 패배하지 않을 자신이 있다고 말하기도 했다.

거기에 심판이 판정을 내리기 애매한 상황이거나 잘못된 판정인 것 같아 선수들이 항의를 하면, 경기를 멈추고 비디오 판독을 통해서 판

---

17) 미국 프로 농구협회(National Basketball Association)

정을 정정하기도 한다. 판정 정정이 없는 축구처럼 심판의 잘못된 판정으로 승부가 결정 나버리는 경우는 거의 없다. 그렇기 때문에 심판에 의한 변수도 다른 스포츠에 비해서 상당히 적다고 할 수 있다.

끊임이 없는 축구와 비교해서 중간에 끊기는 시간이 너무 많은 것이 단점이긴 하지만, 변수를 줄여준다는 점이 베팅하는데 있어서 크나큰 장점으로 작용한다. 그렇기 때문에 보통 상위권 팀들의 승률이 7~8할 정도는 나온다. 올해 신기록을 세우며 리그 우승을 한 '골든스테이츠'의 성적은 82경기 73승 9패이다.

또 홈 팀(home team)18)이 갖는 이점이 상당하다. 흔히 '홈빨'이라고 하는데 홈 팀이라는 이유만으로 경기에서 승리할 확률이 높다는 것이다.

먼저 슛을 할 때 수비가 반칙을 범하면 경기를 중단하고 자유투(free throw)라는 것을 쏘게 된다. 자유투를 쏠 때에는 정신을 집중해서 슛을 성공시켜야하는데 홈 팬들은 원정 팀 선수가 자유투를 쏠 때에 온갖 야유로 집중을 방해한다. 슛을 쏘는 방향에 있는 팬들은 선수에게 혼란을 주기 위해 시각적인 방해까지 한다. 이 방해가 얼마나 심각하냐면 '드와이트 하워드'라는 선수는 연습 때에 자유투 성공률이 80%가 넘는데 실제 경기에서 방해를 받으며 자유투를 쏘면 성공률이 50%까지 떨어진다고 한다. 이런 낮은 성공률 때문에 이 선수가 슛을 쏘려고만 하면 일부러 반칙을 해서 자유투를 줘버리는 경우도 있다. 또 이 선수가 공과 무관한 위치에 있어도 의도적으로 반칙을 범해서 자유투를 줘버리는 경우도 있다. 어차피 자유투 성공률은 50%도 안

---

18) 자신의 팀이 소속한 홈그라운드 경기장에서 경기를 하는 팀을 일컫는 말.

되고, 2구 모두 실패하는 경우도 발생하기 때문이다. 그러면 수비를 하지 않고도 공격권을 거저 가지고 올 수 있는 것이기 때문에, 수비의 효율 면에서나 체력을 비축할 수 있다는 점에서 이보다 능률적인 수비 방법은 없다. 이 작전을 'Hack작전'이라고 하는데 상대 팀 입장에서 이 작전에 당하면 그 선수를 어쩔 수 없이 빼버려야 한다.

반대로 홈 팀 선수가 자유투를 쏠 때에는 방해를 주지 않기 위해 쥐죽은 듯 조용해진다. 오히려 1구를 성공하면 열화와 같은 성원을 보내 2구를 자신감 있게 쏘도록 해준다. 경기들이 보통 8점 차 이내에서 승부가 나기 마련인데, 이런 자유투의 이점만으로도 홈 팀은 상당한 어드밴티지를 갖고 있는 셈이다.

거기다가 농구는 기본적으로 흐름의 스포츠이다. 그런 흐름을 얼마나 잘 타는지, 상대 팀의 흐름을 얼마나 잘 차단하는지가 승부를 결정짓는 중요한 요소이다. 이런 흐름을 좌지우지하는 것이 바로 홈 팀 팬들의 열화와 같은 응원이다. 아까 이야기했던 골든 스테이츠의 경기장의 경우 홈 팬들의 환호성 소리가 110dB[19]를 넘는다고 한다. 엄청난 함성으로 홈 팀 선수들을 응원해주고 원정 팀 선수들에게 야유를 던지며 그 흐름이 유리하게 작용하도록 돕는 것이다. NBA 사무국에서는 응원 소리가 너무 커서 홈 팀 구장에 제제를 가하는 방안도 검토했다고 할 정도이니, 흐름의 맥락에서 홈 팀이 갖는 이점이 얼마나 큰 것인지 확인할 수 있는 대목이다.

그리고 미국은 워낙 땅덩어리가 크기 때문에 원정 팀의 이동 거리가 상당하고 그 이동 거리로 인한 피로는 경기에 직접적인 영향을 준다. 거기다가 경기가 매일같이 있기 때문에 휴식을 갖지 못한 상태로 계속해서 원정 경기를 치러야하는 경우들이 많다. 그렇기 때문에 원정

---

19) 데시벨, 소리의 측정단위. 제트기 소음은 120dB 정도이다.

팀이 갖는 체력적인 부담은 상당할 수밖에 없다. 이렇게 체력적으로 힘든 상황에서 부상이나 출장 정지까지 겹치게 된다면 그 팀이 가지는 전력 누수는 더더욱 심각해진다. 그렇기 때문에 홈 팀은 경기 시작 전부터 체력적인 우위를 점하고 시작하는 것이다.

이러한 홈 팀이 갖는 엄청난 이점들 때문에, 최하위권 팀들을 제외하고는 어떤 팀이든지 홈에서 승률이 5할이 넘는다. 그리고 플레이오프 같은 전력 차가 거의 나지 않는 비등한 팀들끼리의 경기에서조차도 홈 팀의 승률이 압도적으로 높게 나온다. 그래서 그냥 홈 팀에만 베팅을 해도 높은 승률을 유지할 수 있다.

내가 돈을 많이 땄던 방법은 이 홈 팀이 갖는 이점에, 스포츠이기 때문에 어쩔 수 없이 작용하는 팀들 간의 인기 차이를 이용하는 것이었다. 예를 들어서 실력은 준수하나 인기가 없는 팀이 있고, 실력도 실력이거니와 리그 간판 스타플레이어를 보유하고 있어서 인기가 하늘을 찌르는 팀이 있다고 해보자. 여기에 두 팀이 경기를 해야 하는 상황에서 인기 팀이 계속된 원정 경기로 피로가 누적이 되어있고 몇몇 선수들의 부상까지 겹친 상황을 더해보자. 그렇다면 분명히 홈 팀이 유리한 상황임에 틀림없을 것이다. 하지만 이러한 유불리를 떠나서, 인기가 많다는 이유만으로, 그 팀이 좋다는 이유만으로 원정 팀에 베팅하려는 사람들의 수가 홈 팀에 베팅하려는 사람들의 수보다 월등히 많다. 사람들이 몰리면 어쩔 수 없이 그에 맞게 배당을 조정해야하기 때문에 인기 팀의 배당이 더 낮고 홈 팀의 배당이 더 높게 나오는 상황이 발생한다.

이와 같은 현상의 원인은 인기 팀이 보유한 스타플레이어 효과 때문이다. 보통 어떤 팀의 팬이 되는 경우는 지역 연고인 경우를 제외하고 특정 스타플레이어를 좋아하기 때문이다. 사람들은 그 스타플레이어가 팀이 위기에 놓인 상황에서 혼자만의 활약으로 경기를 뒤집어버리는 모습에 반해서 팬이 되거나, 또는 그 스타플레이어가 이룩한 위대한 업적들에 매료되어서 팬이 되는 경우가 많다. 그렇기 때문에 팀이 불리한 상황에 처해있더라도 그 멋진 모습과 훌륭한 업적을 가진 선수가 불리한 상황을 이겨내고 승리를 가져다줄 것이라고 생각하는 것은 어찌 보면 당연하다.

하지만 축구든 농구든 기본적으로 팀 스포츠이다. 한 선수가 차지하는 비중이 팀을 넘어설 수 없다. 물론 그런 경우가 종종 나오긴 하지만 전체적으로 본다면 한 선수의 활약으로 팀이 이기는 경우보다 팀 전체가 잘해서 이기는 경우가 훨씬 많다. 그런데 기억에 남는 것은 팀 워크보다는 개인의 활약이고 이런 기억은 베팅하는 데에 지대한 영향을 줄 수밖에 없다.

그렇기 때문에 배당을 산정할 때, 이러한 인기의 작용을 배가하기 위해 승리 확률과 무관하게 낮은 배당을 씌워버리는 경우가 있다. 이를 '낚시 배당'이라고 한다. 보통 배당이 낮다는 것은 승리할 확률이 높다는 것을 의미하기 때문에 스타플레이어를 보유한 인기 팀이 낮은 배당까지 받으면, 사람들은 낮은 배당을 높은 승리 확률로 착각하고 그 '낚시 배당'에 쉽사리 낚이게 된다. 그러면 배당도 낮고 패배할 확률도 높은 최악의 경기에 베팅을 하게 되는 것이다.

다시 아까의 상황으로 돌아와 정리하면, 악재가 겹친 상황에서 힘든 원정길에 오른 것이기 때문에 인기 팀이 이길 확률이 매우 낮은 불리한 상황이다. 그래서 인기 팀의 배당이 높게 나와야하는데 '인기'의 작용 때문에 배당률이 오히려 반대로 나온 상황인 것이다. 그렇기 때문에 이런 상황에선 불리한 조건에 있는 인기 팀에 베팅을 하는 것보단 인기는 없지만 탄탄한 전력을 보유한 홈 팀에 베팅을 하는 것이 이롭다. 승리할 확률이 높은데다가 배당도 높기 때문이다.

다른 요소를 다 떠나서 홈 팀이 이길 확률을 5할 정도로만 잡는다고 해도, 인기의 작용 때문에 홈 팀의 배당이 더 높게 나오게 되니 승률 대비 배당으로 봤을 때 이익이 나올 수밖에 없다. 거기다가 홈 팀이 갖는 수많은 이점들에 원정 팀이 갖는 불안 요소들이 겹쳐지면 실제론 홈 팀의 승률이 5할 승률이 아니라 7할, 8할까지 나오기도 한다. 인기의 차이 덕분에 배당률이 2배가 넘는 8할 승률의 베팅을 할 수 있게 되는 것이다.

그리고 '핸디캡 베팅'이라는 것이 있는데 이는 한 팀의 점수에서 일정 점수를 더하거나 빼서 전력 차를 비등하게 맞추는 것을 의미한다. 예를 들어서 골든 스테이츠와 덴버 너겟츠라는 팀이 경기를 한다면 두 팀의 전력 차가 엄청나기 때문에 골든 스테이츠의 승리 배당은 거의 똥배당과 다름없을 것이다. 보통 두 팀이 붙는다고 하면 10점에서 20점 차이로 승부가 나는 경우가 많다. 이때 만약 최종 점수에서 덴버 너겟츠가 얻은 점수에 20점을 더한다면 오히려 덴버 너겟츠가 승리한 것으로 볼 수 있다. 이처럼 전력 차를 감안해서 최종 점수에 일정 점수를 더하거나 빼는 것을 핸디캡 베팅이라고 한다.

이 핸디캡 베팅은 전력 차를 비등하게 맞추는 것을 의미하기 때문에 배당이 같게 나온다. 쉽게 말해서 골든 스테이트가 덴버 너겟츠를 그냥 이길 배당은 골스가 이길 확률이 너무나도 높기 때문에 1.05배 뿐이 안 나오겠지만, 골스가 덴버를 20점차이상으로 이겨야하는 핸디캡 베팅에선 아무리 골스라도 20점차이상으로 이기는 것은 어려울 수 있기 때문에 배당이 1/2확률의 배당인 1.9배 정도가 나온다는 것이다. 이와 반대로 덴버가 20점차 내로 진다는 베팅의 배당도 1.9배가 나온다.

이러한 핸디캡 베팅에 내 베팅 전략을 접목하면 다음과 같다. 승리할 확률이 높음에도 인기의 차이 때문에 배당이 높게 나오는 경우, 이 경기를 핸디캡 베팅으로 임하게 되면 배당은 조금 낮아지겠지만 보너스 점수를 받을 수 있다. 가뜩이나 이길 확률이 높은데, 만약에 지더라도 큰 점수 차로 패배하지만 않으면 오히려 베팅이 적중하게 되는 상황이 발생하는 것이다.

이런 점을 잘 활용한 나는 또다시 엄청난 돈을 딸 수 있었다. 승률은 한창 축구에서 많은 수익을 냈을 때보다 훨씬 잘나왔다. 그런데 그렇게 높은 승률에 배당률마저 높게 받았으니 이익이 나오지 않을 레야 안 나올 수가 없었다.

이렇게 농구는 내 효자 종목이 되었고, 원래 하던 축구와 함께 나에게 엄청난 돈을 가져다주었다. 농구 베팅 덕분에 매일같이 베팅을 할 수 있었고 매일같이 이익을 만들어낼 수 있었다. 물론 돈을 잃을 때도 있었지만 승률이 워낙 좋았기 때문에 계속해서 이익을 만들어 낼 수 있었다. 초반에 축구로 많은 이익을 냈던 것의 대략 5배가 넘는 돈을 만질 수 있게 됐다. 돈을 정말 많이 땄다. 이제는 매일같이 재미있는 경기를 보고, 승리로 인한 쾌감을 맛보고, 거기에다가 많은 돈까지 만질 수 있게 되었으니 내 삶은 천국 그 자체였다.

17장.
행복 중독

 삶은 분명히 천국이었지만 천국에서 느끼는 행복은 점점 무뎌져갔다. 승리로 인한 쾌락에 무뎌진 것처럼 이제는 그 승리가 가져다주는 삶의 행복마저 무뎌지게 된 것이다. 경기가 예상한대로 흘러서 승리를 하고 돈을 따게 되면 물론 좋았다. 하지만 그 돈을 땄다는 기쁨도 계속된 반복으로 인해 당연한 것이 되어버렸다.
 잔고가 쌓이고 돈을 펑펑 쓸 수 있었으니 좋지 않을 리가 없었다. 그런데 예전에 느꼈던 돈을 마음대로 쓸 수 있다는 행복감과, 돈이 많다는 것으로 주위의 부러움을 받으면서 느꼈던 우월감이 점점 무의미하게 느껴지기 시작했다. 사고 싶은 것을 사놓고도 몇 번 만지다가 흥미를 잃어버렸고, 지인들과 만나는 것조차 귀찮게 됐으니 그들을 만나서 돈 자랑 하던 것도 당연히 관심 밖으로 밀려났다.
 어릴 적부터 돈에 대해서 열등감과 소외감을 느끼며 살아왔고, 약간의 부유함만으로도 행복에 겨워했던 내가 이제는 그 부유함마저 무의미하게 느끼게 된 것이다. 그런 행복한 감정들에도 너무 익숙해져서인지 이제는 그저 그렇게 느껴질 뿐이었다.
 그런데 더 심각했던 것은 그런 행복에서조차도 무의미함을 느낄 정도로 변질되었음에도 행복한 상태를 유지해야한다는 압박감은 더욱 심해졌다는 것이다. 당연한 이치였다. 승리가 가져다주는 쾌락에 무뎌졌을지라도 그 쾌락에 심각하게 중독되어 금단현상을 보였던 것처럼, 행복함에서 느끼는 쾌락 역시 마찬가지로 금단현상을 불러일으켰다.

행복에 겨워 살다가도 약간의 패배를 경험해서 행복이 감소되는 상황이 발생하면, 덜 행복한 것이 아니라 행복을 빼앗기고 있다는 느낌을 받았다. 행여나 큰 패배를 경험하면 고통에 겨워하며 행복이 온전했던 상황으로 돌아가야 한다는 극심한 강박 증세를 보였다. 종류만 달랐지 승리로 인한 쾌락이나 그 승리가 가져다주는 삶의 행복이나 같은 것이었다. 한마디로 도박으로 인한 승리에도, 승리가 가져다주는 돈이라는 행복에도 너무 심하게 중독되어서 무감각해짐과 금단현상을 동시에 보인 것이다.

예를 들어 한 끼에 25만 원이나 되는 코스 요리가 있다고 해보자. 처음에는 그 식사가 너무나도 맛있게 느껴질 것이다. 하지만 아무리 맛있는 요리라고 해도 배가 부르면 더 이상 들어가지 않는다. 그리고 매일같이 그 식사를 먹으면 어느 순간 그 식사가 당연한 것처럼 느껴지게 되고 오히려 질리는 느낌을 받기도 한다. 그런데 그 맛이 너무 강력해 내 혀는 다른 식사에서는 어떠한 만족도 느끼지 못한다. 그래서 질리긴 하지만 다른 대안이 없으니 어쩔 수 없이 그 식사를 먹는 것일 뿐이다.

하지만 그 식사를 더 이상 먹을 수 없는 상황이 온다면 그 식사에 대한 욕망은 다시 폭발적으로 커지게 된다. 그 식사를 당연시 여겼던 마음이 크면 클수록 다시 찾아온 욕망도 그만큼 클 수밖에 없다. 당연시 여겼다는 것 자체가 그 맛에 심각하게 중독되었다는 것을 의미하기 때문이다. 다른 음식에서 만족을 얻을 수 없으니 허기짐은 계속해서 커지고 허기짐이 커질수록 그 맛있었던 최고의 식사에 대한 욕망도 극도로 커지게 된다. 그 식사를 먹지 못하는 데에서 고통까지 느끼게 된다.

그러다가 다시 그 식사를 접하게 되고 계속 그 식사만을 먹으면 또 다시 질리게 될 것이다. 하지만 그 식사를 먹지 못했을 때의 고통스러웠던 기억이 남아있기 때문에 일종의 의무감에서 그 식사를 계속 먹게 된다. 최고급 식사에서 아무런 맛도 느끼지 못하면서 식사를 하지 못할 때 찾아오는 배고픔의 두려움 때문에 억지로 식사를 하는 상황이 오게 되는 것이다. 맛있는 음식을 먹는 쾌락과 포만감이 주는 쾌락의 100배가 넘는 것이 도박으로 인한 쾌락이다.

이제는 도박을 하는 것이 숨 쉬는 것처럼 당연한 것이 되어버렸다. 계속해서 이득이 나고 있던 상황이라 문제가 생기지 않았을 뿐이지, 삶을 파멸로 이끌 수 있는 도박 중독이 행복한 모습으로 변장하여 나를 사로잡고 있었다. 나는 언제 터질지 모르는 도박 중독이라는 폭탄을 안고 살았던 것이다. 핵폭탄보다 더 무서운 폭탄을.

18장.
지옥행 티켓을 끊다.
'사다리'의 시작

앞에서 잠깐 이야기했듯이 진행 중인 경기의 점수를 실시간으로 알려주는 '라이브OO어'란 사이트가 있었다. 이 사이트는 점수를 제공해주는 것 이외에도 베팅하는 사람들의 커뮤니티 역할을 했다. 베팅에 관련된 의견을 공유하기도 하고, 친목을 다지기도 하는 소통의 장이었다.

어느 날 이 라이브OO어의 사이트가 '네O드'란 이름으로 바뀌었다. 그러면서 사이트의 질적인 부분이 상당히 발전했다. 다른 사이트들보다 결과 보기가 깔끔해졌고, 사이트 자체에서 실시간 라인업과 부상자 명단까지 제공해주었다. 거기다가 재미있는 글이나 사진이라든지 심지어 음란물까지 게시하며 사람들의 심심풀이 역할을 톡톡히 하기도 했다.

이 사이트의 최고의 장점은 먹튀 사이트 정보 공유였다. 먹튀 사이트에 대한 정보를 나눌 수 있는 마땅한 곳이 없었던 상황에서, 이 사이트가 먹튀 정보를 공유할 수 있는 장을 마련해준 것이다. 네O드가 실시간 정보 제공 사이트 중에서 최고가 되는 것은 시간 문제였다.

그러던 중에 이 사이트에서 사다리 게임이라는 것을 출시했다. 게임의 룰은 단순했다. 홀짝을 맞추는 것이다. 이 게임은 사이트 자체 내의 포인트를 이용해서 즐길 수 있었다. 사이트를 이용하면서 사람들과 공유할 수 있는 분석글이나 재미난 글들을 게시하면 일정 포인트를 지급받게 되는데, 그 포인트가 높아지면 레벨이 올라가게 된다. 레벨이 올라가면 자신을 알아봐주는 사람들이 많으니 그야말로 네임드(유명인)가 되는 것이고, 그렇게 되면 사이트 내에서 누릴 수 있는 혜택도 많아진다. 바로 그 포인트를 이용해서 사다리 게임을 즐기는 것이다.

보통 배당은 1.95배가 주어졌다. 1/2의 확률인 것을 감안하면 나쁘지 않은 배당이다. 예를 들어 내가 이 사이트에서 1000포인트를 가지고 있다고 해보자. 이 1000포인트를 홀에다 베팅을 했는데 결과 값이 홀이 나오면 1950포인트가 되는 것이고, 짝이 나오면 1000포인트를 다 잃게 되는 것이다. 추첨은 5분에 한번씩 24시간 내내 이루어졌다.

게임이 단순해 적중 확률이 50%가 나오고, 배당률은 거의 2배 가까이 나오니 이보다 깔끔한 게임은 없었다. 거기다 언제든 자신이 원할 때 이용할 수 있다는 장점이 있었다. 하지만 이 사이트의 포인트로만 게임을 이용해야한다는 점 때문에 실제 돈과는 아무런 관계가 없었고, 그렇기 때문에 초반에는 큰 관심을 불러일으키지 못했다.

그런데 어느 날부터 베팅 사이트들이 이 사다리 게임을 실제 돈으로 베팅할 수 있게 해주었다. 네O드 사이트에 있는 포인트를 이용하는 것이 아니라, 실제 돈으로 충전한 베팅 사이트 내의 게임 머니로 사다리 게임을 이용할 수 있게 해준 것이다. 실제 돈으로 베팅하는 것이 가능해지니 이 게임은 폭발적인 인기를 불러일으켰다. 바로 24시간 내내 이용할 수 있다는 점이 사다리 게임의 인기비결이었다. 한시도 도박을 하지 않으면 참을 수 없는 도박중독자들에게 언제든지 원하는 베팅을 마음껏 이용할 수 있도록 해주었다는 점이 엄청난 메리트로 작용한 것이다. 그러다보니 사람들은 가지각색의 방식으로 사다리 게임을 이용했다.

먼저 심심풀이로 하는 경우가 있었다. 베팅할만한 스포츠 경기도 없고, 다른 할만 것도 없을 때 그냥 심심풀이로 사다리 게임을 이용하는 것이다. 포인트로 이 게임을 이용할 때와 달리, 자신의 실제 돈이 오가기 때문에 승패로 인한 스릴과 재미가 가미된다. 그렇기 때문에 담배값이라든지 점심값 같은 소액으로, 심심풀이의 개념으로 사다리 게임을 이용하는 경우가 있었다.

또 마틴-게일 베팅(Martin-gale betting)을 이용해서 사다리 게임을 통해 돈을 따보겠다는 생각으로 입문하는 경우도 있었다. 만약에 사다리 베팅을 하다가 재수가 없어서 5천 원을 잃고, 다음번에 또 5천 원을 잃어서 1만 원의 손해가 발생했다고 해보자. 그럼 다음번에 1만 원을 걸어서 따면 5천 원을 2번 잃은 손해를 복구할 수 있게 된다. 어차피 홀 아니면 짝이고, 짝만 연속으로 나올리는 없으니 손해본 금액만큼 홀에다 계속해서 걸다보면 언젠가는 손해를 복구할 수 있을 것이다. 정말 심각하게 재수가 없어서 7연속, 8연속으로 같은 것만 나오지 않는 이상 큰 문제가 발생하지 않는다. 이 복구의 방식을 전문 용어로 '마틴 베팅'이라고 하는데, 마틴-게일이라는 사람이 사용했던 방식이라고 해서 붙여진 이름이다.

좀 더 구체적으로 설명하면, 먼저 홀이 나오는 경우에만 1만 원씩 베팅을 한다고 해보자. 운 좋게 결과 값이 홀이 나오면 1만 원을 따는 것이고 연속으로 2번이 맞으면 2만 원을 따게 되는 것이다. 그럼 반대의 경우 즉 결과 값으로 짝이 2번 연속으로 나온 경우를 생각해보자. 1만 원 베팅을 2번 연속 낙첨한 것이기 때문에 손해가 2만 원이 된다. 그 상황에서 다음번 회차에 또 다시 홀에 2만 원을 베팅해서 적중하면 2번의 패배를 상쇄할 수 있게 된다. 그런데 2만 원을 베팅한 것까지 패배한다면 총 3연속 패배로 4만 원의 손해를 보게 된다. 짝이 3번 연속으로 뜨는 1/8의 확률로 3연패를 한 것이다. 짝이 4번 연속으로 나올 확률은 1/16로 낮아지니 다음번에 홀이 나올 가능성이 상당할 것이다. 그렇기에 4번째 베팅에서 4만 원을 홀에 베팅해서 적중하면 3연패를 상쇄할 수 있는 것이다.

이처럼 연패를 몇 번을 하던지 간에 한 번만 승리할 수 있다면 그 연패로 인한 손해를 한 번에 복구할 수 있다는 것이 마틴 베팅의 핵심이다. 운이 좋아서 베팅한 대로 결과가 나오면 거기에서 이득을 얻고, 만약에 손해를 보게 되는 경우가 나오면 마틴 베팅으로 그 손해를 처리해버리면 그만이니 항상 이득만 보고 손해는 보지 않는 베팅을 할 수 있게 되는 것이다. 이처럼 1/2이란 확률을 믿고 사다리 게임으로 이익을 내기 위해서 입문하는 경우도 있었다.

마지막은 스포츠 베팅을 하다가 손해를 봤는데 그 손해를 즉각적으로 복구하기 위해서 사다리 베팅을 이용하는 경우이다. 예전에 내가 느꼈던 것처럼, 스포츠 베팅으로 돈을 크게 잃어 그로 인한 분노를 컨트롤할 수 없는 상황에서, 1/2의 확률에 기대어 손해를 한 순간에 복구하기 위해 사다리 베팅을 이용하는 사람들이 있었다.

만약에 스포츠 경기로 그 손해를 복구하려면, 괜찮아 보이는 경기를 찾아 분석해야하고 또 그 경기에 베팅을 하고 끝날 때까지 기다려야 하기 때문에 상당한 시간이 소요된다. 하지만 사다리 베팅은 손해를 보게 만든 경기가 끝나고 곧바로 이용할 수 있고 5분 만에 결과가 나온다. 그리고 배당이 스포츠 베팅과는 다르게 거의 2배 가까이 나오기 때문에 손해가 어지간히 크지 않고서는 한 번에 복구하는 것이 가능하다. 그러니까 복구할 확률이 1/2인 패자부활전을 하는 셈이다. 운이 좋아 적중하면 5분 만에 모든 손해를 복구할 수 있다. 이처럼 분노가 머리 꼭대기까지 올라 참을성이 바닥이 났을 때 순간적인 유혹에 휩쓸려 사다리 게임에 입문하는 경우가 있었다.

요약해서 정리하면 다음과 같다.
1. 24시간 동안 5분에 한 번씩 베팅을 할 수 있기 때문에 하루 종일 베팅하는 것이 가능하다.
2. 1/2의 확률임에도 배당이 2배 가까이 나오니 확률 대비 배당이 다른 어떤 종목들보다 높다. (스포츠에서 1/2 확률에서의 최고 배당은 1.9배이다)
3. 마틴 베팅을 이용하면 오히려 돈을 잃을 확률이 극도로 적어진다.

바로 이런 점들 때문에 사다리 게임은 선풍적인 인기를 끌 수 있었다. 하지만 이 사다리 게임은 수많은 토쟁이들을 파산으로 이끈 장본인이다. 속칭 '死다리 게임', '지옥행 급행열차'라 불리며 수많은 사람들을 지옥의 나락으로 빠트렸다. 대체 홀짝을 맞추는 단순한 게임이 어떻게 사람을 파산으로 이끌고, 어떻게 지옥의 나락으로 빠트리는 것일까? 비유하자면, 동전 던지기를 하다가 파산을 했다는 것과 마찬가지인데, 이는 상식적으로 생각해봤을 때 이해하기 어려운 일이다. 하지만 자신 있게 말할 수 있는 것은 사다리 게임이 현재 대한민국에서 가장 위험한 도박이라는 것이다. 사다리 게임의 정체와 그 위험성을 내가 경험한 바를 토대로 설명하겠다.

19장.
빠라바라밤빰 빠라바라밤빰

"빠라바라밤빰~"은 사다리 게임 발표 3초전에 나오는 배경 음악이다. 흔히 지옥의 기상나팔 소리라고 칭해지는 소리이다. 나의 이야기로 돌아와서, 축구와 농구 베팅 덕분에 성공가도를 달리고는 있었지만, 내 모든 일상을 베팅에 빼앗기고 있는 상황이었다. 갈수록 도박 중독이 심해져 현상 유지를 위한 스트레스가 극심했고, 금단현상 또한 극에 달하고 있는 상황이었다.

그러다가 6월이 다가온다. 6월은 야구를 제외한 모든 스포츠의 시즌이 끝나는 시기이다. 축구는 챔피언스리그 결승전으로 피날레를 장식하고, 농구도 NBA 파이널을 끝으로 시즌을 접는다. 보통 이때 이적시장[20]이 열리며 리그가 휴식기에 접어든다. 야구와 해외 변방 축구 리그들을 제외하고는 스포츠를 걸만한 경기가 없는 시기이다. 올림픽이나 월드컵이 있으면 좀 덜하지만, 그것마저 없으면 베팅할만한 종목이 오로지 야구만 남는다. 8월 말이나 되어야 축구가 다시 개막을 한다.

이미 베팅에 심각하게 중독된 나였기 때문에 베팅을 중단할 수도

---

20) Tranfer market, 농구나 야구 등의 프로경기 비시즌에 각 팀과 구단에서 선수들을 영입하거나 타 팀으로 이적하는 것.

없었고, 그렇다고 제일 싫어하는 종목인 야구 베팅을 할 수도 없는 노릇이었다. 그래도 사다리 게임처럼 스포츠가 아닌 베팅을 하고 싶지 않았기 때문에 다시 야구 베팅을 시작했다.

아니나 다를까 야구 베팅은 정말 O같았다. 변수의 작용이 너무나도 무궁무진해서 분석을 통해 높은 승률을 유지한다는 것은 불가능에 가까웠다. 아무리 열심히 경기를 분석해보아도 결과가 예상치 못한 방향으로 흘러가는 경우가 많았고, 정말 누가 보아도 이길 수밖에 없는 확실한 경기들조차도 예상에서 빗나가는 경우가 너무나도 많이 나왔다.

또 경기 시간 자체가 너무 길었다. 보통 사람들은 스포츠를 관람을 하건 영화를 관람을 하건 무슨 일을 하던지 간에 2시간이 넘어가면 지루함을 느낀다. 근데 야구의 경기 시간은 보통 4시간이고, 타격 전으로 이어지거나 연장까지 가면 5시간이 넘어가기도 한다. 2시간이면 경기가 끝나는 축구나 농구에 비해 야구의 4시간은 너무나도 긴 시간이었다.

야구 한 경기가 다른 스포츠의 두 경기의 시간과 맞먹으니 베팅 금액도 그에 맞게 커질 수밖에 없었다. 변수가 워낙 많아 고액으로 베팅하기가 꺼려졌지만, 2시간짜리 경기인 축구나 농구에서도 소액으로 베팅하면 지루함을 느끼는 마당에 4시간짜리인 야구 베팅에서 소액으로 베팅한다는 것은 있을 수 없는 일이었다.

그런데 고액으로 베팅해서 4시간 동안이나 경기를 지켜봤는데, 그 경기에서 패배마저 해버리면 그것으로 인한 분노는 다른 때보다 곱절은 더 컸다. 거기다가 야구는 인간적으로 사람을 분노케 만드는 요소가 너무나도 많다.

먼저 우리가 공격을 하는 상황에서, '병살 플레이'라는 것이 있다.

주자가 1루에 있는 상황에서 다음 타자가 친 공이 내야에 땅볼로 떨어지면, 1루에 있었던 주자가 2루에 도달하기 전에 잡혀버리고 만다. 또 공을 친 타자도 1루로 갈 시간이 부족해 잡혀버리는 더블 아웃 상황이 만들어진다. 타격 한 번으로 공을 친 타자뿐만 아니라 선행 주자까지 같이 잡혀버리는 것이다. 모처럼 잡은 기회에 찬물을 끼얹는 플레이다. 점수에서 밀리고 있는 답답한 상황에서나, 승부를 결정지을 수 있는 중요한 상황에서 병살 플레이가 나오면 아주 속이 터져 죽는다.

그리고 쾌조의 타격을 보여주던 어떤 팀의 타자들이 내가 베팅한 날에 맞춰 전날 회식을 가졌는지, 그날따라 상대 팀 투수의 공에 눌려 매가리 없이 삼진만 당하고 있는 꼴을 보일 때가 있다. 찬스는 찬스대로 날려먹고, 아예 출루를 하려는 의지가 없어 보이기까지 한다. 그렇게 4시간 동안 헛스윙만 해대는 꼴을 보고 앉아 있으면 찾아가서 숙취 해소 음료인 헛O수를 입에다가 들이붓고 싶어진다.

우리 팀이 수비해야하는 상황에선 더욱 분통이 터진다. 바로 실책. 상대 팀이 잘해서가 아니라 우리 팀이 실책을 해서 점수를 내주는 상황이 오면 아주 울화통이 치밀어 오른다. 모니터를 주먹으로 쳐부수게 되는 시나리오를 하나 설명하겠다.

우리 팀 투수가 상대 팀 타자들을 압도하고 있던 상황에서, 갑자기 우리 팀 내야 수비수가 제대로 송구를 하지 못해서 아웃 카운트를 잡지 못하는 상황이 발생한다. 투수 입장에선 잘 던지고도 주자를 내보냈기 때문에 멘탈21)이 흔들릴 수밖에 없다.

그런데 행운의 진루를 한 주자 놈은 도루22)를 하려고 깔짝대며 투

---

21) '정신, 평정심'을 뜻한다.

수를 더욱 흔들리게 한다. 그리고 이 행운의 주자는 도루를 시도한다. 우리 팀 포수가 그 도루를 막기 위해 공을 던졌는데 아까 실수를 한 내야수가 또 공을 제대로 잡지 못해 공이 외야로 빠져버린다. 주자는 겹친 행운으로 3루까지 무사입성을 한다.

투수는 팀 동료들의 연속된 실책으로 이미 흔들릴 대로 흔들린 상태이다. 하지만 이내 감정을 추스르고 다시 공을 던졌는데 이번에는 포수가 공을 제대로 잡지 못해 가랑이 사이로 공이 빠져버린다. 포수가 그 공을 주우러 가는 사이 3루에 있던 행운의 주자는 홈으로 들어온다. 안타 하나 없이 황망히 점수를 내준 것이다.

이 행운의 주자가 홈을 밟고 덕 아웃으로 돌아가 하이파이브 하는 모습이 화면에 잡히고 아까 실수를 한 우리 팀 내야수의 얼굴이 잡힌다. 뭘 잘했다고 미간을 찌푸리며 인상만 쓰고 있다.

이 내야수놈은 다시 우리 팀이 공격하는 상황에선 병살만을 때려대며 공격을 망치고, 기껏 진루를 하면 도루 실패로 또다시 공격을 망친다. 그리곤 미간을 찌푸리며 터덜터덜 걸어간다. 상대 팀이 잘해서가 아니라 이 미간 찌푸리는 한 O끼가 경기를 망쳐 내 소중한 돈이 날아가는 것이다. 주먹이 모니터나 TV를 향해서 날아가지 않는 것이 이상한 상황이다.

그리고 야구에 변수가 많다는 것이 또 어떤 식으로 작용을 하냐면, 직전 경기에서 경기를 말아먹은 선수가 갑자기 맹활약을 펼치는 경우가 빈번하게 나온다. 그러니까 내가 걸었을 때는 경기를 말아먹어 팀을 패배하게 만들어놓고선, 내가 그 팀에 반대로 걸었을 때는 갑자기

---

22) 투수가 공을 던지는 타이밍에 맞춰서 1루에서 2루로 달리는 것, 타자가 공을 치지 않아도 2루로 진루할 수 있는 전략.

맹활약을 펼쳐 내가 건 팀을 패배하게 만드는 경우가 나온다는 것이다.

앞에서 말한 이 미간 찌푸리는 놈이 싫어서 이번에는 이 팀에 반대로 베팅을 했는데 갑자기 이 미간놈이 날아다니면서 명품 수비를 하고 공격에선 홈런까지 쳐대면서 또 다시 내 돈을 뺏어간다. 아주 경기를 자기 마음대로 지배를 한다. 하도 그 O랄을 많이 해대서 별명까지 O지배이다. 더 생각해보려 하니 갑자기 화가 치밀어 올라서 이정도로만 이야기하겠다.

이렇게 짜증나는 야구이기에 승리를 하면 그 짜증이 사르르 녹아내리는 카타르시스를 느끼지만, 잃었을 때는 감당할 수 없는 분노를 느끼게 된다. 그렇기 때문에 이대로 야구 베팅을 계속하면 재미는커녕 화병이 날 것만 같다는 생각과 이럴 바에 차라리 사다리 베팅을 하는게 낫겠다는 생각이 들었다.

그럼에도 불구하고 스포츠에 대한 미련을 버리지 못하고 계속해서 야구에 베팅을 했지만 돈은 돈대로 잃었고, 짜증과 분노만 얻을 뿐이었다. 베팅에 빠질 대로 빠져 점점 잃고 딸 때의 감정에 무덤덤해지고 있던 나였지만 계속되는 연패와 수많은 짜증요소들이 다시 나의 분노 감각들을 일깨우고 있었다.

어느 날, 야구로 인한 분노가 내가 견딜 수 있는 한계를 넘어섰다. 이 분노를 추스르기 위한 즉각적인 복구와 승리가 필요했다. 사다리 게임에 접속했다. 그 게임을 켜놓고 내가 이용하는 사이트에서 사다리 베팅에 들어갔다. 분노에 휩쓸려 겁도 없이 100만 원을 '홀'에다가 박았다. 어떤 이유나 근거도 없었다. 그냥 홀이 나올 것만 같았다.

5분 뒤 나오는 홀짝의 결과로 100만 원이 들어올 수도 나갈 수도 있는 상황이었다. 5분 동안 당첨 결과를 기다리는데 심장이 쿵쾅 거렸다. 고액 베팅을 수도 없이 많이 한 상태라 이젠 이 정도에 흔들리지 않을 것이라고 생각했는데, 이 짧은 시간에 그 큰돈이 오갈 수 있다는 상황이 나로 하여금 엄청난 긴장감을 느끼게 만들었다. 가만히 앉아서 결과 값이 나오길 기다리고 있는데 심장이 뛰는 것이 겉에서 느껴질 정도였다.

결과가 나왔다. 한 시작점에서 출발해서 다리를 하나씩 내려오면서 홀에 들어가는 과정을 마음 졸이며 지켜보았다.

"아아 제발, 제발... 제바아...... 으~ 으으... 으아아어아으 뚜와 나이쓰! 호오올!!!!!"

순간 예전에 축구 베팅을 할 때의 방방거림23)이 다시 나왔다. 그때만큼 방방 뛰진 않았지만 자리에서 벌떡 일어나 환호했다. '이것은 운명이리라.' 아직 복구해야할 손해가 남아있어 다시 홀에다가 100만 원을 걸었다. '짝이 뜬다고 해도 홀이 100만 원을 가져다주었으니 의리에서 가리라. 남자는 의리가 생명이다.' 이상한 합리화를 하며 똑같은 베팅을 했는데 이번에도 결과가 홀이 나왔다. 또 방방 뛰었다. 2연승을 하고도 베팅은 계속 되었다. 홀이 두 번 연속으로 나왔으니 다음번에는 짝이 나올 것이라 예상하며 다음 회차에 짝을 걸었다. 또 적중했다. 그 다음번까지 맞추고 사다리 베팅을 중단했다. 첫 시작이 4연승을 경험한 것이었다.

기나긴 4시간의 답답함 속에서 겪었던 야구 베팅의 패배와는 대조적으로, 사다리 베팅은 20분이라는 짧은 시간에 400만 원이라는 돈을 가져다주었다. 야구로 잃었던 손해를 복구하고도 남는 돈이었다.

---

23) 12장에서의 축구 분노 베팅 사건 참고.

매 회차 적중할 때마다 방방 뛰면서 기뻐했었지만 베팅을 중단하고 나니까 이상하게 어안이 벙벙했다. 이래도 되는가 싶은 기분도 들었다. 이상했다. 스포츠 베팅과는 사뭇 느낌이 달랐다. 스포츠 베팅은 내가 베팅한 팀이 승리를 해주었기 때문에 돈을 얻었다는 '연결 고리'가 존재하는 것인데, 사다리 베팅은 아무런 연결 고리 없이 그저 홀짝의 단순한 결과로 순식간에 엄청난 돈을 가져다주었다. 어떠한 이유도 없었다. 그렇기에 상황이 악화되지 않았다는 안도감 이외에 다른 감정들은 크게 느껴지지 않았다. 이상할 노릇이었다. 예전에 느꼈던 복구의 기억과는 완전히 달랐다. 문득 돈을 단시간에 쉽게 딴 만큼 잃는 것도 쉬웠을 것이라는 생각이 들었다. 만약에 돈을 잃었으면 야구에서 잃었던 손해와 합쳐져 막심한 손해를 봤었을 것이다. 그런 생각을 하니 순간 섬뜩한 기분이 들었다. 다시는 손을 대지 말아야겠다고 생각했다.

하지만 그런 생각은 오래 가지 않았다. 야구 이놈은 정말 어쩔 수 없는 놈이었다. 야구로 돈을 잃으면 이상하리만큼 화가 났다. 분노를 앞세워서 베팅을 했을 때 항상 좋은 결과만 있었던 것이 아니었기 때문에 아무리 복구를 많이 해봤고, 잘한다고 해도 항상 조심하자는 마음도 함께 있는 상태였다. 하지만 또 야구로 손해를 보게 되었고 이번에도 분노를 억제하지 못하고 또다시 사다리에 손을 댔다.

야구가 사람을 화나게 하는 요소들이 많은 것도 있지만 내가 사다리 베팅을 합리화하기 위해서 이 분노를 이용한 것도 부인할 수 없는 사실이다. 예전에 축구에서 연패를 경험했을 때 무리한 베팅을 저지르려는 나 자신을 분노로 합리화했던 것처럼 이번에도 그때와 마찬가지인 셈이었다. 넘지 말았어야하는, 하지 말았어야했을 사다리 버전의 분노 베팅을 쉽사리 저지르고 만 것이다.

하지만 화가 머리끝까지 난 상태에서 합리적인 판단을 기대하는 것은 불가능에 가까운 일이었다. 참을 수 없는 분노와 이전에 20분 만에 400만 원을 땄던 기억으로 나 자신을 합리화하며 또다시 사다리 베팅에 손을 댔다.

두 번째 손을 댔을 때는 바로 복구할 수 있었던 것은 아니었다. 처음 걸었을 때는 돈을 땄지만, 다음 회차에서 바로 돈을 잃었고, 그 다음 2번 모두 돈을 잃었다. 야구로 인한 손해에다가 사다리로 인한 손해까지 더해진 상황이 발생한 것이다. 20분 만에 200만 원의 추가 손해가 더해졌다. 충격은 이루 말할 수 없었다. 고액 베팅을 서슴없이 하는 나였지만 20분의 짧은 시간 만에 200만 원을 잃었던 적은 없었다. 머리를 쥐고 입을 벌리고 눈을 껌뻑거리며 깊은 숨만 몰아쉬고 있었다. 심장이 너무 쿵쾅대서 심장마비가 오는 것은 아닌가하는 걱정이 될 정도였다. 이 신선하고 갑작스러운 막대한 충격은 감당이 안 될 수준이었다.

순간 사다리 베팅이 정말 위험한 것이라는 생각이 들었다. 이대로 사다리에 계속 손을 대다가 잘못되면 정말 큰일 날 수도 있겠다는 생각이 들었다. 그렇지 않아도 야구 베팅으로 계속 손해를 보던 상태였는데, 여기에다가 사다리 베팅으로 인한 즉각적인 손해까지 더해지면, 가진 돈을 다 잃을 수도 있겠다는 불안감이 엄습해왔다. 수많은 복구의 기억으로 언제라도 복구할 수 있을 것이라는 자신감을 가지고 있던 나를 한없이 작게 만들 정도로 '실시간' 사다리 베팅은 실로 무서운 존재였다.

그런데 그런 상황에서 문득 한 생각이 들었다. 연속해서 3번으로 틀렸으니, 다음번은 맞출 확률이 높을 것이라는 근거 없는 생각이었다. 그렇게 다음 한 번만 더 해보자고, 여기서 또 틀리면 절대 사다리를 하지 말자고 다짐하며 한 번 더 도전했다. 다행히 맞췄다. 이것으로 총 손해에서 100만 원이 사라졌다. 그런데 다음번에 또 틀리는 바람에 다시 원래의 손해로 돌아왔다. 이전에 사다리로 400만 원을 땄었으니, 순전히 사다리로 400만 원의 손해가 날 때까지는 계속해보자는 생각을 했다.

그렇게 사다리 베팅은 계속 되었다. 홀이 나올지 짝이 나올지에 대한 아무런 기약도 없이 막연하게 '운'을 믿으며 베팅을 이어나갔다. 5분마다 극한의 감정 기복을 느꼈다. 냉탕, 온탕을 빠르게 번갈아가는 것처럼 심장이 찌릿찌릿 하는 느낌을 받았다. 죽을 것 같았다. 5분에 100만 원씩 왔다가는 베팅을 하면서, 어떤 스포츠 경기도 아니고 네모난 사다리 추첨 상자만 바라보며 결과를 기다리는데 정말 사람이 할 짓이 아니었다. 입은 계속해서 말라가고 가슴은 계속해서 타들어갔다.

그런데 사다리 베팅을 계속하다보니 운이 따라주어 사다리로 잃었던 돈에 그 전에 야구로 잃었던 돈까지 복구할 수 있었다. 야구로 잃은 돈까지 복구를 하니 그때가 되어서야 기분이 좀 풀렸다. 복구를 달성하고 벌떡 일어나서 고개를 뒤로 젖히고 눈을 감았다. "진짜 O될 뻔 했다."는 말을 계속해서 반복하면서, 복구해서 정말 다행이라는 안도의 한숨을 계속해서 내쉬었다.

당장 사다리를 꺼버렸다. 그날 본 손해를 복구했으니 여기서 베팅을 그만해야겠다는 생각에서였다. 정신적으로 너무 힘이 들어서 더 이상 베팅을 할 수조차 없었다고 보는 것이 맞을 것이다. 돈을 많이 땄거나 몸이 피곤해서 베팅을 그만두는 경우는 있었어도 복구를 다했으니 그만하자는 생각이 들은 것은 베팅에 심각하게 빠진 이후로 정말 오랜

만이었다. 그 정도로 정신적인 대미지가 심각했었다. 수많은 전쟁을 치르면서 그런 대미지에 나름의 내성이 생겼을 것이라고 생각했는데, 기약 없는 사다리 베팅이 주는 심리적 스트레스는 나를 나약하게 만들 만큼 무지막지한 것이었다.

20장.
그런 사다리에 전념하기 시작하다

　나를 나약하게 만들 정도로 무서운 사다리 베팅이었지만, 두 번째로 손을 댔을 때에도 결국 복구를 하긴 했으니 사다리 베팅이 나름 괜찮은 것 같이 느껴지기도 했다. 그렇지 않아도 야구에는 신물이 날 정도로 질려버렸기 때문에 당분간 사다리 베팅을 주력 종목으로 삼아보기로 했다.
　대신 스포츠와 다르게 분석의 여지도 없고 홀짝을 맞추는 것은 단순한 운의 작용이기 때문에 시작은 소액으로 임하기로 했다. 사다리 베팅을 접했던 두 번의 경우 모두 야구로 인한 손해가 있던 상태에서 그 손해를 복구하기 위해 시작부터 고액으로 베팅했어야했었다. 그러니 애당초 처음부터 고액으로 시작할 이유는 없었고 본격적으로 접하는 것은 처음이니 배움을 목적으로 하여 소액으로 임해볼 생각이었다.
　그리고 또 한 개의 전략을 추가했다. 아무 회차에나 운을 믿고 베팅하는 것이 아니라 추첨 결과를 지켜보면서 선택적으로 베팅하기로 했다. 홀이나 짝이 과도하게 몰려서 연속으로 나오는 경우가 있으면 그 때부터 반대의 경우로 베팅을 시작하는 것이다. 만약 홀이 4번 연속 나온다면 다음번부터는 짝이 나올 확률이 높을 것이니 그때부터 짝을 걸면 높은 적중률을 보일 것이라는 생각에서였다.
　또 하나 앞에서 설명한 마틴 베팅도 적용하기로 했다. 한 번 패배하면 다음번에 그 손해를 상쇄할 수 있는 금액을 걸고, 두 번 연속 패배하면 세 번째에는 그 두 번의 패배를 모두 상쇄할 수 있는 금액을 베팅하는 것이다. 어차피 1/2의 확률이니 말이다.

결과는 상당히 좋았다. 같은 것만 연속해서 4번, 5번 뜬다는 것은 확률적으로 나오기 힘든 경우다. 4번 연속 뜰 확률이 1/16이고, 5번은 1/32, 그 이상부터는 1/64의 확률이니 정말 특이한 경우를 제외하고는 연속해서 하나의 경우만 나오는 것은 매우 드물었다.

이런 식으로 접근을 하니, 적중 확률이 굉장히 높아졌고 행여나 연패에 빠져 손해가 나더라도 마틴 베팅으로 즉각적인 복구를 할 수 있었다. 계속해서 이득만 봤다. 이런 식으로만 베팅을 하면 정말 특수한 상황이 아니고서는 손해가 날 수 없을 것이라는 생각까지 들었다. 그리고 소액으로 베팅을 했지만, 5분에 한 번씩 베팅을 할 수 있었기 때문에 잘 들어맞을 때에는 1~2시간 만에 원하는 이익을 만들어낼 수 있었다.

다만, 재미적인 요소는 상당히 떨어졌다. 홀 아니면 짝의 두 가지 경우만이 있을 뿐이기에 재미가 있을 리가 없었다. 그저 무엇이 나올지 모른다는 불확실함이 주는 긴장감 속에서 원하는 것이 나왔을 때의 쾌감만이 있었을 뿐이다.

사다리 베팅을 계속해서 하다 보니 나름의 요령도 생겼고 자신감도 붙었다. 그래서 수익도 늘리고, 그 스릴이 주는 재미를 좀 더 느끼기 위해 점점 베팅 금액을 늘려갔다. 적중률이 상당히 높은 편이었고, 마틴 베팅이라는 보험적인 요소까지 있었기 때문에 베팅은 날이 길수록 과감해지고 있었다.

21장.
찾아온 위기,
'몬테카를로의 오류'

 그렇게 금액을 키워가며 베팅을 하던 와중에 엄청난 손해를 경험하게 되었다. 나의 베팅 방식은 연속으로 하나만 나올 때 다음 회차부터 그것과 반대로 걸기 시작하는 것인데 정말 상식적으로 이해할 수 없는 일이 발생했다. 바로 홀만 16번 연속해서 나온 것이었다. 6번째부터 반대로 걸기 시작했으니 11번 연속으로 손해를 봤다. 거기에다가 연패의 과정 속에서, 마틴 베팅으로 손해를 한 번에 복구할 속셈으로 손해만큼 베팅 금액을 늘려갔었다.
 구체적인 금액과 함께 설명을 하겠다. 첫 베팅은 25만 원으로 시작했다. 25만 원을 베팅해서 잃었다. 다음번에 그 25만 원을 복구하기 위해서 다시 25만 원을 베팅했다. 또 잃었다. 그래서 두 번의 손해를 복구하기 위해서 50만 원을 걸었지만 또 낙첨, 손해가 100만 원이 되어버렸다. 그래서 다음번에 100만 원을 걸었는데 그것마저 날아갔다.
 그런데 한 사이트 내에서 사다리 베팅의 최대 베팅 가능 금액은 보통 100만 원이다. 그러니까 200만 원의 손해가 있을 때 그것을 복구하기 위해서 200만 원을 한 번에 베팅하는 것은 불가능하다. 하지만 내가 이용하는 사이트는 최대 200만 원까지 베팅할 수 있었다. 그렇기 때문에 손해가 200만 원이 넘어가지만 않으면 한 번에 복구하는 것이 가능했지만 여기에서도 또다시 잃고 말았다. 이제는 손해가 400만 원에 이르렀고 200만 원을 베팅해서 2번 연속 맞춰야 손해를 복구할 수 있는 상황에 처했다. 하지만 앞에서 이야기했듯이 복구는커녕 11연속 패배를 경험했다. 5연패를 했을 때의 손해가 400만 원이었으니 나머지 6번의 경우에서 200만 원씩, 1,200만 원의 손해가 더해졌다. 총 1,600만 원의 손해를 봤다. 1시간동안 한 번도 딴 적 없이 11연패를 한 것이다.

중간에 이상하다는 생각을 해서 베팅을 중지했어야했을 것이다. 하지만 돈이 다 떨어진 경우가 아니고서야 절대 그렇게 할 수가 없다. 왜냐하면 홀이 5번 연속으로 뜨는 경우는 1/32다. 지금 당장 가지고 있는 동전을 던져서 앞면만 5번 연속 나오도록 해보아라. 1시간 동안 던져도 같은 것만 5번 연속으로 나오게 하기 힘들 것이다. 하물며 6번은? 7번은? 10번 연속해서 같은 것만 뜰 확률은 1/1024이다.

하지만 반드시 명심해야하는 점은 모든 회차에서 홀과 짝이 나올 확률이 앞에서 발생했던 경우들과 독립적으로 1/2의 확률이라는 것이다. 10번 연속해서 홀이 떴다고 해도, 11번째에는 그 엄청났었던 확률과는 관계없이 1/2확률로 홀이나 짝이 나온다. 하지만 대부분의 사람들은 그렇게 생각하기보다는 11연속 홀이 뜰 확률은 1/2048이나 되니 그 말도 안 되는 확률이 발생하진 않을 것이라고 생각하게 된다. 나 역시 마찬가지였다. 이를 '몬테카를로의 오류(Monte Carlo fallacy)'라 한다. 1913년 몬테카를로의 있는 보자르 카지노에서, 검은 공과 붉은 공이 나오는 것을 맞추는 룰렛 게임에 27번 연속으로 검은 공만 나온 일이 발생했다고 해서 붙여진 이름이다. '기회의 숙성 오류'라고도 하는데, 이때에 수많은 도박사들이 파산했다고 알려져 있다.

이 몬테카를로의 오류, 즉 마틴-게일 베팅의 실패, 11연패를 내가 어떻게 받아들였는지를 설명하겠다. 먼저 2연패까지는 큰 감정의 변화가 없었다. 3연패, 4연패만 안하면 되니까. 그런데 5연패를 하면서, 한 번에 복구가 가능한 손해인 200만 원이 넘어가면서부터는 평정심을 유지할 수 없었다. 혼자서 이것이 말이 되냐고 소리치면서 다음번에는 무조건 반대의 경우가 나올 것이라고, 나와야한다고 생각하며 원래의 베팅을 고수했다.

그런데도 이상하게도 계속해서 홀이 나왔다. 무언가 잘못됐을 것이라는 생각이 들었다. 그래서 사다리 게임을 제공하는 네O드 사이트에 있는 실시간 채팅창에 들어가 보았다. 채팅창도 이미 나처럼 난리가 난 상황이었다. 추첨 시스템에 오류가 발생했을 것이라는 말을 하는 사람들에서부터, 누군가가 해킹을 해서 조작을 가하고 있을 것이라는 말을 하는 사람들까지, 채팅창은 이 희박한 확률의 향연으로 인해 아비규환의 상태에 빠져 있었다.

그런데 그 상황에서 누군가가 자꾸 홀이 연속해서 뜰 것이라고 호언장담하면서 계속해서 홀에 베팅하자고 우겨대고 있었다. 홀에만 베팅해서 딴 돈이 엄청나다고 자랑하면서 말이다. 난 그 반대의 경우로 엄청난 손해를 보고 있는 상황이었기 때문에 그 사람의 자랑이 너무나도 꼴사납게 느껴졌다. 그저 엄청난 운으로, 극히 희박한 확률이 발생해서 돈을 따고 있는 주제에 사람들을 선동하고 자랑하고 있는 것이 너무나도 꼴 보기 싫었다. 그런데 정말 그 사람의 말처럼 계속해서 홀이 뜨니 미칠 노릇이었다. 무언가 잘못되어도 단단히 잘못되었을 것이라고 생각했다. 1/1000이 넘는 확률이 나온다는 것은 정말 받아들이기 힘든 일이었다. 16번 연속 홀이 나오는 경우는 1/65536이다.

그런데 사다리 게임은 추첨 중단이나 그 어떤 조치도 없이 정상적으로 추첨을 이어나갔다. 누군가 고객 센터에 이 사태에 대해 문의를 해봤더니 정상적인 추첨 결과라는 답변을 받았다고 했다. 순간 조작의 의심이 들었다. 추첨 조작이 있지 않고서야 이런 식으로 결과가 나올 리 없었다. 거기다가 이런 추첨 결과를 내놓고서는 정상적인 추첨 결과라는 말을 지껄여댔다고 하니 필시 사이트 측에서 조작을 가했을 것이라는 생각이 들었다.

이렇게 조작을 의심하긴 했지만, 그렇다고 그 조작에 편승할 수도 없는 노릇이었다. 만약에 내가 그 조작을 따라서 홀에 베팅을 했는데 하필 그때 짝이 나와 버리면, 복구를 할 수 있었던 상황이 오히려 손해의 추가가 되어버리는 것이기 때문에 그것만큼 바보가 되는 상황도 없을 것이다. 거기다가 홀은 이미 상당히 많이 나왔기 때문에 곧 짝이 뜰 것 같은 느낌이 너무나도 강하게 들었다. 이제 와서 그 조작에 편승한다는 것은 불가능에 가까운 일이었다.

그리고 이렇게 대놓고 조작을 주면 사람들이 그 조작을 눈치 채고 다 떠나가 버릴 것이라는 생각도 들었다. 사다리 게임에 조작이 있다는 소문이 퍼지면 아무도 사다리 게임을 이용하려하지 않을 것이 분명했다. 그렇기 때문에 조작 의심으로 사람들을 떠나보내지 않기 위해서라도 적당한 선에서 조작을 그만둘 것이라는 근거 없는 추측을 한 것이다.

이런 생각들을 하며 계속해서 그 조작에 반대로 베팅을 했고, 그런 나를 비웃기라도 하듯 조작은 끝날 줄 모르고 계속해서 홀만을 뱉어댔다.

22장.
추첨 대기 시간

그리고 내가 이렇게 평정심을 잃고 심각한 연패에 휩쓸리게 된 데에는 추첨 대기 시간의 작용도 한 몫 차지했다. 사다리 베팅의 규정은 5분에 한 번씩 추첨을 하고, 보통 추첨하기 1분 전까지는 베팅을 마감해야 한다. 베팅 마감 시간에 촉박하게 베팅을 하면 베팅이 되지 않을 수도 있기 때문에 보통 마감 2분 전에 베팅을 마무리한다. 고민할 필요가 없는 상황이면 전 회차의 추첨 결과가 나오자마자 다음 회차에 베팅을 한다.

그런데 이 대기 시간은 사람의 심리에 엄청난 영향을 끼친다. 베팅을 마감하고 2분 동안 추첨 결과를 기다리면 별의별 생각이 다 들게 된다. 따게 되면 얼마를 복구하게 되는 것인지, 손해가 나오면 얼마인지 그리고 땄을 때 다음번은 무엇을 걸지, 그렇게 해서 몇 번의 승리를 더 해야 본전으로 돌아갈 수 있는지와 같은 생각들이 들게 된다. 이렇게 추첨 대기 시간은 사람들로 하여금 기대와 희망과 간절한 바람, 또는 불안과 걱정들을 가지고 결과를 기다리게끔 만든다.

이 중 영향력이 더 심한 것은 패배할 때를 걱정하는 것이다. 내가 11연패하는 경우로 이야기를 하면, 패배의 의미는 또 다른 손해의 추가이고 그 말도 안 되는 확률이 계속해서 나오게 되는 것이다. 거기에 채팅창에서 호언장담하던 놈은 더더욱 우쭐해지는 것이고, 빨리 내가 복구를 하고 그놈이 돈을 잃어서 그놈의 코가 납작해져야하는데 그렇게 되지 못하는 상황이 이어지는 것이다. 나는 추첨 대기 시간동안 이런 의미들을 수반한 그 '패배'를 겪지 않았으면 하는 간절한 바람과 그 패배가 또 찾아올지 모른다는 두려움을 가지고 추첨 결과를 기다린 것이다.

그런데 또다시 패배를 해버리면 기대와 희망은 물거품이 되고, 불안과 걱정이 현실이 되어버리는 것이다. 걱정이 현실이 되어버리는 충격은 아무 생각하지 않으면서 기다릴 때보다 비교할 수 없을 정도로 크다.

베팅을 빨리해서 대기 시간이 길어지면 그 길어진 시간만큼 간절한 마음도 커지고, 그 마음이 커진 만큼 패배의 충격도 커진다. 그러한 엄청난 충격이 가해지면 평정심은 가루가 되어버리고 만다. 살면서 간절히 바라던 무언가가 물거품이 되고, 불안감이 현실이 되어버리는 충격의 기억을 떠올려보아라. 그리고 그 충격이 5분에 한 번씩 크기를 더해가며 가해진다고 생각하면 이해하기 쉬울 것이다.

23장.
지옥 체험

계속되는 안 좋은 일로 분노가 머리끝까지 치밀고, 그로인한 충격이 계속해서 커져만 가는 상황이 오면 그 고통은 인간이 견딜 수 있는 범위를 넘어서게 된다. 극도의 스트레스와 충격을 받으면 뒷목을 잡고 쓰러지는 경우에서처럼 더 이상 견딜 수 없는 지경까지 이르게 된다. 우리의 몸은 그런 고통을 견디기 위해 방어기제24)를 마련한다.

내 경우엔 계속되는 충격 속에서 점점 현실 감각이 떨어지는 것을 느꼈었다. 내가 내 인생을 살아가는 것이 아니라, 1인칭 시점의 영화에서처럼 다른 사람의 시선으로 세상을 바라보는 것 같은 느낌이 들었다. 흔히 이인증(離人症)25)이라고 말하는 자아 지각 장애를 느끼는 것 같았다.

베팅을 이어가면서 간절한 바람과 절망, 분노를 느끼는 것이 아니라 정신 나간 사람처럼 그저 모니터만 바라보고 있었다. 패배할 때마다

---

24) 두렵거나 불쾌한 정황이나 욕구 불만에 직면하였을 때 스스로를 방어하기 위하여 자동적으로 취하는 적응 행위. 도피나 억압, 동일시, 보상, 투사(납득할 수 없는 사실을 다른 건의 탓으로 돌리는 것) 따위가 있다.
25) 자아에 대한 인식을 잃어버리거나 외계에 대하여 실감이 따르지 않는 병적인 상태. 보통 신경증이나 분열증의 초기 또는 극도로 피로할 때에 나타난다.

헛웃음만이 나왔고, '그래 한번 될 때로 돼보자, 한번 죽어보자, 어디까지 나를 망가트릴 건지 한번 보자.' 이런 현실도피적인 생각만이 들었다. 베팅을 중단하고 왜 패배했는지를 분석하며 어떻게 복구를 할지를 생각하면 머리가 터져버릴 정도로 고통스러울 것이 분명했기에, 이런 식의 현실 부정만이 그 순간을 견디는 방어기제였다.

그렇게 11연속 패배를 하면서, 사이트에 가지고 있던 보유 머니를 다 잃고 다시 충전한 돈까지 모두 잃었다. 충전을 하려면 계좌이체로 사이트에 돈을 입금해야 하는데, 너무 많은 이체를 하다 보니 1일 이체 한도를 초과해 더 이상 출금과 이체를 할 수 없는 상황까지 이어졌다. 심각할 정도로 돈을 잃은 마당에 베팅조차 할 수 없는 상황이 온 것이다. 미칠 노릇이었다. 다른 방법을 알아보았지만 그 짧은 시간에 돈을 구하는 것은 불가능했다.

그런데 더 황당한 일은 다음에 발생했다. 바로 내가 베팅을 할 수 없게 된 그 시점에 짝이 나온 것이다. 무슨 영화도 아니고, 정말 그 짝이 나온 상황을 봤을 때는 허탈함이 극에 달했다. 누군가 나를 가지고 장난을 치고 있는 것처럼 느껴졌다.

거기에다가 네O드 채팅창에서는 드디어 짝이 나왔다며, 손해를 복구했다는 채팅들이 쏟아져 올라왔고, 여기서 짝을 베팅하지 않은 호구도 있냐는 식의 희롱도 있었다. 홀만 베팅하면서 나를 약 올렸던 놈은 짝이 나오자마자 이번에는 "짝 쑤아리(소리질러의 약자)"라며 짝이 나올 줄 알고 베팅을 하지 않았고 이익은 볼만큼 봤으니 퇴근한다면서 채팅창에서 나갔다.

정말 미치고 환장할 노릇이었다. 눈이 뒤집혀버릴 정도의 분노로 이성의 끈을 놓아버릴 것 같은 상태였다. 나를 가지고 농락한 이 사다리 사이트의 운영자와 채팅창에서 나를 놀렸던 그놈을 찾아가서 죽여 버리고 싶다는 살인 충동이 들었다. 그럴 수 없다는 답답함에 숨조차 제대로 쉬어지지 않았다.

점점 정신이 돌아오고 내가 잃은 손해가 얼마인지 확인해보았다. 눈을 감고 머리를 움켜쥐었다. 아무리 세게 움켜쥐어도 아픔이 느껴지지 않았다. 어떻게 복구해야할지 가늠이 잡히지도 않았다. 그날 잃은 돈만 1,600만 원이었는데, 스포츠 베팅으로 복구하려면 상당한 시간이 걸릴 것이 분명했고, 또 야구 이외의 종목은 시즌이 끝난 상태라 그 맞추기 힘든 야구를 베팅할 수도 없는 노릇이었다. 그렇다고 이 개 같은 사다리 베팅을 또 하다간 그땐 정말 누군가에게 살인을 저질러버릴지도 모른다는 생각이 들었다.

이때껏 살아오면서 경험한 가장 고통스러운 날이었다. 지옥이 있다면 지금 내 상황이 지옥이겠구나 생각했다. 지금까지의 득실을 따져보면 손해는 아니었지만, 이렇게 1,000만 원이 넘는 막대한 손해를 단시간에 입은 경우는 처음이었고, 그 손해를 입는 과정이 농락당하는 것과 다름없었기 때문에 내 마음은 이루 말할 수 없을 정도로 뭉개졌었다. 특히 아무것도 못하고 내일이 오기만을 기다려야만 하는 그 1분 1초가 사람을 미쳐버리게 할 만큼 고통스러웠다.

후회를 할 수도, 자책을 할 수도, 어떤 방법이나 해결책을 마련할 수도 없었다. 그런다고 해결될 일도 아니었고 그런 생각들을 할수록 고통과 스트레스만이 찾아올 뿐이었다. 문득 시간을 되돌리고 싶다는 생각이 들었다. 오늘 사다리를 시작하기 전으로 돌아갈 수 있으면 얼마나 좋을까, 그리고 만약에 홀만 연속으로 뜨는 과정에서 미친척하고 홀만 베팅했으면 얼마나 수익이 났을까하는 상상도 했다. 이런 식의 망상이나 현실 부정만이 미치기 직전인 나를 달래주는 수단이었다.

24장.
경솔했다

　그렇다고 이대로 좌절만 하고 있을 순 없기에 다시 사다리 사이트에 들어갔다. 베팅을 할 수 없으니 원인 분석이라도 해보자는 생각이었다. 오늘 하루 사다리의 추첨 결과가 어떤 식으로 나왔는지 살펴봤다. 그리고 실시간 채팅창에 오늘처럼 특정한 하나만 계속해서 나오는 경우가 있었는지를 물어봤다. 내가 놓쳤던 부분이 있었다. 오늘뿐만이 아니라 이런 식으로 연속해서 나오는 경우가 매일같이 있었다는 것이다. 물론 16번씩이나 나오는 경우는 드물지만 10번 전후로 나오는 경우는 상당히 많았다는 것을 알게 되었다. 앞에서 이야기했던 몬테카를로의 오류를 이용해서, 그리고 마틴 베팅을 하는 사람들을 겨냥하기 위해서 의도적으로 추첨 결과에 조작을 가하고 있었던 것이었다.
　순간 정신이 번쩍 들었다. 당했다는 생각이 들었다. 나는 내 방식대로 베팅을 하면 절대로 돈을 잃을 수 없을 것이라고 생각했었다. 그런데 베팅 사이트가 바보도 아니고 나처럼 베팅하는 사람이 있다는 것을 몰랐을 리 없다. 나 같은 사람들이 많고 내가 생각하던 방식대로 사다리의 결과가 나온다면 베팅 사이트측이 손해를 볼 확률이 높을 텐데, 그것을 알고도 손해를 감수해가며 사다리 베팅을 제공해줄 리 만무했다. 다 이런 식의 조작이 있어 나 같은 생각을 가진 사람들이 손해를 볼 수밖에 없는 시스템이 있기 때문에 마음껏 이용해보라고 사다리 베팅을 제공해주는 것이었다.

  사다리에 대한 정보를 얻으면 얻을수록 내가 너무 경솔했다는 생각이 들었고 조작이 있을 수밖에 없다는 확신을 갖게 되었다. 내가 느끼던 분노는 이 사다리 사이트에 대한 악감정으로 전환되었다. 다 한통속이라는 생각이 들었다. 그런 악감정으로 이 네O드 사이트에 대한 조사를 해보았다.

25장.
네오드

사다리 베팅을 이용하는 사람들이 많아질수록 네오드란 사이트는 발전해갔다. 그러다보니 네오드에서 제공하는 사다리 게임을 해킹해서 결과 값을 미리 알아내거나, 결과 값에 조작을 가해서 그것을 이용해 돈을 따려는 시도들이 있었다. 디도스(DDoS) 공격26)부터해서 갖가지 해킹 공격으로 네오드가 접속조차 되지 않은 경우들도 있었다. 하지만 시간이 지날수록 네오드는 강력해졌고 웬만한 해킹 공격으로는 흔들리지 않는 단계까지 이르렀다.

그런데 생각해보니 이상했다. 베팅 사이트에서 이 사다리 게임을 이용해서 실제 돈으로 하는 베팅을 제공해주었으니 그 결과 값을 노리는 해킹 시도는 이해가 간다. 하지만 네오드 입장에서, 이러한 해킹 시도가 빈번하다면 굳이 철벽같은 방어 태세를 이룩할 필요 없이 그냥 사다리 게임을 없애면 그만이다. 어차피 네오드의 창립 목적은 실시간 정보 제공이고, 사다리 게임은 그 목적과 아무런 상관이 없는 것이기 때문이다. 해킹 공격으로 운영상에 차질을 받으면서까지, 목적과 아무런 관련이 없는 사다리 게임을 지키기 위해서 그 강력한 방어 태세를 이룬다는 것이 합당한 것일까?

---

26) 분삽 서비스 거부 공격. 서버가 처리할 수 있는 용량을 초과하는 정보를 한꺼번에 보내 과부하로 서버를 다운시키는 해킹방식.

또 그들이 제공하는 사다리 게임도 원칙상으로는 실제 돈과는 상관없는 포인트로만 이루어져야 하는 것이다. 그런데 네O드는 도대체 왜 추첨 결과에 조작을 가하는 것일까? 네O드 사이트 이용자들의 포인트를 노리는 것일까? 그 포인트는 이용자들의 레벨을 올려주거나 이용상의 편의를 제공하는 것 말고는 어떠한 다른 용도도 없다. 그런 포인트 따위를 빼앗기 위해서 욕을 얻어먹으면서까지 조작을 가하는 것일까?

한 가지 더 짚고 넘어가야할 사실은 네O드가 발전해감에 따라 가장 큰 장점이었던 먹튀 사이트에 대한 정보를 공유하는 게시판이 없어졌다는 것이다. 그리고 자유 게시판에 먹튀와 관련된 글을 올리면 아이디 이용이 정지되기까지 했다. 이용자들이 모여 커뮤니티를 이루는 사이트에서 이용자들에게 가장 유용한 정보를 올릴 수 없게 된 것이다.

이 모든 의구심들을 시원하게 날려버릴 수 있는 답이 있다. 바로 네O드와 베팅 사이트들이 모두 한통속이라는 것이다.

먼저 사다리 게임을 향한 해킹 공격 방어에 심혈을 기울이는 이유는 네O드의 존재 이유 자체가 사다리 게임으로 변질되었기 때문이다. 실시간 정보 제공은 사이트가 존재하는 명목적인 이유일 뿐이고, 실질적인 존재 이유는 베팅 사이트들이 사다리라는 새로운 베팅 종목을 도입할 수 있도록 하기 위함이다.

그렇기 때문에 포인트 따위를 노리려고 조작을 가하는 게 아니라, 사다리 게임이라는 새로운 베팅 종목이 베팅 사이트에게 유리하게 작용하도록 하기 위해 이용자들이 돈을 잃을 수밖에 없는 조작을 가하는 것이다.

먹튀 사이트에 대한 정보 공유를 막은 것은 위에 말한 2가지 이유로 정리가 된다. 베팅 사이트와 한통속이고, 베팅 사이트를 위해 존재하는 사이트가 베팅 사이트에게 불리한 정보를 공유할 수 있도록 해주는 것은 어불성설이다.

이처럼 네0드와 베팅 사이트는 모종의 계약을 통해 공동의 이익을 추구하는 운명공동체이고 우리 같은 이용자들의 돈을 앗아가기 위해 갖은 술수를 부리는 존재들이었던 것이다.

26장.
또 한 번의 패배

다시 내 이야기로 돌아와서, 이런 식의 조사를 해보니 내 의혹에 확신이 섰다. 내 잘못으로 돈을 잃었다는 생각보다 사다리 게임의 조작에 당한 것이라는 생각이 강하게 들었다. 그래서 조작으로 나를 엿 먹인 이 사이트에 복수를 가하기로 했다. 사다리 베팅의 조작을 역이용해서 베팅 사이트에 손해를 가하는 것으로 내가 먹은 엿을 되돌려줘야겠다는 마음을 먹었다.

다음날이 되고 통상적으로 하던 베팅을 중단했다. 이제는 돈을 복구하는 것보다 복수를 하는 것이 더 중요해졌기 때문이다. 사다리 추첨 결과를 계속해서 기다리면서 홀이나 짝 중에서 무엇인가 연속으로 뜰 때, 즉 조작이 들어갈 때가 나타나길 기다렸다.

이윽고 4번 연속해서 홀이 나왔다. 예전이었으면 다음번에 짝을 걸었겠지만, 조작의 실체를 알아버린 나였기에 자신 있게 홀을 걸었다. 그런데 짝이 나왔다. 어제는 내가 돈이 다 떨어지니 짝이 나오고, 오늘은 내가 조작이라고 생각해서 홀을 거니까 짝이 나왔다. 아주 나를 가지고 놀고 있었다. 하지만 아무 때나 조작을 가하면 아무도 조작에 낚이지 않을 것이니 좀 더 기다려보자는 생각을 하며 마음을 달랬다.

그렇게 기다리던 중에 또다시 홀이 4번 나왔다. 순간 엄청난 망설임이 찾아왔다. 어제 분명히 그런 일을 경험했고 실체를 파악했다고 호언장담했지만, 4연속 홀이 나온 경우에서 다음번에 또 홀을 가는 것은 여간 쉬운 일이 아니었다. 그리고 조작을 의심하며 홀에 베팅했다가 짝이 나오는 농락을 당한 직후라 그런 망설임이 더 클 수밖에 없었다. 결국 어느 것에도 베팅을 하지 못했다.

제발 짝이 뜨지 않기를 기도했다. 내 의심이 틀리지 않았다는 것을 증명해주기를, 홀이 뜨기만을 바랐다. 그런데 그 믿음에 대한 보답이 있었는지 정말로 홀이 나왔다. 앞에서 4번의 홀이 나오고 얼마 지나지 않아서 또 홀이 5번이나 나온 것이다. 역시 내 생각이 맞았다. 조작이 있지 않고서는 절대 이런 희박한 경우가 나올 리가 없을 것이라고 생각했다.

그런데 그 다음번에도 홀에 베팅할 수 없었다. 아무리 그런 조작을 의심한다고 해도, 분명히 그 몬테카를로의 오류를 겨냥하는 조작이 있는 것을 안다고 해도, 5번 연속 홀이 나온 상황에서 또다시 홀을 간다는 것은 무척이나 힘든 일이었다. 또 망설이다가 베팅을 놓쳤다. 다음번 회차도 마찬가지였다. 분명히 어제 16연속 홀을 주었는데, 바로 다음날인 오늘 또 그런 식의 조작을 가하진 않을 것 같다는 생각이 드니 조작을 따라가는 베팅을 할 수가 없었다.

하지만 그런 망설임을 비웃기라도 하듯이 역시나 계속해서 홀만 나왔다. 내 멘탈은 또다시 붕괴됐다. 이제는 도덕성까지 들먹이면서, "어제 분명히 그 짓거리를 해놓고 오늘 또 이런 조작을 가하고 있다니 정말 개OO들이구나." 이런 욕을 퍼부어댔다. 욕을 들었는지 계속해서 내 화를 돋우며 홀이 9개까지 나왔다. 어제보다는 덜한 9개에서 끊기고 짝이 나왔지만 4번 연속 나온 직후에 얼마 되지 않아 또 9번 연속 나온다는 것도 극도로 희박한 확률임엔 틀림없다.

순간 생각이 하나 떠올랐다. 어제 홀이 16번이나 연속해서 뜨는 경우가 있었고, 오늘도 홀이 4번 연속 나온 직후에 또 홀이 9번 연속 나왔으니 지금부터 짝에만 베팅을 하면 적어도 짝이 홀보다는 많이 나올 것이라는 생각이 들었다. 그리고 짝에 베팅을 하기 시작했다.

그런데 또! 홀이 연속으로 나오는 상황이 발생했다. 여기서 또 손해를 봤다. 어제와 똑같은 상황이었지만, 그 똑같은 짓거리를 하루걸러 하는 네O드에 대한 원망과 그 똑같은 짓에 바보처럼 당하고 있는 내 자신에 대한 자책까지 합쳐서 평정심은 또다시 가루가 되었다. 그렇게 또 1일 이체 한도를 넘어서는 엄청난 손해를 봤다. 이틀 만에 2,000만 원이 넘는 손해를 봤다.

또다시 돈은 돈대로 잃고 베팅도 못하는 상황이 왔다. 손해가 더 불어났지만 어제보다는 정신적인 충격이 덜했다 고통에 적응이라도 한 것일까. 아니면 내 몸이 극도의 고통을 방어하기 위해서 현실 망각이라는 방어기제를 발동시킨 것일까. 얻은 것이 있다면 사다리 추첨이 정말로 양심도 없이 이루어진다는 것에 대한 확신이었다. 설마하면 더 하는 놈이 사다리라는 놈이었다.

27장.
첫 승리

다음날 다시 사다리 베팅에 임했다. 절대로 이전과 같은 실수를 하지 않기를 다짐하며 조작이 나타나기만을 기다렸다. 몇 번의 시행착오를 겪은 후 드디어 조작이 나타났을 때 그것에 편승해서 돈을 땄다. 신기할 따름이었다. 짝만 9번이 떴었는데, 4번째부터 조작에 탑승해서 6연승을 했다.

6연승을 할 확률은 1/128로 매우 낮은 확률이지만, 내가 연속해서 패배를 했던 것처럼 승리 또한 연속적으로, 그리고 당연하다는 듯이 다가왔다. 반신반의하면서 계속해서 짝에만 걸었는데, 정말 신기하게도 짝만 계속해서 나왔다. 당하기만 하다가 처음으로 조작을 역이용해서 돈을 따니 조작에 대한 100% 완벽한 확신이 들었다. 내가 이래서 돈을 잃었던 것이다. 내 잘못이 아니라 조작 때문이었다는 확신을 갖게 되니 오히려 기분이 나아지기까지 했다. 앞으로 이렇게 조작이 뜰 때 그것에 편승해 돈을 따서 내가 먹은 O을 고스란히 베팅 사이트에게 쳐먹여야겠다는 생각을 했다.

물론 대놓고 조작을 주면 그것을 파악하는 사람이 늘어날 것임은 자명한 사실이다. 하지만 확률적으로나 심리적으로 봤을 때 연속적으로 나오는 것에 반대로 베팅하는 것이 쉽지, 조작에 편승하는 것은 결코 쉬운 일이 아니다. 아무리 조작에 대한 확신이 있어도 사람의 심리상 자신의 피 같은 돈을 확률적으로 낮아 보이는 경우에 베팅을 하는 것은 무척이나 어려운 일이기 때문이다.

그리고 조작을 파악해서 조작에 편승하는 베팅을 하는 사람들의 이익은 제한적이다. 예를 들어서 6번 연속해서 홀이 뜬다고 했을 때 그것에 편승해서 베팅을 하는 사람들은 통상적으로 매번 같은 금액으로 베팅을 한다. 25만 원씩 베팅을 한다고 치면 6번 연속해서 25만 원씩 딸 뿐이다. 돈을 딴 만큼 금액을 키워가며 베팅하는 경우는 드물 것이다. 25만 원을 따서 50만 원을 만들고, 그 50만 원을 다시 베팅해서 100만 원을 만들어 이런 식으로 6연승을 하면 금액이 엄청나게 커지겠지만, 한 번의 패배만으로 딴 돈을 모두 잃게 되기 때문에 어느 정도 이득이 생기면 거기서 만족하고 금액을 줄이거나 베팅을 멈출 것이 분명하다.

하지만 조작을 파악하지 못하는 사람들은 몬테카를로의 오류로 계속해서 짝에 베팅을 할 것이다. 그러다가 손해가 커지면 마틴 베팅을 이용해서 한 번에 복구하려할 것이다. 물론 계속 짝에 걸면서 말이다. 이 경우엔 패배로 인한 손해가 2의 제곱으로 커지기 때문에 순식간에 막심한 손해가 발생하게 된다.

그렇기 때문에 대놓고 조작을 해도, 또 조작을 파악하는 사람이 더 많다고 해도 그들이 얻어가는 이익은 제한적이기 때문에 조작에 당하는 소수의 사람들이 보는 손해가 훨씬 더 클 수밖에 없다. 그러니 사다리 게임의 모토는 분명했다. 조작을 통해 사람들이 납득하기 어려운 추첨을 주는 것으로 사람들의 돈을 빨아먹는 것이다.

하지만 조작을 너무 자주 주게 되면 정말로 사다리 베팅에 조작에 편승하는 사람만 남게 될 것이니 조작을 할 때와 조작을 하지 않을 때를 적절히 조절해야했을 것이다. 적당히 납득할만한 추첨을 주다가 갑자기 조작을 가해 몇 명만 걸려들게 해도 그들에게서 막대한 손해를 뽑아내면 그만이기 때문이다.

나는 이런 식으로 점점 사다리 베팅의 실체에 대해 알아가고 있었다. 그래서 그 조작을 잘 파악하고, 잘 편승해서 손해를 어느 정도는 복구할 수 있었다. 항상 조작이 나오는 것도 아니었고, 조작을 파악하지 못할 때도 있었고, 또 아예 조작이 없는 날도 있었기 때문에 복구를 못하거나 오히려 손해가 나는 경우도 종종 발생했었다. 하지만 조작에 당해서 하루 만에 1,000만 원이 넘는 손해를 보는 경우는 더 이상 나오지 않았다. 손해를 보는 날보다 이익을 보는 날이 많아지면서 예전의 손해를 조금씩 복구해가고 있었다.

28장.
이번엔 '테마'다.
퐁당퐁당, 2222, 1234, 데칼코마니

그렇게 점차적으로 복구를 하고 있는 와중에 이번에는 또 다른 조작에 당했다. 사다리 용어로 '퐁당'이라고 하는데, 추첨결과가 '홀 짝 홀 짝 홀 짝 홀 짝'식으로 징검다리 형태로 나오는 것을 의미한다. 연속적으로 나오는 것이 아니기 때문에, 연속에 편승하거나 아니면 반대로 베팅하는 것을 생각해볼 수도 없고, 그렇다고 확률에 맡기는 베팅을 할 수도 없는 상황이다. 이 경우에는 오로지 징검다리 추첨이 계속해서 나오는지 나오지 않는지에 베팅을 해야 한다.

이와 같은 테마에서는 차라리 베팅을 중단하고, 내 입맛에 맞는 조작이 뜨는 경우를 기다렸어야하지만 처음 보는 테마였기 때문에 여기서 또다시 손해를 봤다. 분명히 연속적으로 같은 것만 나오는 것처럼 퐁당 테마도 조작의 요소가 있을 것이라는 생각이 들긴 했지만, 앞에서 언급했듯이 실시간으로 5분에 한 번씩 베팅을 해야 하는 상황에서 평정심을 유지하기란 여간 쉬운 일이 아니었다. 그리고 사다리로 본 막대한 손해를 천천히 복구해가는 과정에서 또다시 큰 패배를 경험한 것이었기 때문에 이때에도 자제력을 잃고 엄청난 손해를 경험했다.

퐁당 테마를 익히고 나니 이번에는 '2222 테마'가 나를 괴롭혔다.

2222 테마란 '홀 홀 짝 짝 홀 홀 짝 짝 홀 홀 짝 짝'식으로 추첨 결과가 2개씩 붙어서 나오는 것을 의미한다. 같은 것만 나오는 것도 아니고, 퐁당도 아니니 마찬가지로 2222 테마에 편승하는 것 말고는 베팅을 할 수 없다. 그리고 테마가 주는 압박 때문에 확률적으로 접근하는 것도 힘들다. 여기서도 손해를 입게 되었다.

그리고 '홀 짝 짝 홀 홀 홀 짝 짝 짝 짝' 이렇게 결과가 '1234'식으로 나오는 테마, 그리고 어느 한 회차를 기준으로 해서 이전의 나왔던 것이 그대로 똑같이 나오는 '복사 구간', 그리고 그 기준으로 데칼코마니처럼 대칭돼서 결과가 나오는 '데칼 테마'까지, 내 돈을 앗아가는 별의별 경우가 다 나왔고 그런 것들을 처음 접할 때마다 계속해서 손해를 볼 수밖에 없었다.

29장.
그런데 왜 사다리 베팅을 그만두지 못했을까?

　이렇게 계속해서 손해를 보는데 왜 사다리 베팅을 계속했을까하는 의문이 들 수 있을 것이다. 답은 간단하다. 나는 수억 원의 빚을 지고 있고 이 책을 쓰고 있는 와중에도 사다리 베팅보다 효율적인 베팅은 없다고 생각한다.
　총 손해는 계속해서 늘어가는 상황이었지만 그 안에서 어느 정도의 복구를 경험하기도 했었다. 그리고 사다리 베팅만으로 손해를 거의 다 복구했던 적도 있었다. 달리 말해 가지각색의 모습으로 내 돈을 뺏어 갔지만, 잘 들어맞을 때는 사다리 베팅만한 효자 종목도 없다는 것이다.
　또 앞에서 '복구의 기억'이 '복구의 능력'처럼 착각된다는 내용을 썼는데, 그때와 마찬가지로 나는 계속해서 사다리 버전의 복구의 기억을 만들어가는 과정이었고, 그것은 사다리 버전의 복구 능력으로 착각되고 있었던 것이다. 그런데 그 복구의 기억은 다른 종목들에 비해서 압도적이었다. 내 복구의 기억 중에서 최단 기간에 가장 많은 돈을 복구했던 것이 사다리로 1시간 만에 2,400만 원을 복구했던 때이다. 그러니 복구의 기억을 능력으로 착각하는 것도 미친 듯이 심각해지고 있었던 것이다. 그렇기 때문에 돈을 잃을 때마다 드는 생각은, 손해를 통해서 계속해서 배우고 있는 것이니 모든 테마들을 숙지해서 손해를 최소화하고 이익을 최대화하면 여태껏 본 손해 따위는 금방 복구할 것이라는 미련한 생각이었다.

30장.
점점 미쳐가다

그러는 와중에 사다리 베팅을 하는 내 모습이 점점 이상해져갔다. 한마디로 미쳐갔다고 해도 무방하다.

추첨 결과에서 홀은 파란색으로 표시되고, 짝은 빨간색으로 표시된다. 홀에 베팅을 하고나면 주변에 파란색이 있는지를 찾아보았다. 그리고 파란색이 많으면 이것은 홀이 뜰 징조라고 생각하고 계속 그 파란색을 뚫어져라 쳐다보았다. 짝일 때에도 마찬가지였다. 그리고 추첨을 기다리면서 가만히 앉아있기 힘들어 이곳저곳을 정처 없이 걷기도 했는데, 그 추첨하는 시간에 어떤 장소에 도착하면 그 곳에 의미를 부여하며 결과를 기다린 적도 있다. 예를 들면, 짝에다 베팅을 하고 어딘가를 향해 걸어갔다. 추첨 대기 시간이 30초 정도가 남을 때까지 계속해서 걸었다. 그리고 30초가 되면 그 자리에 멈춰서 추첨을 확인할 장소를 물색했다. 짝에 걸었기 때문에 빨간색을 찾아야한다. 그런데 정육점이 보였다. 간판부터해서 온통 빨간색 천지이다. 이것은 운명이리라. 운명의 빨간색이 뜨기를 바라며 정육점 건물 앞에서 추첨 결과를 기다리는 것이다.

그리고 내가 만약에 2222 패턴에서 고생을 하고 있는데 지하철 2호선에 타고 있으면 이것은 2222 패턴이 뜰 징조라고 생각해서 평소

안하던 2222에 편승해서 베팅을 한 적도 있었다.

또 머리를 부여잡고 있거나 무릎을 꿇고 추첨창을 보고 있으면 잘 들어맞는다는 얘기가 있었다. 처음에는 미신으로 여기며 콧방귀를 뀌었지만 연패에 빠지면 어느 샌가 무릎을 꿇고 추첨 결과를 기다리는 나를 발견할 수 있었다.

손해는 계속해서 커져만 갔고 그에 따라 베팅하는 금액도 천정부지로 커져갔던 상황이었기 때문에 갈수록 평정심은 무너져갔고 손해를 복구하고자하는 간절함과 절박함도 커져만 갔다. 간절함이 하도 심해 미신까지 믿게 될 정도였으니 절박함으로 미치기 일보직전까지 간 것이나 다름없었다. 그런 상황에서 추첨 대기 시간 동안 차분히 앉아서 결과를 기다린다는 것은 불가능에 가까운 일이었다. 머릿속에 떠오르는 불안감과 초조함을 없애기 위해서 계속해서 걸으면서 신경을 분산시킨다던지, 아니면 저런 말도 안 되는 미신들에 희망을 걸며 내 마음을 온통 막연한 믿음으로 채워야만 했다.

미신대로 들어맞으면 정말 그 미신을 믿게 되었다. 어차피 1/2의 확률이기 때문에 미신이 들어맞을 확률도 1/2였다. 그러면 그 미신에 감사하며 계속 그 미신 앞에서 같은 베팅을 하고, 미신이 빗나가면 다른 미신을 찾거나 만들었다. 이러는 모습이 우스꽝스럽고 한심하게 느껴지기도 했지만 아무런 기약 없는 싸움에 빠진 나는 그 어떤 기댈만한 것도 발견해낼 수 없었다. 정말 지푸라기라도 잡고 싶은 심정이었고, 지푸라기라도 잡고자하는 마음으로 하루 종일 잘 들어맞는 지푸라기를 찾아 헤매고 다닌 것이었다.

31장.
파산, 그리고 빚

 이런 미쳐가는 모습으로 갖가지 패배를 경험하면서 여태껏 딴 돈을 다 잃은 상황까지 왔다. 거기서 추스르고 휴식을 가지며 대책을 마련하는 것이 옳은 방법이었겠지만 내 머리는 이미 올바른 선택을 내릴 수 없는 지경까지 미쳐버렸고 망가졌었다. 그도 그럴 것이 돈을 잃어가는 과정에서 받은 스트레스는 사람을 미치게 만들기에 충분했다. 스포츠에서 경험했던 것보다 몇 배는 더 강했다. 그리고 홀짝을 맞추는 것에는 그 어떤 재미도 없었다. 그저 돈을 잃지 않았다는, 돈을 복구했다는 안도감만이 있을 뿐이었다. 내 머리에 기쁨이나 위안을 줄만한 그 어떤 것도 찾지 못했고 끊임없는 고통만이 나와 함께였던 것이다.
 스포츠 베팅을 하면서는 쾌락에 무뎌졌었는데, 이제는 계속된 고통으로 인해서 그 고통마저 무뎌졌다. 고통을 느낄 겨를도 없었다고 보는 게 맞을 것이다. 오로지 하루빨리 복구를 해서 이 고통에서 벗어나야 한다는 마음만이 있을 뿐. 삶의 모든 포커스가 복구하는 것에 맞춰져있었다.

 복구를 하려면 돈이 있어야하는데 나는 더 이상 베팅할 돈이 남아있지 않은 상태였다. 그래서 지인들에게 돈을 빌려서 베팅을 하기에 이르렀다. 돈을 빌릴 때는 거짓말을 했다. 베팅으로 돈을 다 잃어서 빌리는 것이 아니라, 지금 돈이 어딘가에 묶여 있어서 융통할 수 없으니 잠시 동안만 돈을 빌리는 것이고 금방 도로 줄 수 있다고 했다.

무슨 자신감에서였을까. 아무리 복구의 기억들의 작용으로 인해서 그런 것이라 해도 내 돈이 아니라 다른 사람의 돈이다. 만약 그 돈마저 다 잃게 되면 무슨 수로 갚아나간단 말인가. 하지만 한심하게도 그런 것들을 고려할 수 있는 상태가 아니었다. 그리고 그런 걱정을 하기만 하면 내 머리는 터져 버릴 것 같은 극도의 고통을 느꼈다. 빌린 돈을 잃게 되면 돈을 못 갚을 수 있으니 그렇다면 돈을 빌리지 않는 것이 현명한 것인데, 그럼 내가 복구를 위한 베팅을 할 수 없는 것이고, 베팅을 하지 않는다는 것은 수천만 원이 날아간 손해를 감수해야 한다는 것을 의미했다. 나는 그것을 견딜 수 있는 상태도 상황도 아니었다. 이미 내 머리는 미쳐버릴 때로 미친 상태였기 때문에 다른 사람에게 피해를 줄 수 있는 상황임에도 그것은 차치해버리고 오로지 나의 복구만을 생각하는 지경에 이른 것이다.

그럼 내가 그 정도로 뻔뻔할 수 있는 사람이었을까? 그렇지 않다. 어렸을 때부터 돈 거래를 확실히 하는 것이 나의 장점이었다. 피치 못할 사정으로 돈을 빌리게 되면 무슨 일이 있어도 기한 내에 돈을 갚으려했고 또 아무리 작은 돈이라도 반드시 기억해내어 갚았었다. 오히려 돈을 빌린 사람이 무슨 그런 작은 돈까지 기억해서 갚느냐고 놀랐던 적도 있었다. 다른 사람에게 피해를 줄 수 있는 상황은 어떻게 해서든 만들지 않으려고 했었다. 그랬던 내가 못 갚을 상황 따위는 고려도 하지 않고 여기저기 도박 빚이나 만드는 사람이 되어버린 것이다.

지인들은 쉽게 돈을 빌려주었다. 어릴 적부터 신뢰를 잘 쌓아온 것도 있었고 또 다들 내가 돈이 엄청 많은 것으로 알고 있었던 데다가 내가 거짓말까지 했으니 당연한 결과였다. 그렇게 빌린 돈으로 어느 정도 복구를 할 수 있었다. 하지만 또다시 복구한 돈을 잃었다. 빌린 돈으로 복구했던 기억이 있으니 한 번 더 빌렸다. 이제는 빌린 돈까지 잃었다. 그래서 다른 사람을 찾아가 또 돈을 빌렸다. 약간의 복구를 하다가 또다시 다 잃었다. 그럼 또 다른 사람을 찾아가 돈을 빌려서 베팅을 했다. 아무리 돈을 잃어도 또 빌려서 복구하면 된다는 대책 없는 생각으로 이곳저곳 돈을 빌렸다. 순식간에 빚이 2,000만 원이 넘어갔다.

더 이상 돈을 빌릴 지인도 없었다. 친구, 선배, 친척까지 총동원해서 돈을 빌렸으니 이제는 빌릴 사람이 한 사람도 남지 않았다. 결국 대출까지 알아보았다. 하지만 학생 신분이라 직장이 없어 소득 증빙이나 재직 증명이 불가능했기 때문에 대출을 받을 수도 없었다. 그렇게 방법을 알아보다가 'DC 인사이드'의 '대출 갤러리'까지 들어갔는데, 이곳은 나 같은 놈들이 즐비한 곳이었다. 다들 베팅으로 돈을 잃어서 대출받을 방법을 알아보기 위해 들어오는 사람들이었다. 그곳에서 얻은 정보를 통해, '신용회복위원회'의 생활비 대출인 '햇살론'과 '한국장학재단'의 '학기별 생활비 지원'으로 돈을 마련했다. 또 잃고 따기를 반복하다가 그 대출받은 돈마저 다 날렸다. 이제는 핸드폰 소액 결제를 이용해 상품권을 구입하고 그 상품권을 현금화하는 방법까지 동원해서 돈을 구했다. 당연히 그 돈마저 다 잃었다. 밑 빠진 독에 물 붓기처럼 돈이 들어오는 족족 빠져나갔다.

32장.
더 이상은 안 되겠다

 더 이상 돈이 나올 구멍이 없었다. 그리고 지인들에게 돈을 갚기로 한 날이 다가오고 있었다. 하루빨리 복구를 해서 돈을 갚아야 하는데, 복구를 하기 위한 자본이 없으니 미칠 노릇이었다. 막대한 돈을 잃고, 베팅도 할 수 없는 상황인데 돈을 갚아야한다는 압박감마저 있으니 정말 죽을 맛이었다. 어쩔 수없이 지인들에게 양해를 구하며 며칠만 더 기다려달라고 부탁했다. 시간을 벌긴 했지만 그런다고 해결책이 나오는 것도 아니었다. 매일같이 절망만이 더해질 뿐이었다. 밥도 제대로 먹지 못하고, 잠도 제대로 잘 수 없었다. 극도의 피곤함이 찾아와 잠이 들어도, 악몽 때문에 금세 잠에서 깨곤 했다.
 그렇게 아무런 진전도 없이 절망 속에서 시간만 허비하고 있었다. 이젠 한계에 도달했다는 생각이 들었다. 태어나서 처음으로 죽고 싶다는 생각을 했다. 아무리 힘든 일이 있어도 죽고 싶다는 생각을 한 적은 없었는데 매일같이 하루 24시간을 극도의 스트레스를 받으며 보내니 차라리 그냥 죽는 게 낫겠다는 생각이 들었다.
 혼자서 한강에 갔다. 강을 따라서 계속해서 걸었다. 아무런 걱정 없이 웃고 있는 사람들의 모습이 너무나도 부럽게 느껴졌다. 나도 하루빨리 고통에서 벗어나 저들이 느끼는 평온함을 누렸으면 좋겠다는 생각을 했다.

　돈을 잃는다는 것, 자산을 탕진한다는 것, 빚에 쫓기는 것이 얼마나 고통스러운 것인지를 제대로 느낄 수 있었다. 특히 돈으로 인한 독촉을 받는 것이 가장 고통스러웠다. 내 돈만 잃고, 나만 고통스러운 것이 아니라, 다른 사람에게까지 피해를 주고 있다는 것은 너무나도 견디기 힘든 사실이었다. 빚 때문에 자살을 선택하는 사람들의 심정이 십분 이해가 갔다. 이 정도의 빚으로도 이렇게 힘든데, 빚이 엄청나 그것으로 인한 압박이 나보다 훨씬 심한 사람들은 그 상황을 어떻게 견뎌낼 수 있을까. 상황을 견디지 못하고 극단적인 선택을 저지르게 되는 그들의 심정을 이해할 수 있을 것 같았다.

　문득 이 모든 것이 내가 도박에 빠져서 느낀 쾌락과 흥청망청 돈을 써대며 저지른 방종에 대한 대가라는 생각이 들었다. 이 세상의 모든 일에는 다 대가가 따르는 법인데, 아무런 대가도 없이 그런 쾌락을 즐기기만 할 순 없는 것이었다. 돈 무서운 줄 모르고 펑펑 써대고, 그 돈 좀 얻었다고 우쭐해대고, 일상의 모든 것을 내던져가며 쾌락에 빠져 살았던 것에 대한 대가가 바로 이 지옥과도 같은 고통이었던 것이다. 내가 느끼는 쾌락이 커지면 커질수록 내가 받아야하는 대가, 즉 고통도 그만큼 커지고 있었던 것이다.

　이래서 도박이 무섭다고 하는 것이었다. 사람을 쾌락 속에 빠트려 정신이 흐려지게 하고 한순간에 나락으로 빠트려 절망을 느끼게 하는 것이 바로 이 도박이라는 것이었다. 문득 이 무서운 도박을 끊어야겠다는 생각이 들었다.

33장.
부모님께 고백

 이런저런 생각을 하면서 계속해서 한강을 걷고 있었다. 아무리 생각해봐도 대책이 마련되지 않았다. 그 대책이라는 것은 또 돈을 빌려서 복구를 해보는 것이었을 텐데, 나에게 이런 극심한 고통을 안겨준 도박이 점점 두렵게 느껴지기 시작했고, 또 그런 도박을 그만두어야겠다는 생각까지 들었으니 다시 돈을 빌려서 베팅을 하는 것은 이런 고통을 더 크게 만드는 짓일 뿐이라는 생각을 하게 되었다. 더 이상 돈을 빌려서 복구를 하려는 생각을 하지 않기로 했다.
 지인들에게 갚을 돈을 어떻게 마련해야할지 생각해보았다. 과외 아르바이트도 그만둔 상태였고 그런 아르바이트를 다시 시작한다고 한들 2,000만 원이나 되는 돈을 갚으려면 상당한 시간이 걸릴 것임이 분명했다. 그렇다고 지인들에게 무작정 돈 갚는 기한을 늘려달라고 할 수도 없는 노릇이었다. 아무리 생각해보아도 지금 내 상황을 해결할 수 있는 그 어떤 해결책도 마련할 수가 없었다.
 그래서 부모님께 이 모든 사실을 말씀을 드리고 도움을 청해야겠다는 생각을 하게 되었다. 내가 도박을 끊을 수 있도록 혼을 내주시고, 이 상황을 해결해나갈 수 있도록 도움을 줄 수 있는 사람은 부모님밖에 없을 것이라는 생각이 들었다. 하지만 쉽게 발걸음이 떨어지지 않앉다. 집 앞에 도착해서도 집에 들어가지 못하고 계속 주위만 맴돌았다. 부모님께서 이런 사실을 알게 되시면 얼마나 속상해하실지 생각하니 망설임이 계속해서 커져갔다. 차라리 다른 방법을 좀 더 강구해보는 것은 어떨까하는 생각도 들었다. 하지만 방법이 나올 일이었으면 내가 여기까지 오지도 않았을 것이고, 다른 방법이라는 것은 또다시 베팅으로 복구하려는 것일 텐데 그것은 오히려 상황을 악화시키는 짓임에 틀림없었다. 지금 내 상황이 더 악화되어서 지금보다 더 큰 고통을 받을 것을 생각해보니 그냥 집에 들어가서 부모님께 말씀드리는 것이 최선이겠다는 생각이 들었다.

집에 들어가 부모님께 모든 것을 말씀드렸다. 부모님께서는 청천벽력과 같은 소식에 놀라움을 금치 못하셨다. 남들 부러워하는 명문대에 다니는 자식이 뉴스에서나 접하던 도박중독자가 되어서 2,000만 원이 넘는 빚을 졌다고 하니, 이루 말할 수 없는 충격을 받으셨을 것이다. 나에게 얼마나 실망하셨을까. 부모님의 기대를 저버리고 가슴에 대못을 박은 것이나 다름없었다. 부모님께서 속상해하시는 모습을 보니 내가 저지른 잘못이 얼마나 불효막심한 일인지를 제대로 실감할 수 있었다. 아버지께선 일단 방에 들어가 있으라고 하셨다.

방에 들어가서 앉아있는데 너무나도 죄송한 마음에 눈물이 흘렀다. '내가 정말 무슨 짓을 저지르고 있는 것일까..' 가만히 앉아 베팅을 시작하게 됐을 때부터 이런 상황이 오게 된 상황까지를 회상해보았다. '그 재미, 쾌락, 돈이 대체 뭐였기에 지금 나는 이런 불효막심한 짓을 저지르고 있는 것일까. 자식 된 도리로서 부모님께 효도는 못할망정 이런 불효나 저지르고 있다니. 평생 나를 위해서 고생하신 부모님은 생각도 안하고 학업을 뒤로한 채 도박에 빠져 그 쾌락을 탐닉했었다니. 평생을 검소하게 사신 부모님은 생각도 안하고 돈 몇 푼 땄다고 그런 사치를 부렸었다니. 또 뒷감당 못할 짓을 저질러 놓고 스스로 해결할 생각은 안하고 부모님께 떠넘기는 짓이나 하고 있다니..' 내 자신이 너무 한심스러워서 죽고만 싶었다. 눈물이 멈추지 않았다. 너무 울어 눈이 퉁퉁 부었다.

그렇게 반성과 참회의 시간을 보내고 있었는데 아버지께서 방에 들어오셨다. 화를 내실 줄 알았는데 오히려 나에게 얼마나 힘들었었냐며 위로를 해주셨다. 얼마나 마음고생이 심했고 감당하기 힘들었으면 이렇게 고백을 했겠냐며 위로의 말씀을 해주셨는데 나는 그 말을 듣고 오열을 했다. 죄송하다는 말 이외에는 할 말이 없었다. 아버지께서는 빚은 다 갚아주신다며, 다시는 도박에 손을 대지 말고 정신 똑바로 차려서 학업에만 정진하라고 하셨다. 돈을 잃은 것은 인생경험 했다고 생각하며 잊어버리고 그것을 복구하겠다는 생각은 절대 하지 말라고 하셨다. 나는 다시는 도박에 손을 대지 않겠다고, 내 본분에 최선을 다하겠다고 맹세했다.

아버지는 그날 이후로 나에게 다른 어떤 말도 하지 않으셨다. 그리고 어머니에게도 절대 내색하지 말라고 당부하셨다고 한다. 이런 불효를 저지른 나를 예전처럼 아무렇지 않게 대해주시니 정말 너무나도 죄송할 따름이었다.

매일을 후회 속에서 살아갔다. 공부에 전념하겠다고 했지만 공부가 손에 잡히지 않았다. 하지만 딴 생각하지 않고 공부에 전념하는 것이 내가 할 수 있는 최선의 속죄라는 생각으로 억지로라도 공부를 했다. 그리고 어딘가에 몰두해있지 않으면 계속해서 예전의 악몽들이 떠올라 견딜 수가 없었다. 그래서 되도록 학업에만 집중하려했고 남는 시간에는 운동을 하며 잡념을 없애려했다.

34장.
자숙과 생고생

난 그렇게 자숙의 시간을 보내고 있었다. 아버지께서는 일단 반만 갚아주셨다. 나머지는 내가 공부에 전념하는 모습을 보고 갚아주신다고 하셨다.

정신적으로 무척 힘든 시기였지만 부모님께서 많은 도움을 주셨고, 또 도박을 하지 않게 되었으니 조금씩 심적인 안정감을 되찾아갈 수 있었다. 신기하게도 금단현상은 없었다. 한강을 걸으면서 내 모든 고통이 다 도박 때문이라고 생각했고 또 부모님께 다신 도박에 손을 대지 않겠다는 맹세를 했기 때문이었을까. 별다른 금단현상은 없었다. 그리고 사다리 베팅을 할 때 재미는 재미대로 잃고, 돈은 돈대로 잃으면서 스트레스만을 받았던 상황이었기 때문에 하루빨리 이 스트레스가 없어지는 상황만을 바라왔다. 돈을 다 잃고 빚까지 진 상태에서는 지나가는 사람들을 바라보며 그들의 평안함을 부러워했을 정도였으니 금단현상보다는 지금의 안정에 감사할 뿐이었다.

그리고 아르바이트를 시작했다. 부모님께서는 더 이상 돈에 신경 쓰지 말고 학업에 정진하라고 말씀하셨지만, 내가 저지른 잘못을 전부 부모님께 떠넘겨버리고 나 혼자만 평온함을 누리고 있을 순 없었다.

공부도 열심히 하고 틈틈이 아르바이트를 해서 돈을 모아 내 나름대로 빚을 갚아나가야겠다고 생각했다. 그런데 일반적인 아르바이트로는 많은 돈을 벌 수 없었다. 시급을 5천 원 정도 받으면 10시간을 일해야 5만 원인데 그렇게 돈을 벌어서는 어림도 없었다. 그래서 학생 과외 위주로만 아르바이트를 했는데 저녁 늦은 시간에는 과외를 할 수 없으니 밤에 할 수 있는 직종을 알아보았다.

그러던 중에 지인 소개로 호스트바에서 일하게 됐다. 그냥 여자들과 같이 술만 먹어주고 잘 놀아주면 많은 돈을 벌 수 있다고 해서 그 일을 시작했다. 고역이었다. 호스트바에 오는 손님들은 돈 많은 사모님들보다는 대부분 유흥업에 종사하는 여성들이었다. 그들은 자신들이 일하면서 겪은 스트레스를 풀기 위해서 호스트바에 왔다. 그런 사람들을 상대하려니 이만저만 힘이 드는 것이 아니었다. 술은 술대로 마시고, 스트레스는 스트레스대로 받았다. 밤에 일을 하다 보니 잠도 제대로 못자고 학교에 가는 날도 많았다. 하지만 돈벌이는 확실히 괜찮았다. 힘이 들긴 했지만 모든 것이 다 내 업보라고 생각하며 참고 버텨 보기로 했다.

이렇게 고생하면서 번 돈과 예전에 다루던 돈을 비교하니 어처구니가 없었다. 잘되는 날에는 하루에 100만 원 넘게 따기도 했었는데 고작 10~20만 원을 벌자고 이 생고생을 하고 있다는 생각을 하니 한숨만 절로 나왔다. 하지만 이내 마음을 다시 먹었다. '그 돈 벌기도 이렇게 힘이 드는 것인데, 돈 무서운 줄 모르고 2000만 원이 넘는 돈을 그렇게 쉽게 날려버렸었다니.' 이렇게 나 자신을 질책하며 이 생고생을 달갑게 받아들이기로 했다.

35장.
또다시 찾아온 유혹

앞에서 이야기했듯이, 도박을 하는 사람들이 도박을 끊지 못하는 이유는 복구했던 기억이 자꾸 머릿속에 남아 사람을 유혹하기 때문이다. 일을 하면 할수록 몸과 마음은 피폐해져갔고 그럴수록 복구의 기억은 나를 다시 유혹해왔다.

또 호스트바에서 같이 일하는 소위 '선수'들 중에는, 베팅을 하지 않는 사람을 찾기가 더 힘들 정도로 베팅하는 사람들이 많았다. 돈을 쉽게 버는 직종에 있는 사람들이다보니 도박에서 돈을 잃는다는 것의 경각심이 전혀 없어보였다. 그리고 나처럼 도박 빚을 져서 그것을 갚기 위해 이 일을 찾은 사람들이 많았는데, 그 사람들은 도박을 끊고 일을 해서 그 빚을 갚으려고 온 건지, 여기서 번 돈으로 다시 도박을 하려는 건지 모를 정도로 계속해서 도박에 손을 대는 모습을 보였다.

대기 시간 동안 화투와 포커를 치는 사람들에서부터 스포츠 베팅을 하는 사람들, 사다리 베팅을 하는 사람들까지 이곳은 그냥 술파는 도박판이나 다름없었다. 선수들이 대기실에서 손님 받을 준비는 안하고 도박만 하고 있으니 도박 금지령이 내려지기도 했었다. 재미있는 것은 대기실에 있는 게시판에 '사다리 절대 금지!'라는 말이 쓰여 있었다.

이러한 주변 환경과 내 마음 속의 복구의 기억이 또다시 나를 유혹

했다. 하지만 부모님께 한, 다시는 도박에 손을 대지 않겠다는 맹세를 쉽사리 어길 만큼 패륜아는 아니었다. 지금 놓인 상황이 많이 힘들지만 이 모든 일들이 도박 때문에 생겨난 것이니 유혹 따위에 휩쓸리지 말자고 내 자신을 다그쳤다.

36장.
대리 베팅

 그런데 예전에 스포츠 베팅을 할 때에 지인들의 베팅을 내 아이디에서 대신 걸어준 적이 있었다. 내가 대신 베팅을 해준 지인들은 베팅은 하고 싶은데 합법 사이트는 이용하기 싫고, 그렇다고 불법 사이트는 적발되었을 때의 처벌이 두려워 가입을 꺼려하는 사람들이었다. 또 경찰, 교사 즉 불법 도박을 하다가 적발될 경우 파면 조치를 당할 수 있는 직업을 가진 사람들도 있었다. 그렇기 때문에 본인의 명의로 불법 도박 사이트를 이용할 수 없으니 상대적으로 안전한 학생 신분인 나를 통해서 베팅을 이용했다.

 많은 사람들이, 또 공무원 신분에 있는 사람들까지 불법 베팅을 이용할 정도로 사람들의 사고가 썩어빠진 것이 아니다. 우리나라에서 아예 베팅 자체를 금지했다면 이렇게 많은 사람들이 어둠의 경로를 통해서 불법 베팅을 이용하려하지 않았을 것이다.
 그런데 합법 베팅 사이트가 버젓이 존재하고, 도박을 '권장'하고 있다. 그래놓고는 어처구니가 없는 배당을 제공하니, 사람들은 그 권장하는 도박을 배당을 높게 주는 다른 루트를 통해서 이용한다고 생각할 뿐이다.

합법 베팅 사이트의 이용 금액 제한은 베팅에 심각하게 빠지지 않게 하기 위한 장치임에 틀림없다. 그런데 낮은 배당률은 그저 베팅 사업으로 엄청난 이익을 끌어내기 위한 수단으로밖에 보이지 않는다. 대부분의 사람들은 불법 사이트를 제한하면서 합법 사이트가 존재하는 이유를 독점적인 위치에서 부당한 이득을 취하기 위함이라고 생각할 뿐이다. 그렇기 때문에 합법 사이트의 부당 이익 취득에 당하지 않으려고 대리 베팅을 통해서라도 불법 사이트를 이용하려는 것이다. 한마디로 불법으로 도박을 이용한다는 죄책감이 들 수 있는 상황이 아니라는 말이다.

지인들이 나에게 돈을 보내주면 내가 그 돈을 나의 명의로 만들어진 아이디에 게임 머니로 만들어서 그들이 원하는 베팅을 해주었다. 물론 베팅 사이트에선 이런 식으로 하나의 아이디를 돌려서 사용하는 것을 막기 위해서 여러 개의 IP[27]로 접속을 하거나, 동시 접속이 발생하는 경우 사이트 이용을 정지시켰다. 그래서 지인들이 메신저를 통해서 베팅하려는 내용을 알려주면 내가 직접 접속해서 그대로 베팅을 걸어주었다.

번거로운 일이지만 나에게도 이익이 있었다. 지인들의 베팅이 낙첨이 되면 그들이 베팅한 돈의 일정 퍼센트를 낙첨 위로 포인트로 제공받을 수 있었다. 예를 들어서 지인이 부탁한 100만 원의 베팅을 걸어주었는데 그 베팅이 낙첨될 경우 나에게 5만 원이 들어오게 되는 것이다. 지인들도 이와 같은 사실을 알고 있었지만 대리 베팅을 해주는 것만으로도 고맙다며 낙첨 위로 포인트는 내가 전부 가질 수 있게 해주었다. 그리고 지인들이 돈을 딸 크게 딸 경우에는 '뽀찌[28]'라고 해

---

27) 인터넷이 되는 단말기에 부여되는 고유 번호.

서 내게 소정의 사례금을 주기도 했다.

  하지만 난 이제 도박을 끊기로 했기 때문에 지인들에게 베팅 세계를 떠날 것이라고 이야기했다. 그런데 지인들은 내가 대리 베팅을 해주지 않으면 다른 믿을만한 대리인을 찾아야하는데 그것은 쉬운 일이 아니었다. 그렇다고 불법 베팅 사이트를 이용하다가 배당률 차이가 심각한 합법 사이트를 이용할 수도 없는 노릇이었다. 그래서 내게 대리 베팅 체제만은 유지해달라는 부탁을 했다.

  나는 내가 직접 베팅을 하지 않더라도 베팅에 계속 관여하다보면 언젠가 또 베팅을 하게 될 것이라는 생각으로 부탁을 거절하려고 했다. 하지만 베팅을 하지 않겠다는 맹세를 쉽게 저버리고 또다시 베팅에 손을 댈 것 같지는 않았다. 그리고 대리 베팅을 통해서 얻는 낙첨 위로 포인트와 뽀찌는 얼마 되지 않는 작은 돈이었지만 많은 지인들이 이용하다보니 모이면 큰돈이 되었다. 밤일을 해가면서까지 돈을 모아서 부모님의 부담을 덜어드릴 생각이었기 때문에, 일해서 버는 돈과 대리 베팅을 통해 얻는 돈을 모아 하루빨리 빚을 갚아나가야겠다고 생각했다. 그래서 지인들의 부탁을 들어주기로 했다.

  그런데 사건이 하나 발생했다. 실수로 지인이 부탁한 베팅을 반대로 걸어버리고 만 것이다. 나는 경기가 끝날 때까지 제대로 베팅한 줄로 알고 있었다. 더 놀라운 것은 지인이 베팅을 부탁한 팀이 져버렸다는 것이다. 그러니까 내가 실수로 반대로 걸어버리는 바람에 돈이 날아간 것이 아니라 오히려 돈을 따게 된 것이다. 지인이 베팅해달라고 부탁한 금액은 100만 원이었는데 제대로 베팅했으면 패배를 한 것이니 그

---

28) '개평'처럼 도박판에서 돈을 많이 딴 사람이 주변인들에게 수익의 일정부분을 호의로 주는 행위

돈이 모두 사라지는 것이었겠지만 나의 실수 덕분에 그 돈은 200만 원이 되어서 돌아왔다.

 이것을 솔직하게 말해야하는 것인지, 아니면 함구하고 내가 그 돈을 가질 것인지에 대해서 많은 고민을 했다. 생각을 해보니 솔직하게 말하는 것도 이상했다. 실수로 좋은 결과로 이어지긴 했지만 만약 베팅하려고 했던 팀이 이겼다면 원금에다가 승리로 인한 수익까지 날아갈 수 있는 상황이었다. 그렇다면 그 손해를 누가 책임져야했었을 지가 중요해지는 것인데 당연히 대리 베팅의 모든 책임이 있는 내가 돈을 물어주어야 했을 것이다. 실수로 인한 손해는 내가 전부 책임져야하는데 실수로 인한 이익을 함께 나눠야할 이유는 없었다. 사실대로 말을 하지 않을 경우에 지인은 그저 자신이 베팅하려고 했던 경기가 패배했기 때문에 돈을 잃은 것이라고 생각하며 상황은 끝이 날 것이다.

 내심 마음이 불편하기도 했지만, 갚아야할 빚이 태산이었기 때문에 복잡하게 생각하지 않기로 했다. 난 그렇게 뜻밖에 찾아온 이익을 내 힘든 처지에 대한 보상이라고 생각하며 가지기로 했다.

37장.
뜻밖에 베팅의 불공정함을 파악하다

그렇게 행운의 200만 원을 얻게 됐고 지인들이 패배했을 때 받는 낙첨 포인트도 상당히 많이 쌓였다. 그도 그럴 것이 베팅할만한 종목이 야구밖에 없는 시즌이었기 때문에 지인들이 돈을 잃는 경우가 엄청 많았다. 그러자 이상한 생각이 하나 들었다. 야구로 사람들이 돈을 이렇게 많이 잃으니 지인들이 부탁한 베팅을 실제로 걸지 않고, 적중했을 경우에는 내가 가진 돈에서 당첨 금액을 주고, 낙첨했을 경우에는 그 돈을 내가 가지는 것은 어떨까하는 생각을 해보게 되었다. 그리고 내가 얻을 이익과 손해를 베팅 사이트가 제공해주는 배당으로 계산해보았다. 여기서 나는 충격적인 사실을 발견하게 되었다.

베팅 사이트는 환급률을 고려해서 배당을 책정하여 확률적으로 베팅 사이트가 절대 손해를 볼 수 없는 배당을 제공한다. 나는 아무리 베팅 사이트가 손해를 볼 수 없는 구조라고 해도 분석을 잘해서 잘 맞추거나 여러 경기들의 결과가 운 좋게도 사람들이 분석한대로 나오게 된다면 베팅 사이트도 어쩔 수 없이 손해를 볼 것이라는 생각을 했었다.
하지만 내가 베팅 사이트의 입장이 되었다고 생각하고 직접 배당을 가지고 계산해보니 충격적인 사실이 발견되었다. 예를 들어서 설명하겠다. 기본적으로 베팅 사이트에서 한 경기에 제공해주는 배당은 3.70 정도이다. 무슨 말이냐면 승리할 때의 배당과 패배했을 때의 배당을 저 3.70에서 나누어 갖는다는 것이다. 그러니 같은 전력을 가진 두 팀이 대결한다면 승리 배당과 패배 배당 모두 1.85가 되는 것이다.

내가 동일한 전력의 두 팀 중에서 어떤 팀이 승리한다는 것에 100만 원을 베팅한다고 가정해보자. 그럼 배당이 1.85배이니 승리로 가져가게 되는 금액은 원금제외 85만 원이고 패배로 잃게 되는 돈은 원금 100만 원이다. 그런데 베팅 사이트를 사람이라고 가정하고 그 사람과 직접 내기를 한다고 생각해보자. 나의 승리로 그 사람이 잃게 될 돈은 85만 원이고 나의 패배로 그 사람이 얻게 될 돈은 100만 원이다. 이것을 다르게 생각하면 그 사람은 85만 원만 걸어도 나의 100만 원을 딸 수 있다는 말이다. 85만 원으로 100만 원을 따려면 85만 원이 185만 원이 되어야한다. 원금제외 순이익이 100만 원이 되어야하기 때문이다. 그러려면 배당은 2.15배가 나와야한다. 다시 말해 동일한 전력이라 동일한 배당이 나와야하는 경기에서 나는 1.85배에 베팅을 한 것이고, 나와 내기를 하는 사람은 2.15가 넘는 배당에서 베팅을 한 것이다. 내 0.15의 배당을 상대방에게 줘버린 셈이다.

보통 승리할 확률이 1/2이면 배당이 2배는 되어야 확률 대비 배당이 합당하다. 그런데 베팅 사이트의 입장에서, 사이트 운영의 필요한 비용을 고려해야하기 때문에 베팅 이용자들에게 이용료나 수수료를 받아내야만 한다. 하지만 그런 비용을 이용자들에게 직접 청구하면 이용자들 입장에선 부담이 될 수밖에 없다. 그렇기 때문에 배당을 조금 깎는 방식으로 그것을 통해 비용을 부담하게 하는 것이다. 이용자 입장에서 이것에 대해 큰 불만을 가지는 사람은 없을 것이다. 강원랜드만 가더라도 입장료를 내고 들어가야 도박에 참여할 수 있기 때문에 배당 좀 덜 주는 것을 입장료 개념으로 이해하면서 베팅을 하는 것이다.

'bet300'와 같은 해외 베팅 사이트에서는 배당을 1/2확률 대비 배당을 1.9배까지 준다. 우리나라 불법 베팅 사이트는 1.85~1.87수준이다. 2배에서 계속해서 멀어지지만 합법 사이트에서 제공하는 1.7수준과 비교하면 그것만으로도 감사하다. 베팅 사이트라 부르기도 민망한 합법 사이트와 비교하면 1.85도 오히려 높은 것이라는 생각이 든다. 그러니 이용자의 입장에서 이정도면 베팅할만하다고 생각하는 것이다.

베팅 사이트를 베팅을 이용하게 해주는 공급자로만 보면 이용자에게 0.15만큼을 뺀 배당을 제공하는 것뿐이다. 하지만 베팅 사이트는 단순히 이용자의 반대 개념으로의 공급자가 아니다. 내가 이용자로서 손해 보는, 그 0.15의 배당 차이로 이익을 내는 단순한 공급자가 아니라는 말이다.

내가 베팅해서 돈을 잃으면 그 돈을 누가 가져가는지를 생각해보자. 베팅 사이트이다. 앞의 예에서처럼 베팅 사이트를 어떤 사람으로 생각해서 내가 그 사람과 직접 내기를 하는 것으로 보면, 그 사람은 나의 0.15만큼의 배당 손해를 오히려 자신의 배당에 더해 불공평한 배당으로 나와 승부를 보는 사람이 된다.

입장을 바꾸어서 맞출 수 있는 확률이 1/2인 경기에서 배당을 2.15배를 준다면 어느 누가 마다할까? 10번의 경기에서 확률대로 5승 5패만해도 오히려 0.75배만큼의 이득이 생기는데 마다할 사람이 있을 리 없다. 단순히 이용자의 입장이었을 땐 아무런 불만 없이 베팅을 이용했었는데, 공급자의 입장에서 생각해보니 내가 베팅을 했던 것은 천부당만부당한 내기를 하고 있던 것과 마찬가지였다.

이러한 부당함은 팀들 간의 전력 차가 있어서 배당의 차이가 생길 때 더욱 두드러진다. 즉 승리 배당이 낮을수록 위와 같은 부당함과 불공평함이 더 커진다는 것이다. 예를 들어 어떤 팀의 승리 배당이 1.5배라고 해보자. 그렇다면 상대 팀이 이기는 배당은 3.7에서 1.5를 뺀 2.2배가 된다.

이때 내가 이 팀이 승리하는 것에 100만 원을 걸어서 승리하면 50만 원을 따는 것이고, 패배하면 100만 원을 잃게 되는 것이다. 이 상황을 아까처럼 나와 내기를 하는 사람의 입장에서 보면, 그 사람은 내가 건 1.5배의 팀이 승리하면 50만 원을 잃는 것이고 그 팀이 패배하면 100만 원을 따게 되는 것이다.

그런데 50만 원으로 순이익 100만 원을 만들려면 배당이 몇 배가 나와야할까? 바로 3배여야 한다. 50만 원을 3배의 배당에 베팅해서 150만 원을 만들어야 자신의 원금을 뺀 이익이 100만 원이기 때문이다. 분명히 상대 팀이 승리하는 배당은 2.2배였는데 나와 내기를 하는 사람은 그 같은 경기에서 3배의 배당을 받은 것이다. 아까 1.85배의 같은 배당이었을 때 내 0.15의 배당을 가져가서 2.15배에서 내기를 했다면, 이번에는 내 0.35의 배당을 가져가서 그만큼만을 더한 것이 아니라 0.8배당씩이나 더해서 내기를 하는 것이다.

보통 전력 차로 인해서 승리 배당이 1.5배라고 하면 승률이 10경기에서 6승 4패, 많아야 7승 3패이다. 반대의 경우로 보면 4승 6패 아니면 3승 7패를 하는 것이다. 그런데 1.5배당으로 베팅을 하는 나는 6승 4패를 해도 손해이고 7승 3패를 해야 겨우 이익인데, 반대의 입장에선 배당이 3배이니 3승만 하더라도 9패한 것과 동일해지고, 4승한 경우엔 12패와 동일해진다. 그러니 3배의 배당을 받고서 4승을 하면 12패와 맞먹는데 6패뿐이 안하는 것이니 엄청난 이익이 생기는 것이고, 3승밖에 못하더라도 일단 7패는 상쇄하고 2패는 더 해도 될 정도의 이익이 생기는 것이다.

쉽게 말해서 3배의 배당을 받으면 3번 중 1번만 맞아도 본전이다. 그러니까 1.5배당이 주어지는 10번의 경기에서 나는 5승 5패를 해도 큰 손해고 반대의 입장에선 승패가 2승 8패 이하로 나오지 않는 이상 손해 볼 일이 나오지 않는다는 것이다. 실제로 승리 배당이 1.5배인 경기의 승률은 60%를 넘지 못한다.

이러한 불공정함은 승리할 확률이 높다고 판단되어 배당이 낮게 책정되는 경기일수록 심해진다. 만약 이길 확률이 99%에 가깝다고 여겨져 배당이 1.01이 나온다고 하면 어떨까? 승리 배당이 1.01인 경우는 특별한 경우라 상대 팀이 이기는 배당은 5배까지 나온다. 5배는 얼핏 보면 높아 보인다. 하지만 아까와 마찬가지로 이 1.01의 배당으로 내기를 하는 경우로 생각해보자. 100만 원을 걸어서 이기면 1만 원을 따고 만에 하나 지면 100만 원을 잃는다. 반대의 입장에서 1만 원만 걸어도 100만 원을 딸 수 있는 것이다. 101배라는 말이다.

올해 NBA에서 승리 배당이 1.01배인 팀이 패배한 일이 있었다. 1위 팀인 골든 스테이츠가 꼴찌 팀 LA 레이커스에게 패배한 경기이다. 내기하는 입장, 베팅 사이트 입장에선 5배가 아니라 한 경기에 101배짜리 경기를 맞춘 것이다.

이처럼 '배당이 낮다'는 의미는 단순히 적중 확률이 높은 것을 의미하는 것이 아니라, 베팅 사이트의 입장에서 내가 베팅한 금액 전부를 가져가기 위해 그 정도만 희생해도 된다는 것을 의미하는 것이다. 그렇기 때문에 낮은 배당을 보고 승리할 확률이 높다고 생각할 것이 아니라, 나의 내기 상대인 베팅 사이트는 이 낮은 배당만큼의 손해를 걸고도 내 돈 전부를 가져갈 수 있는 유리한 위치에 있다는 것을 생각해야 한다. 위의 사례를 보면 베팅 사이트는 1만 원의 손해만 감수하면 101배의 이익을 낼 수 있다. 101배가 나올 확률이 1%가 아닌 이상 무조건 이익이다. 스포츠의 세계에서 프로와 아마추어의 경기가 아닌 이상 절대로 99%의 승률이 나올 수 없다. (베팅 사이트에서는 2경기 이상 조합을 하면 보너스 배당을 제공해준다. 그렇기 때문에 자신이 베팅하려고 하는 주력경기와 99%의 승률처럼 보이는 이 1.01배의 경기를 엮어서 보너스 배당을 받으려고 하는 사람들이 굉장히 많다. 1.01에다가 보너스 배당을 제공해봐야 베팅 사이트가 보는 손해는 얼마 되지 않는다. 하지만 만에 하나 1.01배의 경기가 부러진다면 원래 주력으로 삼았던 경기마저 날아가는 것이니 소탐대실을 일이 발생하는 것이다.)

그렇다면 이런 배당의 불공평함을 느끼지 않도록 승률을 극대화하는 식의 베팅을 하면 어떨까? 내가 축구 베팅을 하면서 높은 승률을 유지하며 돈을 많이 땄을 때도 있었으니 그때의 상황도 다시 기억해 내 분석해보았다.

마찬가지였다. 승률이 높았던 것은 그만큼 승리할 가능성이 높은 경기 위주로 베팅을 했기 때문이었다. 하지만 승리할 가능성이 높은 경기들은 배당률이 그만큼 낮을 수밖에 없다. 그래서 이 낮은 배당에서 어느 정도의 수익을 보려면 베팅 금액을 높여야한다. 이길 확률이 높아 승률이 잘 나온다고 해도, 또 금액을 키워 고액으로 베팅을 한다고 해도, 배당률이 낮기 때문에 따는 금액은 한정적일 수밖에 없다. 하지만 그러다가 운이 나빠서 한 번이라도 패배를 하게 되면 베팅 금액이 크기 때문에 막심한 손해가 발생하게 된다. 스포츠 특성상 이변은 언제든지 일어나기 마련인데 그 이변 한 번에 땄던 돈을 모두 잃을 수 있다는 것이다. 이변이 빈번하게 발생하는 경우엔 순식간에 막심한 손해를 볼 수도 있다.

정리하면 승률이 90%가 넘는 높은 승률을 유지한다고 해도 배당이 워낙 낮아 얻어가는 이익은 얼마 되지 않고, 낮은 배당만큼 베팅 금액이 커지기 때문에 몇 번의 패배만으로도 그 90%가 넘는 승률이 금세 물거품이 될 수 있다는 것이다. 수익 대비 승률로 봤을 땐 90%라는 수치는 허울만 좋은 수치일 뿐이다.

나는 내가 베팅을 잘한다고 생각했지만, 실체는 몇 번의 패배만으로도 쉽사리 날아갈 휴지 쪼가리들을 들고 있었던 것이나 다름없었다. 다행히도 이변이 몇 번 일어나지 않았고, 더욱 다행히도 그 이변이 연속해서 일어나지 않고 시간을 두고 발생했기 때문에 손해를 겪지 않았던 것이다. 만약 이변이 조금이라도 빈번히 발생했다면 순식간에 모든 돈을 날려버리고 말았을 것이다. 실제로 2연패 만에 많은 돈을 날리고 가진 돈을 전부 다 베팅했던 적도 있었으니 말이다.

높은 배당으로 높은 승률을 유지하는 경우는 어떨까? 그런 승률을 지속적으로 유지할 수 있는 사람이 있다면 점집을 차리는 것을 추천하고 싶다. 높은 배당으로 높은 승률을 유지하고 있다는 것은 언제라도 연패에 빠질 수 있다는 것을 의미한다. 배당이 높은 이유는 적중 확률이 낮게 책정되기 때문인데 그런 낮은 확률에서 높은 승률을 유지하는 것은 순전히 '운'일 뿐이다. 그 운이 조금이라도 나쁘게 작용하면 낮은 배당으로 안전하게 베팅을 하는 경우보다 연패의 늪에 빠지기가 훨씬 더 쉽다.

내가 잘 맞추던 때를 분석할 때에도 이런 식의 결론이 나왔는데 하물며 야구를 베팅한 것을 분석했을 때는 보나마나였다. 야구 베팅은 그냥 미친 짓이었다. 이 불공정함은 땄을 때 수익을 적게 가져가는 부분보다 패배했을 때 모든 돈을 잃게 되는 부분에서 심해지는 것이다. 그런데 그토록 변수가 많아 패배를 경험하기가 쉬운 스포츠에서 이런 불공정한 배당을 받고 내기를 한 것이었으니 돈을 땅에 꼬라박고 있던 것이나 다름없다.

긍정적인 분석 결과가 나온 것은, 축구에서의 '무잡이'라고 불리는 무승부를 맞추는 것이었다. 무승부에 베팅하는 것은 배당이 3배 이상 나오고, 확률적으로도 1/3 가까이 나오기 때문에 승률 대비 배당으로 봤을 때 가장 합리적인 베팅이다. 하지만 무승부에 베팅을 하는 것은 스포츠 베팅의 본질에 어긋나는 베팅이다. 어떤 팀을 응원하고, 그 팀이 이겨주었기 때문에 돈을 얻는다는 그 본질과 정면으로 배치되는 것이다. A라는 팀이 이기고 있을 땐, B가 따라잡아주기를 바래야하고, B가 이기고 있으면 다시 A, 그리고 동점인 상황에서는 어떤 팀도 골을 넣지 않기만을 바라야한다. 이런 베팅에 무슨 재미가 있을까? 이런 베팅을 할 바에야 차라리 사다리 베팅을 하는 것이 훨씬 낫다.

그리고 내가 돈을 많이 땄었던, 인기의 차이를 이용하는 베팅에서도 긍정적인 분석 결과가 나왔다. 하지만 이런 베팅은 자주할 수 있는 것이 아니다. 여러 가지 작용들, 즉 계속되는 원정으로 인한 피로 누적,

부상, 컨디션 저하라는 요인들이 작용해야하고, 또 그 안에서 사람들의 주관적인 인기가 반영이 되어야하는 것이기 때문에 그런 경기는 많아봐야 일주일에 한두 번 정도뿐이 없다.

내가 농구로 돈을 많이 딸 수 있었던 것은 돌이켜 생각해보니 순전히 운이었다. 매일같이 인기의 작용으로 배당이 높은 것이라고 분석하며 고배당의 경기를 계속해서 걸었던 것이었는데, 앞에서 얘기했던 것처럼, 순전히 높은 배당에서 높은 승률을 기록하는 엄청난 운이 작용해서 돈을 땄던 것뿐이다.

그리고 운의 작용이라는 것을 제대로 파악했다고 하더라도, 도박에 심각하게 중독되어 하루라도 베팅을 하지 않으면 금단현상을 보이는 마당에, 또 패배로 인한 분노의 작용이 있을 때에는 즉각적으로 베팅을 하는 마당에, 저런 희소한 경기가 있기만을 기다리며 베팅하는 것은 불가능한 일일 것임이 분명했다. 매일같이 베팅을 하려고 했을 것이 뻔하고, 배당의 불공정함 때문에 언젠가는 손해를 볼 수밖에 없었을 것이다.

이런 식으로 이용자의 불공정함과 베팅의 부당함을 직접 수치로 계산해보니 베팅 사이트가 왜 이익을 볼 수밖에 없는 구조인지를 명확하게 파악할 수 있었다. 불공정함은 내가 생각했던 것보다 훨씬 심했고, 도대체 왜 이런 배당을 받아가면서 베팅을 했을까하는 생각도 들었다. 속된 말로 '토사장(베팅사이트 사장)' 아가리에 돈을 쑤셔 넣고 있었던 것이고 베팅 사이트 직원들 월급이며 회식비까지 두둑하게 챙겨주고 있었던 것이다.

이런 생각을 하니 사다리로 돈을 다 잃어서 베팅을 그만둔 것이지만, 베팅 자체를 그만둔 내가 오히려 대견스럽게 느껴졌다. 다시 축구가 개막하고, 농구가 개막하면 분명히 스포츠 베팅을 지속했을 것이고, 그 안에서 이런 구조의 부당함 때문에 틀림없이 엄청난 손해를 볼 수밖에 없었을 것이라는 생각을 하니, 베팅을 끊게 만들어준 사다리라는 존재가 오히려 고맙게 느껴지기까지 했다. 2,000만 원의 빚도 분명 큰돈이었지만 여기서 중단해서 막았다는 것만으로도 정말 다행스러운 일이었다.

베팅 사이트가 이익을 볼 수밖에 없는 구조에 대한 확신이 서니, 다시는 베팅에 손을 대지 않을 자신이 있었다. 베팅을 한다는 것은 자신이 이런 불공정함도 깨닫지 못하는 바보천치라는 것을 스스로 입증하는 것과 마찬가지이기 때문이다.

38장.
토사장이 되어보다

앞에서 이야기했던 것처럼 베팅 사이트가 무조건 이익을 낼 수밖에 없는 수익 구조를 구체화된 수치로 확인해보니 베팅사이트들이 우후죽순처럼 생겨나는 원인을 제대로 이해할 수 있었다.

일단 베팅 사이트를 운영하려면 경찰의 수사를 피하기 위해서 해외 도메인29)을 써야하고, 주기적으로 사이트의 주소를 교체해야하고, 대포 통장30)을 구하여 주기적으로 충전 계좌와 환전 계좌를 변경해야하고, 그리고 회원을 모으기 위해 광고도 해야 하고, 또 그렇게 모은 회원들이 빠져나가지 않게 적절히 관리해야 한다. 이 모든 일들은 결코 쉬운 일이 아니다.

하지만 어느 정도 자리만 잡아도 얻을 수 있는 수익이 상당하기 때문에 너나할 것 없이 베팅 사이트를 운영하겠다고 혈안인 것이다. 어떤 사람이 '벤틀리'라는 4억이 넘는 최고급 차량을 몰다가 사고를 냈는데, 조사를 해보니 벤틀리 말고도 슈퍼카가 몇 대는 더 있었다고 한다. 그런데 직업이 불분명해서 조사를 더 해봤더니 베팅 사이트 운영자였다는 것이 밝혀졌다는 뉴스가 있었다. 당연한 것이다. 불분명한

---

29) 인터넷상에서 개인이 소유하고 있는 인터넷 주소.
30) 대포 통장은 제 3자의 명의를 도용하여 통장의 실사용자와 명의자가 다른 통장을 말한다.

직업으로 수많은 돈을 벌어 여러 슈퍼카를 거느리는 일은 도박 사이트 운영 말고는 없다. 그들은 불공정한 내기를 교묘하게 포장해서 사람들의 돈을 쓸어 담기 때문이다.

그러다가 나도 베팅 사이트 운영자가 되어보는 것은 어떨까하는 생각을 해보았다. 하지만 내가 사이트를 차려서 운영할만한 여건과 능력이 있을 리 없었다. 그리고 사이트를 운영하다가 적발되면 처벌은 이용자의 처벌과 차원이 달랐다. 아는 사람 중 베팅 사이트에서 배당률 업데이트나 사이트 광고와 같은 아르바이트 식의 일을 했던 사람이 있었는데, 사이트가 적발되자 토사장과 함께 운영 총책으로 입건되었다고 한다. 결코 간단하게 생각할 일이 아니었다.

그래서 이용자의 신분으로 베팅 사이트를 이용하면서, 사정상 불법 도박 사이트를 이용할 수 없는 사람들을 대리 베팅 명목으로 끌어들여서, 이들을 상대로 내가 가상의 베팅 사이트가 되어보기로 했다. 어차피 이들은 내가 이용하는 사이트에서 나의 명의로 대리 베팅을 하려고 하는 사람들이기 때문에 사이트에서 제공하는 배당을 그대로 적용해주면 문제가 생길 리 없었다. 다만 그들의 베팅 결과를 베팅 사이트가 책임지는 것에서 내가 책임지는 것으로 바꾸는 것일 뿐이었.

초기 자본금은 지인들의 낙첨 포인트와 행운으로 얻은 200만 원을 더한 300만 원 정도였다. 어차피 나랑 관련 없는 대리 베팅으로 모인 돈이었기 때문에 만약 운영이 잘못돼 이 돈을 다 날리게 되도 거기서 이 사업을 중단하면 그만이겠거니 생각했다.

먼저 나에게 베팅을 부탁하는 지인들을 대상으로 시범 운영을 해보았다. 소액으로 여러 경기를 엮어서 큰돈을 따려는, '로또 베팅'을 하는 사람들의 것은 그대로 베팅 사이트에 걸어주었다. 어차피 그것이 낙첨돼봐야 나에게는 오는 이득은 얼마 되지 않을 것이고 만약 운이 좋아 그 베팅이 적중되기라도 한다면 큰돈이 나갈 것이기 때문에 그 베팅은 하던 대로 대리 베팅을 해주었다. 그리고 낮은 배당에 고액으로 베팅하려는 사람들을 내가 직접 상대하기로 했다.

결과는 대성공이었다. 어차피 낮은 배당이었기 때문에 그들의 베팅이 적중한다고 해도 내가 보는 손해는 그렇게 크지 않았다. 그런데 그들이 패배라도 하는 날에는 그들의 베팅 금액을 몽땅 내가 가지게 되는 것이기 때문에, 그로 인해 얻게 되는 이득이 실로 엄청났다. 거기다가 시기상 베팅 종목도 거의 야구로 한정되어 있어서 지인들이 패배하는 경우가 상당히 많았다. 지인들이 낮은 배당에 고액 베팅을 한 경기들의 승률은 50%정도뿐이 되지 않았다. 겨우 50%의 승률로 맞춰봐야 배당이 낮으니 내가 부담해야하는 손해는 상대적으로 적었고 50%의 확률로 베팅 금액 전부를 가질 수 있었던 것이다.

구체적인 금액으로 설명하겠다. 지인들이 1.5배의 배당에서 100만 원씩 10번 걸었다고 가정해보자. 그들이 6승 4패의 준수한(?) 성적을 내면 내가 그들의 승리로 잃는 돈은 300만 원이고, 그들의 패배로 내가 얻는 돈은 400만 원이다. 100만 원의 이익이 나오는 것이다. 5승 5패를 한다면 250만 원 잃고 500만 원을 얻게 되니 250만 원의 이익이 나온다. 7승 3패의 높은 승률을 기록해도 내가 잃는 돈은 50만 원뿐이다. 반대로 3승 7패의 낮은 승률이 나오는 경우엔 내가 얻는 돈은 550만 원이다.

1.5배는 배당을 높게 가정한 것이다. 실제로는 1.3배나 1.4배, 심지어는 1.25배도 있었다. 그런데 야구의 수많은 변수 덕에 그런 낮은

승리 배당의 경기들이 패배하는 경우가 상당히 많았다. 나는 경기당 20~40만 원을 걸고 120~140만 원씩 딴 셈이다. 배당으로 계산하면 3.5~6배의 배당을 받고 베팅한 것이나 다름없었다.

수익이 정말로 엄청났다. 신기할 따름이었다. 나는 가상의 베팅 사이트를 차린 것뿐인데 돈은 저절로 굴러 들어오고 있었다. 예전에 대리 베팅으로 모은 돈에 가상 베팅 사이트 운영으로 얻은 수익을 합치니 1,000만 원이 넘는 돈이 생겼다. 아버지께서 갚아주시고 남은 빚을 다 갚을 수 있는 돈이었다. 하지만 아버지께 이 돈에 대한 출처를 밝히고 돈을 갚겠다고 말할 수도 없는 노릇이었다. 내가 직접 베팅을 한 것은 아니었지만 계속 베팅에 관여해있었던 것이고, 따지고 보면 베팅 사이트의 유리한 위치에서 지인들을 상대하는, 또 다른 종류의 베팅을 했던 것이나 다름없었기 때문이다.

그래서 처음에는 이 사업으로 돈에 대한 걱정이 어느 정도 해결됐으니 이 사업과 따로 일 하던 것들을 모두 그만두고 공부에만 전념하면 되겠거니 생각했다.

39장.
사업 확장

하지만 이 사업은 노다지 그 자체였다. 그래서 좀 더 운영을 해서 내가 진 빚의 액수인 2,000만 원까지만 수익을 내보기로 했다. 그리고 아버지께는 내가 과외하면서 천천히 모은 것이라고 하고 남은 빚 1,000만 원과 아버지가 갚아주신 돈까지 드려야겠다고 생각했다. 그렇게 사업을 확장하기로 했다.

먼저 이용자의 수를 늘리는 것이 우선이었다. 어려운 일이 아니었다. 아무런 수수료 없이 대리 베팅을 해준다며 사람들을 끌어 모았다. 나의 주 고객들은 베팅은 하고 싶은데 불법 베팅 사이트에 가입하는 것은 무섭고, 그렇다고 갖가지 제약과 낮은 배당률을 주는 국내 합법 사이트를 이용하기는 또 싫은 사람들이었다. 이런 사람들이 정말 많았다. 또 불법 도박을 하다가 여러 번 적발되어서, 한 번만 더 적발될 경우 가중 처벌까지 당할 수 있는 사람도 있었다. 그리고 아무리 불법 사이트라도 미성년자는 가입을 할 수 없었는데 그래서 미성년자 신분으로 베팅을 이용하기 위해서 나에게 부탁을 하는 학생들도 있었다. (정말 놀란 것은 베팅에 관심이 있고 베팅을 하려는 학생들의 수가 엄청나게 많았다는 것이다. 이중 몇 명은 이미 부모님의 명의와 통장을 이용해서 불법 사이트에 가입해 베팅을 했었다고 한다. 그러다가 부모님께 걸려서 베팅을 할 수 없게 되자 나에게 대리 베팅을 부탁한 것이었다. 정말 놀랄 노자였다. 그리고 학생들이 어디서 돈을 그렇게 많이 구해오는 것인지 성인들의 베팅 금액과 거의 비슷했다.)

여기에다가 영업 전략까지 가미했다. 돈을 많이 잃는 사람들에게는 내 나름대로의 낙첨 위로금을 전달하기도 했고, 이용 중인 지인들이 새로운 지인을 추천해올 때마다 소정의 사례금을 주기도 했다. 내가 이용했던 베팅 사이트에서 하던 전략 그대로였다.

이용자는 계속해서 늘어났고 수익은 계속해서 불어났다. 이 운영을 시작한지 얼마 되지 않았음에도 목표로 했던 금액을 훨씬 뛰어 넘는 수익을 낼 수 있었다. 그럴 수밖에 없는 구조라 당연히 이런 결과가 나올 것이라고 예상했었지만, 아무리 그렇다고 해도 단기간에 이렇게 많은 이득을 낼 것이라곤 상상도 못했다. 실제로 이 사업을 해보니 베팅 사이트는 차리기만 해도 이익이라는 이야기의 뜻을 몸소 느낄 수 있었다.

40장.
사업 성공

　내가 진 빚을 전부 갚을 수 있을 정도의 돈을 벌었다. 그런데 멈출 수가 없었다. 황금 알을 낳는 거위를 내손으로 내칠 수 없었다. 베팅에 계속 관여하고 있다는 것이 불편하긴 했지만 내가 직접 베팅을 하지는 않기 때문에 난 그저 사업을 하고 있는 것이라며 내 자신을 합리화했다. 그리고 수익이 계속 늘어나다보니 그런 불편한 마음도 점점 사라지고 있었다.

　예전에 빚 졌던 금액에 배가 넘는 돈을 벌었다. 아버지께는 비밀로 하고 남아있던 지인들 빚을 전부 갚아버렸다. 기다려 준 것에 대한 보답으로 이자까지 두둑하게 주었다. 그랬더니 고맙다며 날 믿지 못하고 독촉을 해서 미안했다는 말을 하는 지인도 있었다.

　돈에 대한 압박이 사라지니 정말 좋았다. 가슴 한구석에 있었던 응어리가 사라진 기분이었다. 그리고 다시 금전적인 여유도 생겼다. 예전처럼 부담 없이 돈을 쓸 수 있었다. 하지만 부모님께서 내 빚을 갚아주시느냐고 경제적인 부담을 안고 계시는데 나만 그런 여유로운 생활을 할 수는 없었다. 그렇다고 출처를 밝힐 수 없는 돈을 부모님께 드릴 수는 없었다. 그래서 과외와 다른 아르바이트를 해서 번 돈이라고 하며 부모님께 조금씩 돈을 드렸다. 그런데 부모님께서는 그 돈으로 남은 지인들 빚이나 갚으라고 하시며 일하는 것은 그만두고 공부에 전념하라고 하실 뿐이었다. 그러다보니 돈은 계속해서 차곡차곡 쌓여만 갔다.

그리고 헤어졌던 여자친구와도 다시 만나게 되었다. 도박은 완전히 끊었고 과외와 대리 베팅을 하며 받는 뽀찌들로만 돈을 번다고 이야기했다. 여자친구는 그것도 탐탁지 않아했지만 예전처럼 정신 나간 사람 같았던 모습은 보이지 않았기에 그것만으로도 감사해했다.

거의 지옥을 체험하다가 부활한 것이었기 때문에 기쁜 마음도 더했다. 가장 좋았던 것은 더 이상 한숨을 쉬지 않아도 된다는 것이었다. 예전엔 하루 온종일 땅이 꺼져라 한숨만 푹푹 쉬었었는데 이제는 걱정이 사라지니 더 이상 한숨이 나오지 않았다. 한숨이 사라졌다는 것, 근심이 사라졌다는 것이 어느 무엇보다도 좋았다. 한강을 걸으면서 아무런 근심 없이 평온해 보이는 사람들을 보면서 부러워한 적도 있었는데 이젠 나도 그런 평안함을 느끼고 있다는 사실이 너무나도 좋았다.

스포츠 경기에 베팅을 하고 승리하는 쾌감을 느끼고 싶다는 생각이 다시 들기도 했었다. 하지만 베팅 이용자의 불리함을 완벽히 숙지하고 있었고 그 불공정함을 이용해서 수익까지 내고 있었기 때문에 그 불리한 이용자의 입장이 되면서까지 베팅을 하고 싶진 않았다. 거기에 다시는 베팅을 하지 않겠다는 맹세를 저버려가면서까지 재미를 추구하고 싶진 않았다. 모든 것이 해결된 평안함에 감사하며 하루하루를 보냈을 뿐이었다.

41장.
양심의 가책

 그렇게 평온한 나날을 보내고 있었지만 마음 한 구석엔 불편한 마음이 계속해서 남아있었다. 내가 얻는 이 수익은 지인들의 피 같은 돈으로 만들어진 수익이었기 때문에 마음이 편할 수만은 없었다. 아무리 지인들이 원해서 베팅을 이용하게 해주는 것이라고 해도, 또 그들이 실제로 베팅 사이트를 이용하는 것처럼 최대한의 편의를 봐주었다고는 해도, 나는 그 불공정함을 알고 있음에도 그 사실을 알려 베팅을 말리진 못할망정 그것을 이용해서 그들의 돈을 빼앗고 있는 것이나 다름없었다. 친분이 없는 사람들은 괜찮았지만 대부분 내가 아는 지인들이었고 또 그 지인들이 자신의 친구라며 소개해준 사람들 위주였다. 그리고 고등학생인 걸 알고도 베팅을 용인해주는 경우도 있었으니 한창 공부해야할 학생들을 도박의 세계에 끌어들여서 그들의 인생을 망치고 있는 것이나 다름없었다.
 하지만 내가 말린다고 해서 이들이 베팅을 멈출 리 없었다. 나의 경우에서도 그랬듯이 본인이 자각하지 않는 이상 주변에서 아무리 뭐라 말을 해주어도 절대로 도박을 끊을 리 없었다. 내가 대리 베팅을 해주지 않으면 분명 다른 어딘가에서 베팅을 할 것이 분명했다. 이런 식으로 합리화를 하곤 했지만 돈이 쌓이면 쌓일수록 양심의 가책도 쌓여만 갔다.

개중엔 적중률이 좋아서 내게서 돈을 따가는 사람들도 있었다. 만약 그런 사람들이 많았고 내가 그들 때문에 오히려 손해를 보는 경우도 있었다면 모든 것이 운영상의 득실일 뿐이니 양심의 가책을 크게 느끼진 않았을 것이다. 하지만 장기적으로 봤을 때 돈을 따가는 사람은 없었다. 대부분 적중률이 높아 수익을 내다가도 몇 번의 패배로 금세 큰 손해를 봤다. 잘나가다가 미끄러져 손해를 보는 것은 순식간이었다. 무조건적으로 내가 이익을 낼 수밖에 없는 구조였다. 이런 불공평한 수익 구조를 지인들에 알리는 것이 가장 양심적인 선택이었을 테지만 나는 그렇게 할 위인이 못되었다.

그러다가 사건이 하나 발생했다. 학생 신분으로 베팅을 하던 한 아이가 돈을 많이 잃고 부모님의 돈까지 손을 대다가 부모님께 걸리고만 것이다. 이 아이는 부모님께 모든 사실을 실토했고 결국 그 아이의 부모님이 내게 직접 전화를 하셨다. 그리곤 자초지종을 물으셨다. 나는 고등학생인지 모르고 그런 것이며 그 애가 내게 거짓말을 한 것이라고 둘러댔다. 그 아이의 부모님은 다른 말씀은 하지 않으시고 그저 다시는 자신의 아이가 베팅을 이용하지 못하도록 해달라는 부탁을 하실 뿐이었나. 행여나 또 베팅을 하겠다고 하면 즉시 자신들에게 알려달라는 부탁도 하셨다.

그런 이야기와 그 애 부모님의 속상해하시는 목소리를 들으니 내 양심의 가책이 더 이상 견딜 수 없을 지경까지 와 폭발해버리고 말았다. 문득 내가 나의 부모님께 베팅한다는 사실을 고백하고 크나큰 불효를 안겨드린 것이 생각이 났다. 나 자신이 도박으로 인한 슬픔과 고통을 그 누구보다 잘 알면서, 그런 고통을 다른 사람이 느끼게끔 부추기는 일이나 하고 있었다는 생각이 들었다. 나는 그들을 지옥으로 빠트리고 그들의 고통과 손실을 이용해서 지옥에서 빠져나왔던 것이다. 양심의 가책과 죄책감이 견딜 수 없는 지경에 이르렀다. 내 자신이 한없이 쓰레기처럼 느껴졌다.

결국 이번 일을 계기로 이 짓거리를 그만둬야겠다는 생각을 하게 되었다. 일단 지인들에게 사정상 더 이상 대리 베팅을 제공할 수 없다고 하며 베팅 사업을 접었다. 더 이상은 그들의 피를 빨아먹으면서 그들을 지옥으로 인도하는 짓을 하지 않기로 했다.

그리고 내가 이 짓을 하면서 번 돈의 일부를 지인들을 위해서 사용해야겠다는 생각을 했다. 하지만 지인들은 내가 단순히 대리 베팅을 해주는 것으로 알고 있었을 것이고 기껏해야 낙첨 위로 포인트나 뽀찌를 받고 있는 줄로 알고 있었을 텐데 내가 그들을 위해서 무언가 해준다는 것도 이상한 일이었다. 그렇다고 이제 와서 여태껏 대리 베팅이 아니라 베팅 사업을 하고 있었다고 밝힐 수도 없는 노릇이었.

그래서 다른 방법을 통해서 그 사업으로 얻은 이익 중의 일부를 나랑 친한 지인들을 위해서 쓰기로 했다. 그들을 도우면서 내가 가진 양심의 가책과 죄책감을 조금이나마 씻고 싶었다.

먼저 대리 베팅을 이용한 지인들 중에서 돈을 많이 잃고 여기저기 빚을 져서 힘들어하고 있는 사람에게 무상으로 돈을 빌려주었다. 아무런 이자도 대가도 바라지 않으니 급한 것이 있으면 메우고 나중에 천천히 갚으라고 했다. 그러면서 어차피 그 돈은 뽀찌나 낙첨 위로금으로 모은 것이니 베팅을 끊겠다는 약속을 하면 내가 빌려주는 돈을 받지 않겠다고 말하기도 했다. 지인들이 이렇게까지 해주는 이유가 무엇이냐고 물으면 제대로 대답해줄 수 없으니 그냥 사람 한 명 살리려는 것이라며 둘러댔다. 그러면 그 지인들은 나를 껴안으며 고마움을 표했고, 은혜를 잊지 않겠다는 말을 하는 사람도 있었다.

어떻게 보면 꼴사나운 짓이고 떳떳하지 못한 것은 분명한 사실이지만 이렇게 해서라도 지인들을 도박의 세계에서 끌어낼 수 있다면 내 죄책감도 조금은 씻을 수 있을 것이라고 생각했다. 어쨌든 이렇게 나의 토사장 사업은 끝이 났다.

42장.
복수

 그렇게 베팅 사업이 끝이 났다. 그러는 와중에 문득 베팅 사이트들을 망하게 하고 싶다는 생각이 들었다. 빚도 다 갚았고 수익도 많이 얻은 상태였기 때문에 아쉬울 것은 없었지만 유독 베팅 사이트에게 복수를 하고 싶다는 생각이 들었다.
 나는 지인들을 상대로 베팅 사업을 하면서 돈을 벌다가 양심의 가책을 느끼고 그만둔 것인데, 이놈들은 사람들을 지옥의 나락으로 빠트리는 짓을 버젓이 계속할 것이 분명했다. 교묘하게 불공평함을 숨겨 사람들의 피를 빨아먹는 짓을 계속하도록 가만히 놔둘 수 없었다.
 그리고 베팅 사업을 그만두게 만들었던 그 사건이 예전에 내가 느꼈던 지옥과 같은 고통을 다시금 일깨웠다. 내게 극도의 고통을 안겨 준, 내가 부모님께 크나큰 불효를 저지르게 만든 이 베팅 사이트라는 작자들에 대한 적개심과 복수심의 불씨가 다시 한 번 지펴졌.
 여러 가지 방법들이 떠올랐다. 사이트 도메인을 신고하는 것부터 그들이 사용하는 대포 통장을 신고하는 것, 그리고 베팅 정보를 공유하는 곳에 들어가 먹튀 사이트라는 소문을 내는 것 등등. 그러나 나 한 명이 그렇게 한다고 해서 큰 영향을 줄 것 같지 않았다.
 가장 완벽한 복수는 그들에게 금전적인 손해를 가하는 것이었다. 그렇다고 부모님과의 약속을 저버리고 내가 잘했던 스포츠 베팅을 통해 이득을 보는 것으로 복수를 할 수도 없는 노릇이었고, 베팅 사업을 해본 결과 아무리 스포츠 베팅을 잘한다고 해도 잘해봐야 본전이라는 것을 잘 알고 있는 상태였다.

그렇게 고민을 하던 중에 내 머릿속에 떠오른 것은 사다리 게임이 사람들의 돈을 빨아먹는 방법을 역이용해서 돈을 따보자는 생각이었다. 베팅 사업을 하면서 베팅 사이트가 무조건 이익을 볼 수밖에 없는 운영 원리를 완벽하게 파악한 것과 마찬가지로, 분명히 사다리 게임에서도 무조건적으로 베팅 사이트 측이 이익을 보게 되는 원리가 있을 것이니 그 원리를 파헤쳐봐야겠다는 생각이 들었다. 그렇게 사다리 게임을 분석하고 연구하기 시작했다.

43장.
死다리 바로알기

일단 스포츠 베팅에서의 배당의 불공정함과 다르게 사다리 베팅은 1/2의 확률에서 배당이 1.95이상은 나오기 때문에 배당의 불공평함이 가장 적은 종목이다. 그렇기 때문에 잘만 맞춘다면 높은 수익을 낼 수 있다. 하지만 1/2의 확률에서 운이 좋지 않은 이상 잘 맞춘다는 것이 가능한 일일까? 반대로 생각하면 편하다. 그렇게 1/2의 확률로 나온다면 아무리 많이 틀려도 반은 맞출 수 있는 것인데 도대체 예전의 나는 왜 그렇게 많은 손해를 본 것일까? 그리고 왜 사람들이 사다리를 '死다리'라고 하는 것이며, 사다리타면 지옥 간다는 말이 왜 생긴 것일까?

답은 '감정' 때문이다. 인간은 감정적인 동물이기 때문에 어쩔 수 없이 심리적인 약점을 갖는다. 그런 심리적인 약점을 이용해서, 심리적으로 휘둘릴 수밖에 없는 조작을 가해 사람들의 돈을 빨아먹는 메커니즘이 있기 때문에 사람들이 속절없이 당하게 되는 것이다.

가장 충격적인 사실을 하나 짚고 넘어가야한다. 먹튀 사이트가 사라지게 된 가장 큰 이유가 '사다리 게임의 출현' 때문이다. 먹튀 사이트는 파격적인 운영 방식으로 사람들을 끌어들여놓고 사람들이 충전한 돈이 일정 금액을 넘어서면 사이트를 폐쇄해버리고 그 돈을 먹고 튀어버린다. 하지만 사람들도 바보가 아닌 이상 그런 먹튀 사이트에 쉽게 낚이지 않는다. 그렇기 때문에 사람들을 교모하게 낚기 위한 방법이 필요하고, 목표치까지 사람들을 모아야하는 엄청난 시간과 노력이 필요하다.

그런데 먹튀 사이트와 사다리 게임이 무슨 상관이냐고? 사다리 게임이 가져다주는 이익이 엄청나기 때문에 사람들 모아서 사이트 운영만 잘하면, 이용자들이 알아서 사다리 게임으로 돈을 불살라주기 때문에 굳이 먹튀 같은 짓을 하지 않아도 된다는 것이다. 열심히 회원들을 모아놓고 먹튀로 사람들을 떠나보내면 잠재적 死다리 피해자들에게서 얻을 엄청난 수익을 날려버리는 것이다. 그러므로 먹튀라는 것이 굴러들어온 복을 스스로 차버리는 것과 다름없는 짓이 되어버린 것이다. 사다리 게임이 유명해질수록, 사다리 피해자들이 늘어날수록 먹튀를 할 이유가 사라져갔고, 실제로도 먹튀 사이트들의 숫자가 현저하게 줄어들었다. 이렇게 먹튀 사이트마저 잠식시킬 정도로 사람들이 사다리 게임으로 잃는 돈은 엄청났다.

도대체 사람들이 사다리로 얼마나 많은 돈을 잃기에 먹튀 사이트마저 잠식시켜버리는 것일까? 베팅으로 수천만 원에서 수억 원의 빚을 진 사람들 중에 스포츠 베팅만으로 그렇게 많은 돈을 잃은 사람은 눈을 씻고 찾아봐도 없을 것이다.

일단 스포츠 베팅으로는 돈을 그렇게 많이 잃을 수도 없다. 경기 수 자체가 제한되어있고 일정도 고려해야한다. 그리고 스포츠 경기는 아무리 짧아도 2시간 정도는 진행된다. 경기당 베팅 금액의 제한도 있기 때문에 아무리 돈을 '잘' 잃는 사람일지라도 수천만 원, 수억 원의 돈을 잃기까지엔 상당한 시간이 걸린다. 베팅 금액의 제한이 없는 초고액 이용자들, 그러니까 베팅 업체에서 따로 관리하는 VIP들을 제외하고 일반인들 중에서 그렇게 많은 손해를 낸 경우를 보면 거의 99%가 실시간 게임인 '사다리 게임' 아니면 '바카라'31)이다.

쉽게 설명하면 1년 동안 스포츠 베팅을 한 사람의 베팅 금액과 베팅 횟수를 사다리 베팅을 이용한 사람이 한 달 만에 역전할 수 있다. 2시간짜리 축구 경기가 5분으로 축소되어 24시간 내내 제공된다고 보면 된다. 그렇기 때문에 사다리 베팅을 1년 정도 한 사람은 스포츠 베팅을 10년 동안 한 것이나 다름없다. 만화 〈드래곤볼〉에 나오는 '정신과 시간의 방'32)과 같은 개념이다. 그러니 1년 새, 한 달 새, 하루 새 몇 천만 원이 넘는 돈을 잃을 수 있는 것이다.

거기에다가 사다리 게임의 조작은 스포츠에서의 조작보다 '시간'이라는 점에서 그 위험성이 비교할 수 없을 정도로 높다. 만약 승부조작이 있는 스포츠 경기를 걸어서 조작 때문에 돈을 잃는 경우 2시간 동안 1경기에서만 돈을 잃는 것이다. 그런데 사다리는 5분에 한 번씩 진행된다. 그래서 1시간 동안만 조작에 당해도 12번의 패배를 경험하게 되는 것이다. 5분에 한 번씩 진행된다는 실시간이라는 특성 때문에 평정심을 찾을 새도 없이 그 조작에 '실시간'으로 계속해서 당하게 되니 순식간에 엄청난 손해를 경험할 수밖에 없는 것이다. 베팅 금액을 얼마를 상정하건 간에 7연패만 하더라도 그 손해를 한 번에 복구하기 위한 마틴 베팅의 금액은 128배가 되어야한다. 그러니까 여러 가지 조작 테마들 중에서 하나에만 잘못 걸려도 순식간에 많은 돈을 날릴

---

31) 트럼프 놀이의 하나. 석 장씩을 가지고 그 합계 숫자의 끝자리 수의 크고 작은 것으로 승부를 가린다.
32) 만화 〈드래곤볼〉에서 주인공 '손오공(카카로트)'이 최첨단 기계악당인 '셀'과 대적하기 위해 수련하려고 들어간 방. 이곳에서의 하루는 지구에서의 일 년과 맞먹는다고 함.

수 있다는 것이다.

　이러한 위험성이 사다리 게임의 조작의 가능성을 증명해주는 가장 명확한 단서이다. 앞에서 말했던 것처럼 사람들이 사다리라는 베팅에서 돈을 잃을 위험성이 높을수록, 그 위험성을 노리고 조작을 가할 가능성이 높아지는 것이다. 그렇기 때문에 은밀하고 교묘하게 조작을 가해서 사람들이 이 조작 앞에서 막대한 손해를 보게끔 하려는 것은 불 보듯 뻔한 사실이다. 이처럼 나는 사다리 베팅이 위험할수록 그 위험성을 이용해서 막대한 돈을 갈취해가려는 조작이 판을 칠 것이라는 생각으로 그 조작을 파헤쳐보기로 한 것이다.

44장.
死다리 정복하기

다시 나의 이야기로 돌아와서, 사다리 게임의 조작을 완벽히 파악해 내고, 그 조작을 역이용해서 막대한 수익을 내는 것으로 베팅 사이트에게 복수를 가하고자 했었다. 먼저 예전에 사다리로 돈을 잃었을 때의 기억을 떠올렸다. 내가 어떤 부분에서 심리적인 약점을 보였는지, 또 심리적으로 흔들리는 상황에서 어떤 조작에 휩쓸렸는지, 고통스러웠던 기억 속에서 하나둘씩 끄집어냈다. 그 기억을 바탕으로 '필승전략'을 수립했다.

「**필승전략**」 *(여기서부터는 내 공책에 적힌 그대로 발췌하였다.)*

사다리 게임은 '멘탈' 싸움이다. 그렇기 때문에 먼저 정신적인 무장이 가장 중요하다. 패배로 인한 분노로 평정심을 잃어버리는 일을 절대로 만들어선 안 된다. 연패에 빠져 엄청난 손해를 보더라도 패턴을 잘 분석해서 복구할 것만을 생각해야지, 분노에 휩쓸려 감정을 앞세우는 베팅을 해서는 절대로 안 된다.

고집을 부려서도 안 된다. 보통 사다리 베팅을 하다보면 자신만의

생각에 사로잡혀 오기를 부리게 되는 경우가 많이 있다. 하지만 그런 식으로 고집부리고 오기를 부린다고 그런 응석을 받아줄 사다리 게임이 아니다. 그것을 노리고 조작을 가해 손해를 보게끔 만드는 존재이기 때문에 고집과 오기는 버리고 오히려 그것을 역이용하는 베팅을 해야 한다.

또 지나간 결과에 절대로 연연해선 안 된다. 고민 끝에 결정을 내렸는데 틀린 결과가 나오면, 고민했던 것들을 들먹이며 자신을 질책하게 된다. 좋은 결과가 나왔던 경우도 비슷한 빈도로 있었을 텐데 그럴 때는 대수롭지 않게 넘어가고, 틀린 결과가 나왔을 때만 고민을 들먹이며 자책하는 것은 내 기분만 상하게 할 뿐이다. 고민을 잘하건 못하건 어차피 1/2의 확률이다. 쿨하게 넘어가고 다음 회차를 준비하자.

또 요즘에는 추첨창에서 홀짝 구매 분포를 보여주기도 하는데 그 구매 분포는 네O드 포인트로 베팅한 분포도이다. 추첨에 아무런 영향을 주지 않고 오히려 사람의 심리만 흔들어놓을 뿐이니 아예 쳐다보지도 않는 것이 좋다. 구매 분포를 이용한 베팅이 도움이 된다면 미쳤다고 그 분포를 추첨창에 갖다놨겠는가. 악영향만 미칠 뿐이니 마음껏 보라고 가져다 놓은 것이다.

연패를 항상 염두에 두자. 확률적으로 접근을 하건, 조작에 편승을 하건, 동전 던지기를 통해 운에 맡기건, 장기적으로 사다리 베팅을 하다보면 분명히 연패를 하는 경우가 나오기 마련이다.
한 패턴으로만 계속 나오면 그 패턴으로 돈을 따는 사람만 남게 될 것이 뻔하다. 그렇기 때문에 그 패턴과 정반대인 패턴이 존재해서 한 패턴을 고집하는 사람이 연패를 하게 되는 경우가 나올 수밖에 없다.

확률만 믿고 연속된 줄 패턴에 반대로 베팅을 하다가 연패를 할 수도 있고, 하루 종일 연속 줄 패턴만 기다리다가 그것이 나오지 않아 계속해서 손해를 볼 수도 있는 것이다. 연패가 언제든지 가능하다는 것을 명심하자.

그렇기 때문에 마틴 베팅을 할 때 조심해야 한다. 연패를 한 번에 상쇄해주는 장점이 있지만 그 점만 믿고 금액을 키우다 심각한 연패에 빠지면 막대한 손해를 입을 수도 있다. 아무리 적은 금액으로 시작한다고 해도 2의 제곱으로 금액이 증가하기 때문에 심각한 연패에 빠지면 회복할 수 없는 지경에 처할 수도 있다. 그러니 마틴 베팅을 신중하게 해야 한다.

이러한 마틴의 위험성 때문에 첫 베팅 금액이 적어야 한다. 처음부터 큰 금액을 베팅하면 그것을 복구하기 위한 마틴 베팅의 금액도 그만큼 커지기 때문에 쉽게 위험에 빠질 수 있다. 10만 원으로 시작해서 4연패하는 경우는 10, 10, 20, 40, 총 80이지만 25만 원으로 시작하면 25, 25, 50, 100, 4연패 만에 손해가 200을 넘게 된다. 사다리는 베팅 가능 금액이 최대 200만 원이기 때문에 손해가 200만 원을 넘어가면 마틴조차 할 수 없는 상황이 온다. 그렇기 때문에 첫 베팅 금액을 줄이는 것이 중요하다. 베팅 금액이 적어도 어차피 2배의 배당이기 때문에 충분히 고수익을 낼 수 있다.

그리고 욕심을 부려선 안 된다. 게임 특성상 맞출 확률이 반반이니 본전이나 약간의 손해를 보는 것이 당연하다. 조작을 역이용해서 수익을 내는 것 이외에 다른 방식으로 이익을 내려고 욕심을 부려선 안 된다.

마찬가지로 인내심을 가져야한다. 이득이 나지 않는다고 해서, 또 손해를 빨리 복구해야한다고 해서 금액을 키우는 위험한 짓을 절대 해서는 안 된다. 바로 앞에서 말했듯이 금액이 커지면 몇 번의 연패만으로 마틴이 불가능한 지경까지 이르게 되니 절대로 조바심을 가져선 안 된다. 기다리면 내 입맛에 맞는 구간은 알아서 찾아온다. 참고 참으며 기다리자. 참고 기다리는 것이 돈 다 잃고 지옥의 나락에 빠지는 것보다 훨씬 낫다.

목표치를 만들자. 하루에 얼마씩 따겠다고 목표치를 설정하고 그 목표치에 이르면 베팅을 그만하는 것이다. 예를 들면 하루에 50만 원을 따면 거기서 사다리 베팅을 멈추고 일상으로 돌아가는 것이다. 하루에 50만 원씩 따면 편의점 아르바이트 월급을 이틀 만에 버는 것이고 한 달이면 1500만 원에 이르는 돈이다. 1년이면 거의 2억 원에 가까운 돈이다.

그리고 설정한 목표치를 이룬다는 것은 그만큼 사다리의 패턴이 나의 입맛에 딱 맞게 나왔다는 것을 의미한다. 그러면 그 다음번에 올 패턴은 내 입맛과는 반대일 확률이 높다.

목표치를 채워놓고서 더 하다가 돈을 잃는 상황을 생각해보자. 괜히 더 했다는 생각과 함께 빨리 다시 목표치에 도달해야 한다는 생각이 앞설 것이다. 그런데 그 상황에서 연패까지 한다면 순식간에 딴 돈을 다 잃게 되는 상황이 오게 된다. 왜냐면 딴 돈이라는 사실 때문에 마틴 베팅에 좀 더 과감해지기 때문이다. 그러다가 본전 상황이 오면, 어차피 본전이니 다시 차곡차곡 목표치에 도달하자는 생각이 들 가능성은 거의 0%에 가깝다. 아까 분명히 목표치를 이뤘었다는 생각에 사로잡혀 그 목표치에 한 번에 도달하기 위해서 큰 금액을 베팅할 수밖에 없을 것이다.

따봤자 아까 목표치를 이룬 그대로 돌아가는 것이고, 거기서마저 잃게 되면 그것을 복구하기 위한 싸움을 시작해야한다. 목표치에 도달하게 만들어준, 내 입맛에 딱 맞는 패턴 다음에는 나를 죽이기 위한 패턴이 올 확률이 굉장히 높은데 그 패턴에서 위험천만한 싸움을 이어나가야하는 것이다. 그러니 목표를 채우면 그만하는 것이 최선이라는 것이다. 괜히 긁어 부스럼을 만들지 말자. 목표치만 이루어도 엄청난 돈을 얻은 것이다.

너무 목표치에 집착할 필요는 없다. 목표치에 조금 모자라더라도 어느 정도 근접하면 그냥 빠지는 것이 좋다. 그 얼마 되지 않는 금액 맞추려다 연패를 할 수도 있기 때문이다. 설령 그날 수익이 적더라도 목표치에 도달하기 힘들다면 목표치를 낮추고, 좋은 날을 기약하면 그만이다.

시간대를 잘 활용하는 것 또한 중요하다. 베팅하는 사람들이 다 같이 마음을 모아 '국민 베팅'33)을 한 경기가 있다고 해보자. 만약 그 경기가 예상에서 빗나간다면 그 경기로 돈을 잃은 사람들이 상당할 것이다. 그리고 그 사람들 중에는 바로 돈을 복구하기 위해 사다리 베팅으로 넘어오는 사람도 있을 것이다.

만약 그런 상황에서 홀이 6번 연속으로 뜨고 있는 상태라면, 사람들은 대부분 몬테카를로의 오류로 7번째에 짝을 베팅을 할 것이다. 분명히 사다리에 조작이 있어서 또다시 홀이 나올 수 있다는 것을 알고 있음에도, 이미 스포츠로 돈을 잃어 심각한 상황에 처한 마당에 단순한 조작 의심으로 7번째에 홀을 베팅하는 사람은 없을 것이다. 그런 불안한 심리 상태에선 조작을 의심하기보다는 확률을 믿게 되기 때문

---

33) 많은 사람들이 같은 베팅을 하는 경우를 '국민 베팅'이라고 한다.

이다.

 홀에 베팅을 하건 짝에 베팅을 하건 그 결과 값에 따라서 복구를 하는 사람도 있을 테지만 스포츠 베팅에서 잃은 돈만큼을 추가로 잃어 손해가 막심해지는 사람도 있을 것이다. 그 막대한 손해를 입은 사람은 평정심을 잃고 알아서 지옥행 열차에 탑승해 나락으로 빠져줄 것이다. 그렇기 때문에 스포츠가 진행되는 시간에 조작이 더 많이 가해질 수 있다는 사실을 인지하고 조작을 노린다면 그때를 노리고, 확률적으로 베팅한다면 더더욱 조작을 조심해야 할 것이다.

 스포츠 경기가 하나도 없거나 대부분의 사람들이 잠을 자는 시간대에는 전문적으로 사다리 베팅을 하는 사람들만이 남게 된다. 그런 사람들은 사다리에 대한 파악을 어느 정도 마친 사람들이기 때문에 조작에 쉽게 당하지 않고 오히려 조작을 역이용해서 돈을 따려할 것이다. 그렇기 때문에 이 시간대에는 조작을 가하기보다 확률적으로 결과를 주는 경우가 많다. 전문적으로 사다리를 하는 사람들은 오히려 특별한 패턴 없이 아무렇게나 나올 때 돈을 잃기 때문이다. 꼭 이런 것은 아니지만 시간대의 특성을 적절히 이용할 필요도 있다.

 선호하는 조작 패턴에 우선순위를 두어야 한다. 이런 순서 없이 아무 패턴이나 난잡하게 적용하면 이도저도 아닌 상황이 발생한다. 내 입맛에 가장 잘 맞는 패턴을 정해야한다. 내 베팅 패턴과 맞지 않는 것들은 조작인 것처럼 보인다 해도 패스하는 것이 신상에 이롭다. 선호 패턴은 2개정도면 충분하다. 그 이상은 욕심이다. 선호 패턴이 많으면 오히려 혼동을 겪을 수 있으니 딱 2개만 정하고 그것 이외에 모든 패턴은 패스해 버려야한다.

 줄 패턴이 1순위, 그 다음이 퐁당 패턴이고, 나머지는 줄 패턴으로 파생될 수 있는 패턴만을 노려야한다. 2222 패턴의 끝자락에서 줄 패턴을 이어가는 것, 그리고 1234 패턴에서 마지막 4줄에서 줄 패턴으로 이어나가는 것 등등, 이러한 패턴 이외에 모든 패턴들은 과감하게 패스를 해야 한다.

그리고 마지막으로 조작에 절대적인 신뢰를 실어주어야 한다. 사다리를 타다보면, '설마.. 여기서 한 번 더..?, 아무리 사다리라도 이건 아닐 것 같은데.., 진짜 여기에서까지 이렇게 주면 누가 사다리를 타냐.'라는 생각이 들 때가 있다. 조작에 수없이 당해본 나조차 저런 생각을 하게 될 때, 그때가 사다리 베팅을 하기에 최적의 타이밍이다. 나조차도 이런 생각을 할 정도라면, 나 이외의 수많은 사다리 고수들도 그렇게 생각을 할 것이고, 하물며 하수들은 이미 멘탈이 터져 분노를 거듭하고 있을 것이기 때문에, 그때가 조작이 가장 분명하게 나타날 때라는 것에 절대적인 믿음을 실어야 한다.

간략히 예를 들면 다음과 같다. 홀이 8개가 뜨고 짝이 나왔을 때, 그 다음에 또 홀이 나왔다고 해보자. 그러면 '홀 홀 홀 홀 홀 홀 홀 홀 짝 홀'인 상황이다. 그러면 다음번에 사람의 심리상 짝에 걸게 될 확률이 높을 것이다. 왜냐하면 줄 패턴이 나오다 만 상황이고, 짝이 아예 나오지 않는 것도 아니기 때문에 조작이 어느 정도 정리가 된 상황으로 이해될 것이기 때문이다.

하지만 이럴 때에 다시 줄 조작이 이어질 것이라는 '믿음'을 가져야 한다. '홀 홀 홀 홀 홀 홀 홀 홀 짝 홀 홀 홀 홀 홀 홀 홀'이 나올 것이라고 믿음을 가져야한다는 것이다. 그 이유는 앞에서 말했던 것처럼 이런 구간이 어느 정도 사다리를 통달한 사람들조차도 망설이게 되는 구간이고, 사다리 초보들이 쉽사리 조작에 털리게 되는 구간이기 때문이다.

(내가 가장 선호하고, 가장 많은 이득을 냈던 구간이 바로 이 테마이다. 홀이 8개 나온 후 짝이 나오고, 다시 홀이 8개 나오고 짝이 나오고, 그 다음에 또다시 홀이 8개가 이어진다는 것이다. 그러니까 8홀 1짝 8홀 1짝 8홀이 나온다는 것이다. 마지막 나오는 8홀은 8개 정도가 아니라 10개가 넘게 나오기도 한다. 딱 보아도 '이게 말이나 된다고?'라는 생각이 들 것이다. 그렇다. 조작이란 그런 생각이 들 때, 들 수밖에 없을 때, 즉 심리적인 약점이 나타날 수밖에 없을 때 가해지는 것이다.)

정말 마지막으로 이 모든 전략들을 온전히 수행하기 위한 필수조건을 3가지로 정리하겠다. 첫째 평정심, 둘째 composure, 셋째 平靜心이다. 이 3가지[34]를 꼭 명심하자.

---

34) 셋 모두 '평정심'을 뜻한다.

45장.
복수 성공

 이러한 필살전략으로 다시 사다리 베팅에 임했다. 아무리 이렇게 대비를 잘했다고 해도 또다시 손해를 보기도 했다. 하지만 예전과는 달랐다. 예전에 낸 비싼 수업료가 헛된 것이 아니었다. 손해를 보더라도 공책에 적은 것처럼 정신적으로 흔들리지 않으려고 필사적으로 노력했다. 내가 여기서 정신적으로 흔들리면 또다시 심각한 패배에 빠져 예전의 그 지옥으로 빠질 것임은 불 보듯 뻔한 일이었다. 무슨 일이 있어도 평정심의 끈을 놓지 않으려 했다. 정신적으로 흔들리는 상황이 올 때면 안정을 찾기 위해서 계속해서 걸었다. 방 안에서 걷든 밖을 나가든 계속해서 걸으면서 평정심을 유지하려 했다. 걸으면서 나 자신에게 제발 흔들리지 말자고 수없이 되뇌었다. 그러다보니 마틴 베팅을 이용해서 무리하게 복구하려고 하거나 분노에 휩쓸려 감정을 앞세우는 베팅을 하는 것을 많이 줄일 수 있었다.
 예전처럼 이런저런 패턴에 흔들리며 평정심을 잃어버리는 일 없이 침착하게 사다리 베팅에 임하다보니, 규칙처럼 나오는 특정 패턴들이 보이기 시작했다. 그 모양을 조금씩 달리하며 교묘하게 조작들이 들어가고 있었다. 점점 그 조작들을 파악해내는 능력이 향상되어갔고, 조작이 눈에 보이기 시작하니 그 조작을 피하는 것은 일도 아니었다. 조작을 피하는 방법은 그냥 안하면 되는 것이었다. 내 입맛에 맞지 않는 패턴인데 여기서 괜한 싸움을 벌일 필요가 없었다. '패스'라는 최강의 방패를 가지고 내가 선호하지 않는 조작 패턴들을 전부 막아버리고, 줄 조작 패턴이 나오기만을 기다렸다가 거기서 내 칼을 꺼내면 그만이었다.

그렇게 내가 돈을 잃는 구간들을 피해 손해를 잘 막으니 이익은 저절로 따라왔다. 하루 중에서 내 입맛에 맞는 줄 조작 패턴이 한두 구간만 나와도 쉽게 목표치에 도달할 수 있었다. 그도 그럴 것이 배당이 2배 가까이 되기 때문에 연승을 몇 번만 하면 순식간에 목표로 했던 금액을 딸 수 있었다. 10연속 줄 조작이 뜰 때 줄만 잘 따라가면 그 한 구간에서 100만 원 이상 따는 것은 일도 아니었다.

그렇게 조작을 잘 노려서 목표 금액을 따면 그날 베팅을 바로 중단해버렸다. 잘 맞는 구간에서 목표치를 채우고 빠지니 내가 취약한 구간과 부딪힐 일이 생길 리 없었다. 더군다나 초반에는 목표치가 그렇게 높지 않았다. 아무리 낮게 잡아도 밤일까지 하면서 돈을 벌었을 때보다 많은 돈이었고, 어차피 베팅사업을 통해서 많은 돈을 벌어놓았던 상태였기 때문에 욕심을 부릴 필요가 없었다.

계획대로 날마다 일정 금액씩 계속해서 돈을 땄고 이익이 늘어나면서 베팅 금액과 목표치를 조금씩 올려나갔다. 그렇게 이익을 내면서도 언제 또 위기가 찾아올지 모르니 조심 또 조심하고자 했다.

또 그러는 와중에 조작 패턴을 잘 파악하지 못해 손해가 발생한 적이 있었다. 하지만 그럴 때에도, 여태껏 많이 땄으니 조바심 갖지 말고 오히려 더 천천히 복구하자는 마음으로 베팅에 임했다. 그저 천천히 기다리면서 내 입맛에 맞는 패턴이 뜨기만을 기다렸다. 그러다 그 패턴이 나오면 복구는 저절로 됐다. 그저 기다렸을 뿐인데 복구가 된 것이다. 그 기다리던 패턴이 조작이 심하게 가해진 패턴이어서 복구뿐만 아니라 일일 목표치까지 가져다주었던 적도 있다.

어떻게 보면 정말 간단했다. 패배했을 때 참고 기다리면 모든 것이 해결되었다. 손해가 나도 참고 기다리면 알아서 복구되었고, 이익이 나지 않아도 참고 기다리면 알아서 이득이 나왔다. 한 대 맞아도, 반격하지 않고 방패를 들어서 두 대 맞을 것을 막고, 그렇게 막다가 때리는 놈이 공격하지 않을 때, 즉 내 입맛에 맞는 타이밍이 올 때 공격하면 그만이었다. 내 입맛에 맞는 타이밍을 '기다리는 것'이 사다리 베팅에 있어서 가장 중요한 것이었다.

이익은 날이 갈수록 커져만 갔다. 매일같이 돈을 따기만 하고 잃지를 않으니 수익은 순식간에 부풀어져 갔다. 수익이 억대에 가까워지고 있었다. 이제는 내가 고수가 됐다는 느낌까지 받았다. 먼저 어떠한 경우에도 평정심을 잃지 않으려는 필사의 노력으로 거의 부처급의 멘탈을 이룩할 수 있었다. 흔들리지 않는 나 자신을 보며 고수의 경지에 올랐다고 생각할 정도였다. 또 패턴을 칼같이 분석해서 조작이 들어가는 경우를 잘 파악해냈고, 손해를 보는 패턴도 충분히 숙지하고 있었기 때문에 큰 위기 없이 잘 피해낼 수 있었다.

3개월이 넘도록 이득만 봤다. 달력에다 하루에 얼마씩 이익을 봤는지를 기록했었는데 몇 달을 이익 본 금액의 숫자들로 가득 채웠다. 정말 상상도 할 수 없을 만큼 많은 수익을 냈다. 이렇게 매일같이 스포츠 베팅도 아니고 사다리 베팅만으로 돈을 따니, 돈도 돈이지만 복수를 하고 있다는 생각에 점점 속이 후련해지는 기분이 들었다. 나를 그렇게 엿 먹이던 조작들을 역이용해서 이젠 내가 베팅 사이트를 엿을 먹이고 있다는 생각을 하니 그렇게 속이 시원할 수가 없었다.

46장.
졸업

그러던 어느 날 사이트에 접속을 했는데 "회원님은 고객 센터만 이용하실 수 있습니다"라는 알림 문구가 떴다. 고객 센터에 들어가서 왜 그런지 물었더니 곧 전화를 주겠다고 했다. 순간 느낌이 왔다. 이것이 말로만 듣던 '졸업'이라는 것이구나.

'졸업'이란 어떤 사람이 베팅 사이트에서 너무 많은 돈을 따서 더 이상 사이트를 이용하지 못하게 되는 것을 의미한다. 베팅하는 사람들끼리 자신이 베팅을 잘한다는 것을 자랑할 때 꼭 하는 말이 졸업을 몇 번 당해봤다는 것인데, 내가 그렇게 오랫동안 베팅을 했고 베팅하는 지인들을 수없이 많이 접해봤지만 졸업당한 사람을 직접 본 적이 한 번도 없었다. 졸업을 당하는 사람들은 정말 극소수에 불과했다. 먹튀 사이트에서 아이디가 삭제되는 경우를 본 적은 있어도 먹튀 없이 몇 년 동안 운영되는 메이저 베팅 사이트에서 졸업을 당했다는 사례는 들어본 적도, 접한 적도 없었다.

베팅 사이트에서 전화가 왔다.
"OOO 회원님이시죠?"

"네"
"OOO베팅 사이트인데요. 회원님께서 성적이 너무 좋으셔서 저희가 졸업 처리를 시켜드려야 할 것 같습니다. 보유하고 계신 보유 머니 환전신청해주시면 환전 처리 다 하고 졸업 처리하겠습니다."
"네..."
"네 그럼 앞으로도 계속 건승하시길 바랍니다."
"네 안녕히 계세요..."

순간 온 몸에 있는 세포들이 끓어오르는 것 같은 느낌을 받았다. 베팅하면서 경기에서 이겼을 때의 그 쾌감처럼 방방 뛰게 만드는 기쁨은 아니었다. 형언할 수 없는 기분이었다. 입가에 옅은 미소를 머금고 멍하니 의자에 앉았다. 그 말로만 듣던 졸업을 내가 몸소 경험한 것이었다. 드디어 바라고 바라던 복수를 끝마친 것이라는 생각이 들었다. 기분이 오묘했다. 베팅 사이트는 하나의 사이트일 뿐인데 전화 통화를 하면서 목소리를 직접 들으니 그 대상이 구체화돼 어떤 사람에게 복수를 한 것처럼 느껴졌다. 내 돈을 앗아가 나를 지옥으로 빠트린 원수를 때려눕히고 그 원수에게 잘못했다는 사과를 듣는 것 같았다. 죽어가는 원수를 보며 느끼는 그 오묘한 감정을 내가 직접 느끼고 있었던 것이다.

이 오묘한 기분은 1시간이 되도, 2시간이 되도 사라지지 않았다. 이 형언할 수 없는 감정에 휩싸여 혼자 자리에 앉아 10년 가까이 되는 베팅했던 시절들을 눈감고 천천히 회상했다. 모든 감정이 그 안에 있었다. 기쁨, 쾌락, 감동, 희열, 흥분, 환희, 분노, 슬픔, 좌절, 후회, 고통, 배신감, 오욕, 모멸까지. 10년을 함께했었다보니 친구 같은 원수였다. 이젠 복수가 끝이 났으니 이 원수와 작별을 해야 하는 시간이 온 것이다. 작별을 한다는 생각을 하니 오랜 친구를 떠나보내는 것 같은 아쉬움과 시원섭섭한 감정마저 들었다.

점차 이 오묘한 기분은 행복감으로 변해갔다. 친구들과 여자친구, 베팅하는 지인들에게 졸업당한 사실을 알렸다. 그들은 무척 놀랐다. 그도 그럴 것이 말로만 듣던 졸업을 가까운 사람인 내가 경험했다고 하니 지인들 입장에선 놀랄 수밖에 없는 일이었을 것이다. 돈을 도대체 얼마를 땄냐고 물어보는 사람에서부터 거짓말하지 말라고 하는 사람, 정말 대단하다고 극찬하는 사람, 한턱 쏘라고 하는 사람들도 있었다.

저녁에 여자친구를 만나 술을 마셨다. 술에 취하는 기분이 기쁨에 취하는 것 같이 느껴졌다. 눈을 감고 고개를 뒤로 젖히고 그 취한 기분을 만끽했다. 인간이 경험할 수 있는 최고의 쾌락을 경험하는 것 같았다. 방방 뛰며 기뻐하지 않아도 됐다. 행복함에 취하는 느낌만으로 충분했다. 마약에서 느껴지는 쾌락과 비슷했다. 그런데 환각 상태에서가 아니라 정신 말짱한 상태에서 그 마약의 쾌락이 온전히 느껴졌다.

집에 들어왔다. 집에 들어와서도 그 쾌락은 사라질 줄 모르고 나를 휘감고 있었다. 자려고 침대에 누웠다. 보통 자기 전에 그날 하루를 돌아보며 실수를 반성하고 내일도 잘해보자는 각오를 되뇌며 잠들었었는데 이제는 베팅 자체를 할 수 없게 되었으니 그런 반성을 할 필요도 없었다. 그 이외에 어떤 걱정거리도 없었다. 빚도 다 갚았고, 오히려 수익이 엄청났었기 때문에 모든 것이 끝이 났다는 생각 말고는 그 어떤 생각도 할 수 없었다.

"와, 졸업이라니... 내가 졸업이라니... 정말 대단하다. 커허허"
이렇게 내 자신을 극찬하며 스르르 잠이 들었다.

다음날 아침에 눈을 떴다. 습관처럼 베팅 사이트에 들어가서 로그인을 했다. 분명히 베팅 사이트에서 아이디를 입력하고 로그인을 했는데 화면이 네이버로 넘어갔다. 내 아이디가 졸업으로 차단이 된 것이었다. 그렇다고 네이버가 뜨게 하다니 참 황당할 노릇이었다. 그렇게 혼자 웃으면서 졸업을 또 한 번 실감했다.

컴퓨터 앞에 앉아서 네O드에 들어갔다. 자유 게시판에 들어가서 졸업 당했다는 자랑글을 올렸다. 아무도 믿지 않았다. 사람들은 "네. 다음 꿈", "정신 차려 병신아 아침 느바(NBA)로 많이 꼴았냐?", "닥치고 91회차 홀", "형은 오늘 하루만 졸업을 벌써 3번째 당했다"라며 내 글에 리플들을 달았다. 너무 웃겼다. 사람들이 내 말을 믿어줄 리 없었다. 내 말을 믿지 않고 저런 헛소리를 해대는 사람들이 너무나도 귀여워보였다. 혼자 모니터를 보면서 킥킥대며 웃어댔다.

얼마 안 되서 이 짓거리에도 흥미를 잃고 그동안 못했던 것들을 좀 해보려고 했다. 그런데 이상하게도 해야 할 것, 하고 싶은 것이 없었다. 복수를 빙자한 베팅에 모든 포커스를 맞추고 살아왔었기 때문이 었는지 다른 것들을 향유하는 법을 잊어버리고 만 것이다. 전쟁터에 너무 오래있어서 전쟁하는 것 이외에 모든 것을 잊어버린 것이다.

계속 컴퓨터 앞에 앉아서 베팅 사이트에 다시 로그인을 하고 화면이 네이버로 넘어가는 것을 반복해서 보고, 네O드 사이트에 들어가서 졸업 당했다는 글들을 계속해서 올렸다. 이 짓거리들도 계속해서 하니까 슬슬 지겹게 느껴졌다. 하지만 정말 이 짓거리들 말고는 할 게 없었다.

이런 나 자신을 보면서, 정말 힘든 길을 걸어왔다는 생각이 들었고 이렇게 멀쩡히 살아있다는 것이 참 대견스럽게 느껴졌으며 그 힘든 싸움을 이겨내고 졸업이라는 큰 승리를 거두었다는 성취감이 또 한 번 절실히 느껴졌다.

47장.
천국

그렇게 천국을 거니는 것 같은 기분을 만끽하고 있었는데 학교 시험 기간이 다가왔다. 그동안 학업을 소홀히 했었기 때문에 공부나 제대로 해볼 생각이었다. 삶이 행복해지니 그 하기 싫었던 공부조차 재미있게 느껴졌다.

그리고 이제 금전적인 보상으로 내 승리를 만끽하고 싶었다. 본격적으로 돈을 쓰기 시작했다. 이전에 사업과 복수를 통해 많을 돈을 벌었을 때에도 돈을 펑펑 쓰고 싶다는 마음이 있었지만, 부모님께 죄송스러워 그렇게 하지 못하고 있었다. 하지만 나는 이제 공식적인 승리자였다. 그 무서운 사다리라는 적을 꺾고 10년 전쟁을 승리로 종지부를 찍고 온 나를 말릴 수 있는 것은 없었다.

예전에 돈을 조금 땄을 때는, 부유함과 풍족함을 느끼기 위해 사고 싶었던 것을 마음껏 사고, 주위의 부러움을 사며 우월감을 영유하기 위해 돈을 썼었다. 그런데 이번에는 복수의 성공과 승리를 그 보상인 돈으로 장식하자는 의미에서 돈을 썼다.

먼저 오피스텔을 잡았다. 월세가 남들 월급에 해당하는 최고급 오피스텔이었다. 78인치나 되는 TV도 사고 한 대에 300만 원이 넘는 컴퓨터도 두 대나 구입했다. 그리고 모든 가구들을 최고급으로 구매했다. 예전에는 하나하나 비교해가면서 가격 대비 성능을 참조하며 구매를 했었는데 돈이 많으니 그럴 필요도 없었다. 그냥 최고급으로 구매하면 모든 게 해결되었다. 업체에서 운송 및 설치까지 다해주었다. 또 여자친구가 갖고 싶어 하는 모든 것을 다 사주었다. 나와 여자친구 모두 명품으로 머리끝부터 발끝까지 치장을 했다. 고급 외제차도 살까했지만 행여나 부모님께 알려질까 두려워 생각을 접었다.

그렇게 있는 사치, 없는 사치 다 부리면서 살다가 문득 부모님께 죄송한 마음이 들었다. 예전에 그 큰 불효를 저지르고 제대로 된 효도도 한 번 못했는데, 나만 이렇게 호위호식하며 살 순 없었다. 그래서 부모님께 과외해서 열심히 번 돈이라 말씀드리고 해외여행을 보내드렸다. 또 어머니께 용돈하시라고 많은 돈을 드리기도 했다. 부모님께서는 내가 도박을 끊고 지난 과오를 만회하려고 애쓰고 있는 것으로 알고 계셨기 때문에 나를 대견스럽게 여기셨다. 하지만 그것과는 완전히 반대인 상황이었고, 오히려 더 막심한 불효를 저지르고 있는 것은 아닌가하는 마음이 들기도 했었다. 그렇지만 이때의 나는 승리감에 취할 대로 취한 상태였기 때문에 그런 것에 크게 영향을 받을만한 상황이 아니었다.

내 주위 사람들은 경악을 금치 못했다. 내가 그 말로만 듣던 졸업을 경험하고 막대한 돈방석에 앉았다고 하니 놀라는 것은 당연한 일이었다. 지인들과 만나는 자리만 있다하면 그 승리를 과시하기 위해 돈을 뿌리다시피 했다. 밥, 술, 여자, 하루에 몇 백씩 쓴 적도 있다. 예전에는 돈이 많다는 것으로 우월감을 느꼈었다면 이제는 전쟁을 끝마치고 온 개선장군의 정복감을 느꼈다. 이 세상에서 내가 최고인 것 같았다. 지인들이 나보고 석유재벌인 '만수르'를 따서 O수르라고 불렀는데 정말 만수르가 된 기분이었다. 술에 취하면 만수르가 '맨체스터 시티'

구단주로 취임할 때 했던 말인 "돈의 힘을 보여 주겠다"는 말을 하곤 했었다.

　승리의 지표인 돈의 맛을 제대로 만끽하고 있었다. 한순간의 운으로 얻은 것이 아닌, 우여곡절의 과정 끝에 역경을 헤쳐 나가며 얻은 승리였기 때문에 그 결과의 보상을 만끽하려는 마음 또한 그만큼 거대했다. 매순간을 그 승리감과 정복감, 행복의 맛을 느끼며 보냈었다.

　또 주변에 베팅을 하다 돈을 잃은 친구들에게 엄청난 금액의 돈을 빌려주었다. 내가 예전에 베팅 사업을 하던 것에 대한 죄책감에서 친구들에게 돈을 빌려준 것과는 다른 개념이었다. 내가 돈을 빌려준 친구들은 나와 무관하게 베팅을 하다 돈을 잃은 친구들이었다. 그들이 나처럼 힘든 과정을 이겨내며 복구를 하길 바라는 마음에서 돈을 빌려준 것이다. 마치 성공한 사람이 강연에서 성공 노하우를 알려주는 기분으로 그들에게 돈을 빌려주었고, 또 내 베팅 노하우도 전수해주었다. 그러다가 그들이 나처럼 복구를 해내고 소정의 이자로 감사의 뜻을 사례하면 훌륭한 지도자가 된 것 같은 기분이 들기도 했었다. 승리감이 하늘을 찌를 법한 것도 모자라 아예 하늘을 뚫고 올라갔다고 봐도 무방하다.

48장.
다른 이름

돈을 그렇게 써대고 또 지인들에게 엄청난 돈을 빌려주다 보니 어느새 내가 가진 돈도 많이 줄어있었다. 돈을 또 따려면 베팅을 다시 해야 하는데 예전에 했던 사이트에선 이미 졸업을 당했고 그렇다고 아무 사이트나 가입할 순 없는 노릇이었다. 그래서 아는 동생에게 명의를 빌려 예전에 이용하던 사이트를 다시 이용하기로 했다. 그 동생에게 명의를 빌려주는 대가로 많은 돈을 주었다. 행여나 적발되어서 벌금이 나온다고 해도 내가 전부 내주기로 약속했다. 그리고 내가 10년 가까이 베팅하면서 적발된 적이 없었기도 하니 동생은 별 다른 고민하지 않고 명의를 빌려주었다. 그렇게 동생의 명의로 예전에 졸업 당했던 베팅 사이트에 다시 가입을 했다.

그 명의로 베팅을 재개해서 일주일 만에 두 번째 졸업을 당했다. 그 짧은 기간 만에 또다시 엄청난 돈을 딴 것이다. 베팅 사이트 측에서 동생에게 전화를 해서 베팅 패턴이 이전에 졸업 당했던 나와 너무 유사하여 동일인으로 의심이 되니 더 이상 이용하지 못하게 졸업 처리를 해버린다는 말을 했다고 한다. 그 어렵다는 졸업을 일주일 만에 또다시 경험한 것이다. 돈을 펑펑 써댄 것, 많은 돈을 빌려준 것을 금세 다시 메울 수 있었다.

그 소문도 순식간에 퍼졌다. 일주일 만에 두 번째 졸업했다는 사실과 동생이 명의를 빌려준 대가로 엄청난 돈을 받았다는 사실이 주변에 알려지자, 지인들은 서로가 나서서 자신의 명의를 이용해달라고 부탁을 해대는 지경이었다.

그런데 두 번째 졸업을 당할 때에는 베팅 사이트에서 엄포를 내렸었다. 한 번만 더 나로 의심되는 경우가 발생하면 모든 베팅 머니를 몰수해버리겠다고 했었다. 그래서 세 번째 가입을 할 때에는 나로 의심되는 경우가 발생하더라도 완벽하게 대처할 수 있도록 만반의 준비를 했다. 예전에는 지인 명의로 아이디만 만들고, 전화 통화라든지 입출금은 모두 지인을 거쳤었다. 그런데 이번에는 새로 받은 명의로 휴대폰 회선을 하나 더 만들고 입출금을 하기 위한 통장과 카드까지 건네받았다. 그리고 베팅의 방식에도 변화를 주었다. 베팅하는 금액부터 패턴 그리고 베팅하는 시간까지 나로 의심될 수 있는 모든 것을 바꾸었다.

그렇게 했음에도 또 졸업을 당할 지경까지 돈을 땄다. 내가 졸업했을 때와 마찬가지로 전화가 왔다. 두 번째와는 다르게 이번에는 내가 직접 통화를 할 수 있었다.

"OOO 회원님이시죠...?"
나인 것이 적발될까봐 목소리를 다르게 내었다.
"예, 누구시죠?"
"OOO 베팅 사이트입니다. 졸업 처리 해드려야 할 것 같네요. 환전 신청하세요."

이상하게 베팅 사이트에서 별다른 설명 없이 다짜고짜 졸업을 시킨다고 하니 나는 일부로 당황한 척을 했다. 그랬더니 그제야 구체적으로 설명을 했다. 나는 아쉽다는 말까지 하며 능청을 부렸다. 그렇게 세 번째 졸업을 경험했다. 전화를 끊자마자 박장대소했다. 목소리까지 바꾸며 연기를 한 내 자신이 너무나 우스꽝스러웠고 또다시 호쾌한 복수를 한 것 같아 웃음이 절로 나왔다. 오히려 내가 돈을 너무 많이 따가는 것은 아닌가하는 미안한 마음이 들기도 했다.

그리고 또 다른 지인의 명의로 아이디를 만들어서 들어가 보니 이제는 아예 새로운 규정이 만들어져있었다. 사다리 베팅만을 이용할 경우에는 사이트 이용이 금지되고, 꼭 일정 금액 이상 스포츠 베팅을 이용해야 사이트 이용이 가능하다는 것이었다. 웃길 노릇이었다. 이런 노다지를 놔두고 불공정한 내기나 다름없는 스포츠 베팅을 이용하라니, 정말 속 보이는 짓이 아닐 수 없었다. 하지만 나로 인해 베팅 사이트가 막심한 손해를 봤기 때문에 이런 규정까지 만들었을 것이라고 생각하니 내심 이해가 가긴 했다. 오히려 그런 나의 위대함에 또 한 번 감탄을 했을 뿐이다.

억지로 스포츠 베팅을 해야 했지만 구실일 뿐이었다. 아이디를 한 개 더 만들어서 승패 모두에다 베팅을 해버렸다. 그렇게 하면 배당의 차이 때문에 조금씩 손해를 볼 수밖에 없었지만 그것은 사다리 베팅으로 메우면 그만이었다. 그렇게 스포츠 베팅을 해야 하는 제약이 있었음에도 불구하고 네 번째 졸업을 경험했다. 점점 베팅 계열에서 신적인 존재가 되어가고 있었다.

49장.
승리로 인한 변화

 그렇게 졸업을 4번이나 당하고 썼던 돈에 몇 배를 더 땄다. 어마어마하게 많은 돈을 쓰고, 또 수많은 돈을 빌려주었는데도 3억이 넘는 돈을 가질 수 있었다. 그런데 잔고가 늘어날수록 불안한 마음도 커져만 갔다. 출처가 명확하지 않은 돈이었기 때문에 행여나 경찰에 적발되진 않을까 걱정이 됐다. 그래서 돈을 5만 원짜리 돈뭉치들로 집에다가 숨겨놓기로 했다. 약간의 돈만 계좌에 남겨두고 나머지 돈은 전부 현금으로 인출했다.
 현금화하는 데에는 오랜 시간이 필요했다. 은행에 가서 현금 인출을 하려고 했더니, 인출 금액이 1,000만 원이 넘어가면 반드시 사용처를 밝혀야한다고 했다. 또 인출 금액이 커지면 국세청 통보 대상자가 된다고 했다. 그래서 ATM기기를 통해서 인출하기로 했다. 그런데 ATM기기의 1일 출금 한도는 600만 원이었다. 또 아무리 ATM기기라고 해도 매일같이 600만 원의 금액을 인출해대면 국세청의 조사를 피할 수 없을 것만 같았다. 그래서 예전에 지인들에게 빌렸던 계좌들을 이용했다. 내가 가지고 있는 지인 계좌만 5개였고, 내 계좌와 여자친구 계좌까지 포함해서 7개나 됐었다. 날마다 그 7개의 계좌 중 임의로 2개를 뽑아서 두 계좌에 500만 원씩 송금했다. 그리고 ATM기기에서 각각 500만 원씩, 즉 하루에 1,000만 원씩 인출했다. 의심 살 일을 만들지 않기 위해 일부러 여러 ATM기기를 돌아다니면서 돈을 인출했다. 다른 동네에 있는 ATM기기를 이용하기도 했다. 3억 원이나 되는 돈을 현금화하려다보니 시간이 한 달이나 걸렸다. 5만 원짜리들로만 쌓아놨는데도 그게 60뭉치나 되나보니 일자로 쌓아놨을 땐 그 길이가 내 키만큼이나 됐다. 예전에는 핸드폰에 찍히는 잔액을 보면서 부유함을 확인했다면 이제는 돈뭉치를 보면서 시각적인 부유함을 만끽했다.

그런데 매일같이 승리감과 정복감에 취해 살고, 엄청난 돈을 쓰고, 또 보물 모으듯이 돈뭉치를 쌓아놓고 살다보니 내가 점점 변해갔다. '호빗'이란 영화를 보면 난쟁이 왕이 황금이 쌓여 있는 자신의 고향을 되찾기 위해 여정을 떠나는 내용이 있다. 그런데 난쟁이 왕은 고향을 되찾고 황금을 되차지하니 그 황금에 깃든 저주 때문에 광인이 되어버리고 만다. 이 영화에서처럼 정말 돈에 저주가 들었는지 내가 점점 미쳐가기 시작했다. 황금 속에 빠져 살다시피 했으니 미치지 않는 것이 이상했다.

먼저 급격하게 살이 쪘다. 평소 체중보다 15kg이 넘게 쪘다. 먹고 싶은 것을 마음껏 먹을 수 있었으니 살이 찌는 것은 당연한 사실이었다. 그런데 이상한 것은 엄청나게 먹어서 배가 불러도 계속해서 무엇인가가 먹고 싶었다는 것이다.

예전에 돈을 잃고 빚에 허덕이던 때에 살이 엄청나게 빠졌던 적이 있다. 스트레스로 식욕이 사라져 아무것도 입에 대지 않았었다. 그때와는 반대로 상황이 나아지니 예전의 고통에 대한 보상 심리가 작용하는 듯 했다. 내 몸은 돈을 따고 있는지 잃고 있는지를 모르니 계속해서 그 달콤한 맛과 포만감으로 '정상'임을 확인하고 싶어 하는 것 같았다. 배고픔을 느낄 겨를이 없었다. 나에게 배고픔의 의미는 단순히 밥을 먹지 않아서 허기가 진 것이 아닌, 정신적인 고통과 스트레스의 증거로 변질되어있었다. 그래서 내 몸은 그 고통의 상징을 느끼지 않으려고 그렇게 음식을 탐했던 것이다.

  살이 계속해서 찌다보니 운동을 시작했다. 1시간씩 유산소 운동을 했는데도 살이 빠질 기미가 보이지 않았다. 먹는 것을 줄일 수는 없으니 운동 시간을 늘려 2시간씩 유산소 운동을 했다. 역시 변화가 없었다. 운동을 한 것 때문에 허기가 빨리 찾아오면 내 몸은 또다시 먹을 것을 찾았다. 아무리 참으려 해도 참을 수가 없었다. 대체 왜 그런 것인지 이해할 수가 없었다. 식탐이 그렇게 많은 편이 아니었음에도 이상하게 계속해서 무언가를 먹고 싶어 했고, 날이 갈수록 체형이 바뀔 정도로 살이 쪘다.

  그리고 성격이 극도로 예민해졌다. 졸업을 4번씩이나 당했고 돈도 엄청나게 많이 땄으니 행복한 나날들을 보내고 있었던 것은 자명한 사실이다. 하지만 조금이라도 언짢은 일이 생기면 이해할 수 없는 예민한 반응을 보였다. 분명 대수롭지 않게 넘어갈 수 있는 일임에도 불같이 화를 냈고, 또 조금 피곤해서 신경이 날카로워질 때면 극도로 신경질적인 반응을 보였다.

  반응하는 모습도 질적으로 굉장히 안 좋았다. 그냥 좀 예민한 정도가 아니라 온갖 신경질을 다 내고 심한 욕설까지 해댔다. 그렇게 화를 내고 나면 금세 풀리긴 했다. 화가 풀리면 내가 도대체 왜 그렇게 화를 냈던 것인지 의아했다. 또 주변 사람들에게 그런 반응을 보인 것이 미안해서 그 즉시 사과하기도 했다.

  하지만 날이 갈수록 성격은 이상해졌다. 예민해지는 빈도는 계속해서 늘어났고 점점 원래의 성격이 그렇게 변해가고 있었다. 거의 이중 인격자나 다름없었다. 행복에 겨워 기분이 좋다가도 갑자기 어느 순간 성격파탄자가 되어버렸다.

원인은 사다리 베팅이 갖는 실시간적인 특성 때문이었다. 사다리 베팅의 특성상, 잃으면 기분이 나쁘고 따면 기분이 좋은 감정의 변화가 5분에 한 번씩 이루어지다보니 감정의 기복이 매우 잦을 수밖에 없다. 그런데 하루 종일 그런 감정의 기복을 겪다보니 내 본래의 감정도 마찬가지로 기복이 심해진 것이었다.

그리고 매일같이 돈을 따고, 그것을 달력에다가 기록하고, 또 보유 자산이 증가하는 것을 매번 돈뭉치들로 확인하고 있었지만 그 나날들에 순탄한 날만 있었던 것은 아니다. 아무리 사다리 베팅에 능숙해졌다하더라도 그 능숙함 때문에 오히려 연패를 하는 경우가 있었다. 조작 패턴을 너무 완벽하게 숙지하고 있다 보니 조작 패턴이 적게 나오거나 아예 나오지 않을 때에는 심각한 연패를 경험할 수밖에 없었다. 그래도 승리가 더 많아서 목표치를 채우고 하루의 베팅을 마무리할 수 있었지만 그런 승리 안에는 갖가지 종류의 수많은 패배들이 수반되어있었던 것이다.

패배로 인해서 고통과 분노를 느낄 때마다 감정을 억누르고 평정심을 유지해기 위해 애써야했다. 화가 나도 참아야했고, 아무리 고통스러워도 억지로라도 긍정적인 생각을 해야 했다. 그렇게 끊임없이 참으면서 기다려야했다. 말이 쉽지 분노를 삭이면서 참고 기다리는 것은 결코 쉬운 일이 아니었다. 또 마냥 기다리는 것이 아니라 5분마다 결과를 체크하고 패턴을 분석해야 했기 때문에 그런 감정을 해소할 잠깐의 여유조차 없었다. 무조건 참고 무조건 기다리면서 내게 맞는 패턴이 뜨기만을 바라야했다. 그렇게 참고 기다릴수록 스트레스는 계속해서 쌓여만 가고 있었던 것이다.

 하루 목표치를 채우는 일은 단시간에 끝나는 것이 아니었기 때문에 매일같이 하루 온종일 전투를 치러야했다. 목표치에 빨리 도달하는 날은 쉬면서 스트레스도 풀 수 있었지만, 운이 좋아 내가 원하는 패턴이 딱 맞게 나오는 날들은 제외하고는 빨리 끝나는 날은 거의 없었다. 목표치에 빨리 도달하기 위해서 금액을 키워볼까도 생각해봤지만, 그러다가 행여나 연패에 빠지면 막대한 손해를 볼 가능성도 있었기 때문에 금액을 키우는 것은 생각에 그칠 뿐이었다.

 돈도 따고 승리를 하는 것도 좋지만, 내 자신이 변해버릴 정도로 많은 스트레스를 받다보니 중간에 브레이크를 걸고 휴식을 취해야겠다는 생각이 들었다. 졸업도 4번이나 당했고 그로 인한 수익이 엄청났는데 이런 고생을 해가면서까지 전쟁을 계속할 이유는 없었다. 한 달 정도 베팅을 하지 않고 쉬기로 했다.

 먼저 게임을 해봤다. 축구 게임도 다시 해보고 스트레스 해소에 좋다는 'GTA35)'라는 게임도 해보았다. 재미있었다. 스트레스도 풀리는 것 같았다. 그런데 또 금세 싫증이 났다. 그래서 영화나 드라마를 찾아서 보았다. 역시 흥미를 붙이지 못했다. 운동도 마찬가지였다. 운동은 살이 찌는 것을 막기 위한 수단 그 이상도 이하도 아니었다. 이것저것 사면서 돈을 펑펑 쓰는 것은 이미 옛날에 질렸다.

 베팅하는 것 말고는 그 어떤 것에서도 흥미를 붙일 수 없었다. 카페에서 여유롭게 차를 마시는 것, 산책하면서 평화로움을 즐기는 것, 친

---

35) 록스타 게임즈사의 인기 컴퓨터·비디오 게임 시리즈(Grand Theft Auto)

구들과 술잔을 기울이며 수다를 떠는 것, 게임하는 것, 여행을 가는 것, 운동하는 것, 쇼핑하는 것 등등 그 어떤 것에서도 흥미를 느낄 수 없었다.

그러다보니 점점 삶이 공허해졌다. 이 공허함을 메우기 위해서 이 방법 저 방법 다 알아보았지만 소용이 없었다. 인터넷에서 희귀 취미까지 검색해가며 공허함을 메울 방법을 찾아보았지만 역시 아무 소용 없었다. 그런 시도가 실패로 돌아갈 때마다, 공허함은 더더욱 커져만 갔고 이제는 짜증이 나기까지 했다.

공허함은 작아질 줄 모르고 날이 갈수록 커져만 갔고, 슬슬 예전에 느꼈던 금단증상인 우울 증세와 자살 충동까지 찾아왔다. 정말 미치고 환장할 노릇이었다. 졸업을 4번이나 당하고 3억 원이 넘는 돈뭉치를 쌓아놓고선 우울 증세와 자살 충동을 느끼고 앉았다니, 정말 내 자신이 정신이상자처럼 느껴지기까지 했다. 정말이지 아무것도 느껴지지 않았고, 그 어떤 것도 느낄 수가 없었다.

이제 내가 느낄 수 있는 감정은 오로지 베팅에서 패배하면서 느끼는 고통과 분노, 그 고통과 분노가 사라지는 안도감, 승리로 인한 쾌감, 그리고 그런 승리를 증명해주는 돈에 대한 소유욕뿐이었다. 그런 극한의 감정만이 느껴질 정도로 내 머리는 점점 현실에 무감각해져가고 있었다. 극도의 감정들이 온몸에 배어 나의 전부를 이뤄가고 있었기 때문에 다른 그 어떤 것도 느낄 수가 없었던 것이다.

그렇다보니 이런 공허함을 채우기 위해 내가 할 수 있는 일은 베팅뿐이었다. 까딱 잘못하면 또다시 나락으로 빠질 수 있다는 불안감과 공포에 휩쓸린 채로, 그렇게 되지 않으려면 반드시 승리를 이뤄내야 한다는 강박관념에 빠져 매일같이 전쟁을 치러야만 했다.

전쟁을 재개하면 공허함은 사라졌고 금단현상들도 당연히 사라졌다.

삶의 활기도 다시 찾아왔다. 하지만 그렇게 활력을 찾고, 또 매일같이 승리를 얻어낼지라도, 그 이면에서 내 머리는 계속된 고통과 스트레스로 피폐해지고 있었으며 그 어떤 치유도 받을 수가 없었다.

그 결과, 성격은 날이 갈수록 예민해지고 폭력적으로 변했으며 이제는 그런 난폭한 성격이 내 본연의 모습이 되어버렸다. 심각할 정도로 사람이 변해버렸다.

얼마나 이상해졌냐면 마트에서 장을 보는데 사람이 내 앞을 막고 늦게 걸어가면, 순간 화가 치밀어 올라 들고 있는 물건으로 뒤통수를 찍어버리고 싶다는 생각이 들었다. 엘리베이터를 타려고 버튼을 누르는데 밑에서 버튼을 누군가 눌러서 엘리베이터가 움직이면 주위에 사람이 있건 없건 폭언을 해대며 문을 발로 차버렸다.

또 무슨 일이 있었냐면, 택시를 타고 오는 길에 너무 피곤해서 혼잣말로 욕을 하며 피곤하다는 말을 계속 내뱉은 적이 있었다. 그런데 택시 기사님이 듣다가 언짢으셨는지 왜 피곤하냐고 물어보셨다. 나는 그냥 둘러댔다. 기사님께서는 자신은 아침 5시부터 쉬지도 못하고 계속해서 운전을 했다고 말씀하셨다. 아마 피곤하다는 것을 함께 공유하고 힘을 내보자는 뜻으로 그렇게 말씀하셨을 것이다. 그렇지만 나에게는 일도 안하는 젊은 놈이 뭐가 그렇게 피곤해서 한숨을 푹푹 쉬냐는 말로 들렸다. 다짜고짜 따졌다. 아버지뻘 되시는 분에게 내가 피곤한 것이랑 당신이 피곤한 것이랑 무슨 상관이냐고, 또 왜 참견을 하냐고 따져댔다. 기사님께서는 그런 뜻이 아니니 오해하지 말라고 하시며 미안하다는 말을 하셨다. 그 말을 듣고서야 내 화가 누그러졌고, 그렇게 상황은 끝이 났다. 같이 동승했던 여자친구가 대체 왜 그러는 것이냐며 나를 다그쳤다. 나는 내 편을 들어주지 않는 여자친구에게 불같이 화를 냈다.

그리고 한번은 여자친구가 내가 밥을 먹고 봉지 같은 것을 잘 치우지 않자 설거지까지는 바라지도 않으니 봉지만이라도 쓰레기통에 버려달라고 부탁을 한 적이 있었다. 나는 여자친구에게 그 봉지 버리는 게 뭐가 힘들어서 또 잔소리냐며 앞으로 집에서 밥 먹을 일 자체를 만들지 않으면 되겠다고 소리쳤다. 그리곤 집에 있던 식기를 다 깨부수면서 앞으로 싱크대에서 물도 틀지 말라고 했다. 그 식기들은 여자친구가 하나하나 정성스레 고른 것들이었다. 깨진 식기들을 보면서 엉엉 우는데 나는 그 모습조차 짜증나서 나가버렸다. 여자친구는 그 깨진 유리 조각을 치우면서 손을 베기도 했다.

성격은 계속해서 미쳐갔다. 그러다 가끔씩 제정신으로 돌아올 때면 내가 저지른 짓들이 너무나도 후회가 됐다. 대체 내가 왜 이렇게 예민하고 폭력적이고 난폭해지고 있는지 이해할 수가 없었다. 분명히 엄청난 돈을 만지며 초호화 생활을 하고 매일같이 승리를 쟁취해내는데 도대체 성격은 왜 이렇게 미쳐가고 있는 것인지 도무지 이해가 가지 않았다. 내 자신이 이중인격자처럼 느껴졌다. 제정신일 때와 그렇지 않을 때의 성격의 차이가 너무나 심했고 나 스스로가 그런 나를 제어할 수 없었다. 성격을 고쳐보겠다며 화를 억제하고 긍정적인 생각을 가지고 살아보려 했지만 나아지지 않았다. 금세 성격파탄자의 인격이 나타나서 주인인양 행세할 뿐이었다.

무엇보다 심각했던 것은 그런 성격 파탄의 모습이 '돈'과 맞물렸다는 것이다. 돈이라는 것을 내 파탄 난 성격을 변호하는 수단으로 이용해버렸다. "돈이 많으면 원래 O가지가 없다", "돈이 많으면 그래도 돼"라는 돈에 대한 일반적인 통념을 내 성격을 합리화하는 데에 갖다 붙인 것이다. 그 합리화를 위해 돈이 많다는 것을 노골적으로 드러내기 시작했다. 돈을 정말 미친 듯이 써댔다. 돈이 많은 것처럼 보이는 것만 골라서 돈을 써댔다. 그리고 사람을 대하는 데에 있어서도 돈을 앞세웠다. 돈으로 사람을 부려댔고, 문제만 생겼다하면 돈으로 해결하려들었다.

그런데 돈의 힘은 정말 압도적이었다. 내가 돈이 많다는 것을 드러낼수록 사람들은 그에 맞게 나를 대해주었다. 먼저 별다른 이유 없이 내가 돈이 많아 보인다는 것만으로 나에게 잘 보이려는 사람들이 있었다. 내게서 무슨 덕을 보려는 것인지, 속된 말로 알아서 기어댔다. 또 대부분의 사람들이 나의 성격파탄의 모습을 내가 돈이 많다는 이유만으로 너그럽게 용인해주었다. 분명히 뒤에서는 뒷담화를 하며 욕을 했을 테지만 내 앞에서만큼은 내 성격을 용인하는 모습을 보였다. 누군가 그런 나를 대놓고 질책하면 사람이 있으면 돈으로 그들의 마음을 사면 그만이었다. 내 돈으로 인해 어떤 혜택을 보고나면 그 사람들도 금세 마음을 돌렸다.

사람들과의 문제 해결 과정에 있어서도 돈의 힘은 정말 막강했다. 내 잘못을 만회해야하는 상황에서부터 무언가를 부탁해야하는 상황까지, 돈으로 해결이 안 되는 일이 없었다. 해결이 안 될 것 같은 상황이면 돈을 좀 더 쓰면 그만이었다. 상식 수준을 넘어서는 돈을 제안하면 해결될 것 같지 않았던 문제들조차도 금세 해결이 되었다.

상황이 이렇다보니, 나의 개 같은 성격을 고쳐야겠다는 생각은 점점 사라져가고 있었다. 고쳐야할 필요가, 바뀌어야할 이유가 없었다. 사람들이 나의 승리와 돈 앞에 머리를 숙일수록, 승리와 돈에 의해서 빚어진 성격 파탄은 당연한 것이 되어가고 있었다. 오히려 성격을 파탄 낼수록 나의 업적이 더 돋보이는 것처럼 느껴지기까지 했다. 개차반의 모습을 보일수록 더 위대한 승리를 이룬 것처럼 보이지 않을까하는 말도 안 되는 생각을 하기에 이른 것이다.

　점점 탐욕에 절은 돼지가 되어가는 외형과 더불어, 이런 파탄 나버린 성격은 나를 극악무도한 폭군처럼 보이게 만들었다. 안하무인 그 자체였다고 봐도 무방하다. 이제는 이중인격자가 아니라 순전히 성격 파탄자가 되어 나의 개떡이 된 성격을 밖으로 내보이고 있었던 것이다.

50장.
파탄 난 성격이 베팅에까지 영향을 주다

그러다보니 그런 성격이 베팅에도 영향을 주기 시작했다. 이익은 유지하고 있었지만 베팅에 임하는 마음 자체가 변하고 있었다. 먼저 계속해서 승리를 경험하다보니 승리에 대한 자신감이 흘러넘쳐 자만하는 지경에 이르렀다.

그리고 성격파탄자가 되어버린 상태였기 때문에 한두 번의 패배도 용납하지 못하고 쉽게 평정심을 잃어 분노해버리는 단계까지 와버렸다. 그래서 한두 번의 연패만 있더라도, 내게 잘 맞지 않는 패턴일지라도, 운에 모든 것을 맡기며 즉각적인 마틴 베팅을 시도해버렸다. 이런 식으로 베팅을 하면 순식간에 연패에 빠져 심각한 손해를 볼 수도 있었지만 이미 정신적인 평정심을 유지하자는 제 일의 전략은 사라진지 오래였다. 그럼에도 운이 좋아 큰 연패를 겪지 않고 마틴 베팅으로 쉽게 패배로 인한 손해를 복구할 수 있었다. 그래서 아무리 많은 연패를 하더라도 한 번에 복구가 가능하도록 아예 마틴 베팅의 제한을 풀어버렸다. 여러 지인들의 명의를 빌려서 아이디를 3개나 더 만들었다. 한 회차에 베팅할 수 있는 최대 금액이 800만 원까지 늘었다. 또 언제라도 최대 베팅 금액으로 베팅할 수 있도록 현금화해놓은 돈을 다시 풀어서 각각의 계좌에다가 분산시켜놓았다.

감정을 앞세워서 베팅을 하다 보니 일일 목표치에 도달하는 시간 또한 기하급수적으로 줄어들었다. 참고 기다릴 필요가 없으니 수익에 도달하는 시간이 줄어드는 것은 당연했다. 그렇게 시간이 남자 일일 목표치 자체를 늘려버렸다. 목표치를 늘렸음에도 목표 달성에는 아무 문제가 없었고, 수익도 그만큼 늘어났다.

그러다보니 반성은커녕 내 자만심과 분노를 합리화하고 당연시여기는 상황까지 오게 되었다. 예전처럼 마음 졸이며 제발 손해만 내지말자고 했던 다짐은 진즉에 사라지고 없어진 상태였다. 더 이상 그럴 필요도 없었고 이젠 그런 안전제일주의의 모습이 오히려 '찌질하게' 느껴지기까지 했다. 그냥 남자답게 강하게 나가야지 계집애처럼 마음 졸일 필요가 있나 싶었다.

결과마저 이렇게 따라오니 역시 나는 옳다는 생각만을 하게 되었다. 변해버린 성격부터 베팅 방식까지 내가 틀렸다는 생각을 한시도 할 수가 없었다. 이런 모습은 고쳐지기는커녕 계속 악화되어가고 있었다.

51장.
결국엔...

 그 위험한 사다리 베팅에서 필승전략을 어기고 감정을 앞세우는 무리한 베팅을 남발해댔으니 전 재산을 잃는데 오랜 시간이 필요한 것이 아니었다. 시작은 몇 번의 패배였다. 베팅을 하다보면 언제라도 겪을 수 있는 평범한 패배였다. 그런데 그 작은 패배에도 무리한 베팅을 저지를 정도로 내 인내심은 바닥이 나 있었고, 또 그렇게 해도 결과가 좋았었으니 더더욱 과감하게 무리한 베팅을 저질러댔다.
 결국 그 작은 패배가 연패로 이어졌다. 그렇게 심각한 연패는 아니었지만 내가 패배를 한 번에 복구하려고 금액을 급격하게 키웠기 때문에 손해가 순식간에 눈덩이처럼 불어났다. 그때에서라도 정신을 차리고 침착하게 대응했어야는데 오히려 더 감정적으로 반응했다. 내가 취약한 패턴임에도 서슴없이 마틴 베팅을 해버렸다.
 그런데 이번 연패는 예삿일이 아니었다. 연패가 계속되어서 정말 엄청난 손해를 보고 말았다. 순식간에 총 손해가 5,000만 원이 넘어갔다. 마틴 베팅으로 한 회차에 800만 원씩 베팅을 하는 미친 짓을 계속해서 저질러댔으니 당연한 결과일 수밖에 없었다. 결과적으로 보면 연패가 꼈기 때문에 승리보다 패배가 조금 더 많은 단순한 상황이었다. 하지만 패배할 때마다 무리한 마틴 베팅을 해댔고, 손해가 커질수록 분노에 휩쓸려 아무 패턴에서나 그 무리한 짓을 저질러버렸으니 하루만에 5,000만 원이 넘는 손해를 보게 된 것이다.

평상시에도 제정신이 아니었는데, 이런 극심한 손해를 봐버린 나는 아예 미친 사람이 되어버렸다. 미친 사람이 되어 미친 베팅만 해댔다. 어떤 패턴이 나올지 예측하면서 베팅을 하는 것이 아니라, 내가 바라는 패턴이 나와 달라는 마음으로 베팅을 했다. 손해가 아주 커졌고 내가 머리 꼭대기까지 화가 났으니 나를 달래주는 패턴이 나와야한다는 어린애 같은 마음으로 베팅에 임한 것이다.

1주일 내내 손해만 보았다. 중간에 내가 바라는 대로 패턴이 나와주어서 어느 정도 복구를 하기도 했지만, 또 몇 번의 패배로 그 복구가 물거품이 되면 금세 정신이 나가 미친 베팅만을 저질러댔다. 매일같이 손해를 보는 것은 지극히 당연한 결과였다. 그렇게 많은 돈을 가지고 있었음에도 불구하고 순식간에 모든 돈을 날려버렸다. 가진 돈을 전부 다 잃어서 더 이상 복구를 시도할 돈도 없는 지경까지 이르렀다.

예전과 같은 상황이 또 발생했다. 그런데 다른 점이 있었다. 예전보다 돈이 비교할 수 없을 정도로 많았음에도 다 잃는 데에 걸린 시간은 오히려 더 짧았다는 것이다. 예전에 사다리 베팅으로 돈을 잃었을 때는 이렇게 짧은 시간에 그런 일이 일어났던 것이 아니었다. 분명히 그때도 돈을 잃고 분노에 휩쓸려 무리한 베팅을 했던 것은 지금과 다를 것이 없지만 이번처럼 심각한 정도는 아니었다. 이번에는 그 무리한 정도, 미친 정도가 차원이 달랐다.

먼저 인격 자체가 바뀔 정도로 타락을 해서 패배에 대처할 수 있는 평정심이나 인내심, 즉 분노 조절 능력이 바닥을 치고 있었다. 그렇게 나 스스로가 분노의 화신이 되어있었기 때문에 예전에 했던 무리한 베팅은 우습게 보일 정도의 미친 베팅을 서슴없이 저질러댄 것이었다.

그렇게 무리하게 된 데에는 성격의 변화와 더불어 돈에 대한 개념 자체를 상실해버린 점도 한몫 차지했다. 돈이라는 것은 승리에 대한 보상일 뿐이었고, 승리를 장식하기 위한, 또 내 파탄 난 성격을 옹호하기 위한 수단일 뿐이었다. 이렇게 나는 소비라는 개념과 돈의 액수에 대한 개념을 완전히 상실해버린 상태였다. 돈 개념 자체를 잃어버렸기 때문에 내가 얼마나 무리한 짓을 하고 있는지를 제대로 파악하는 것은 불가능에 가까운 일이었다. 말이 5,000만 원이고 전 재산이지, 일주일 만에 3억 원이 넘는 돈을 날렸는데 돈에 대한 개념이 조금이라도 남아있었다면 그렇게까지 많은 돈을 날리진 않았을 것이다. 중간에라도 멈춰 손해를 줄이고 남아있는 돈에 감사하며 다음을 기약했어야했는데, 몇 천을 날리건 몇 억을 날리건 그 손해를 제대로 실감하지 못했기 때문에 더욱 무리한 짓을 강행했던 것이다. 손해의 액수는 간과하고 다시 본전으로 돌아가야 한다는 마음만 앞세웠기 때문에 미친 짓을 멈출 수가 없었던 것이다.

본전에 대한 강박관념 자체도 예전과 비교할 수 없을 정도로 심각해져있었다. 난 성격파탄자라는 소리를 들을 정도로 성격이 개떡이 되었었다. 거기다가 돈이 많다는 것으로 내 파탄 난 성격을 옹호하려했을 만큼 인격적으로 타락해있었다. 또 나를 구원해주신 부모님은 생각도 안하고 다시 도박에 손을 대서 그 돈으로 나 홀로 초호화 생활을 누렸을 정도로 쓰레기나 다름없는 인간이었다. 그럼에도 내가 당당할 수 있었던 것은 오로지 돈 때문이었다. 돈이 많았기 때문에 나는 쓰레기가 아닌 승리자일 수 있었던 것이다. 도박중독자, 성격파탄자, 개차반, 양심도 없는 패륜아인 나를 승리자로 둔갑시켜주는 왕관의 역할을 했던 것이 바로 이 '돈'이라는 것이었다.

그런데 그런 돈을 모조리 잃어버리고 또다시 예전처럼 빚쟁이 신세로 전락해버리면 사람들은 나를 꼴좋다며 멸시할 것이 분명했다. 내가 경거망동한 모든 짓들이 나에게 오욕과 모멸로 돌아올 것이 틀림없었다. 그때 가서야 꼬리 내리고 내 잘못을 인정할 수도 없는 노릇이었다. 그렇게 되는 것은 죽기보다 싫었다. 그렇기 때문에 내가 승리자일 수 있는 상황, 손해를 보기 전인 그 본전에 대한 집착이 그 어느 때보다 심했던 것이다.

이렇게 나는 아예 정상적인 인간일 수가 없는 상태였기 때문에 미친 짓, 즉 예전과는 비교할 수 없을 정도의 무리한 베팅을 계속해서 시도했던 것이다. 순식간에 파산한 것은 어찌 보면 필연적인 결과였다.

52장.
정신병자

 그렇게 미친 짓으로 모든 돈을 날린 상태였지만 내가 지인들에게 빌려준 돈은 아직 많이 남아있었다. 그 빚을 회수해서 다시 복구를 위한 베팅을 할 생각이었다. 지인들에게 돈을 갚으라고 했다. 지인들 입장에서 청천벽력과 같은 소식이었을 것이다. 대부분 돈을 많이 잃고 빚에 허덕이는 상황에서 내게 도움을 청했기 때문에, 아무런 조건 없이 나중에 갚으라며 돈을 빌려주었던 것이다. 그런데 갑자기 이제 와서 돈을 내놓으라고 하니 당장 그 돈을 구할 수 있을 리 만무했다.
 그 중에 나랑 가장 친한 친구는 베팅으로 상당히 많은 돈을 잃어 이곳저곳에 빚이 상당히 많았다. 그래서 내가 그 빚을 해결해주고자 많은 돈을 빌려주었었다. 그런데 내 상황이 급하다 보니 그 친구에게도 당장 돈을 갚으라고 했다. 하지만 그 친구 역시 여유 있는 상황이 아니었기 때문에 당장은 돈을 갚을 수가 없다고 했다. 성격파탄자인 내가 그것을 용인해줄 리 없었다. 계속해서 친구를 닦달했고 심지어 폭언까지 내뱉으며 독촉을 했다. 그리고 내가 돈을 많이 따서 친구에게 빌려줄 수 있었던 것처럼, 일단 내가 살아야 같이 살 수 있는 것이니 내 위기를 넘기는 게 먼저라고 했다. 하지만 친구는 당장 그 큰돈을 구할 수 있는 방법이 있을 리 없었다. 나는 그런 친구를 쥐 잡듯이 닦달했다. 친구의 처지는 안중에도 없이 내 상황만 들먹이며 빚 독촉을 해댔다.

결국 친구는 내 닦달을 못 이기고 사채를 써서 돈을 갚았다. 사채를 썼다는 말을 들으니 문득 무서운 생각이 들었다. 만약 내가 이 돈마저 다 잃어버리면 친구는 사채 빚에 허덕이게 되는 것이기 때문에 걱정이 들 수밖에 없었다. 하지만 이미 미쳐버릴 때로 미친 나였기 때문에 내가 빌려준 돈을 받는 것뿐이고, 그 돈으로 내 손해를 복구하고 다시 친구한테 돈을 빌려주어 사채 빚을 갚게 하면 그만이라고 생각했다. 그런 패배를 겪어서 친구한테 사채까지 쓰게 만들었으면서도, 예전에 돈을 많이 땄었던 기억만 떠올리며 충분히 다시 복구할 수 있다고 생각하는 나였었다.

그런데 예전에 승리를 거둘 수 있었던, 천천히 참고 기다리며 손해를 최소화하는 승리 공식은 버려두고 빨리 복구하겠다는 마음으로 아무 구간에서나 무리한 베팅만을 저질러댔으니 친구가 사채를 써서 구해온 돈이라고 남아날 리가 없었다.

사채로 구해온 돈을 다 잃었다는 말을 들은 친구는 좌절했다. 그리곤 눈에 눈물까지 고이며 제발 자기 좀 살려달라고 나에게 애원했다. 내가 해결해주지 못하면 정말 자기는 죽는 길뿐이 없다고 말했다.

상황이 이 지경까지 오게 되니 불현듯 불길한 예감이 들기 시작했다. 이대로 가다간 정말 큰 일이 날 수도 있겠다는 생각이 들었다. 그런 사단 나는 꼴 보기 싫으면 내가 잘해서 이 상황을 해결해나가는 수밖에 없었다. 그런데 지인들에게 빌려준 돈도 다 회수한 상태라 더 이상 돈을 구할 곳도 없었다.

그래서 여자친구에게 돈을 빌려달라고 했다. 하지만 여자친구라고 큰돈이 있을 리 없었다. 여자친구는 일단 진정을 하고 천천히 해결 방법을 생각해보자고 했다. 나는 그 말을 듣자마자 버럭 소리를 지르며 지금 이 상황이 진정할 상황이냐고 다그쳤다.

여자친구는 이미 이성을 잃을 대로 잃은 내게 무슨 말을 해도 통하지 않는다는 것을 알고 있었다. 하지만 모아둔 돈도 없는 마당에 돈을 빌려줄 방법이 있을 리 없었다. 그런 상황에서 나는 여기저기 돈을 빌릴 방법을 알아보고 있었다. 내가 지인들에게 돈을 빌리러 다닌다는 것을 알게 된 여자친구는 결국 자신이 몰래 대출을 받아서 돈을 빌려주었다. 나중에 중요한 일이 있을 때 쓰려고 숨겨놨던 돈이라며 내게 돈을 주었다. 여자친구는 그렇게 대출을 받아서 돈을 빌려주면서까지 자신보다 내 걱정을 먼저 했다. 돈은 어떻게 되도 상관없으니 제발 진정을 좀 하고 천천히 해결해보자고 간청했다. 눈물까지 흘렸다.

여자친구가 눈물을 닦으려 화장실을 간 사이에 핸드폰을 몰래 뒤져 보았고 나 몰래 대출을 받아서 돈을 빌렸다는 사실을 알게 되었다. 그 사실을 확인하니 내가 저지르고 있는 짓거리의 심각성이 또 한 번 뼈저리게 느껴졌다. 친구에게 사채를 쓰게 만들었고 여자친구까지 대출을 받게 만들었다. 나 하나 살자고 이들을 고통 속에 내던지고 있었던 것이다.

하지만 그런 상황에서조차도 답은 내가 잘 이겨내서 이 위기를 극복해나가는 것뿐이 없다고 생각했다. 나중에 이 상황이 해결되면 그들에게 백배 천배 더 잘하면 된다는 허무맹랑한 합리화로 나를 달랬다. 그리고 여자친구가 대출까지 받아서 구해온 돈이라는 것을 모르는 척하며 다시 복구를 위한 베팅을 시작했다.

그런데 얼마 지나지 않아 그것마저 다 잃었다. 이제는 더 이상 돈을 마련할 데도 없었다. 오피스텔 잡았던 것도 빼고 내가 승리를 장식하기 위해 구입한 모든 것들을 팔았다. 밑 빠진 독에 물 붓기였다. 돈이 내 수중에 들어오는 족족 사라졌다.

  이제는 새로이 빚까지 지기 시작했다. 여자친구에게는 비밀로 하고 전에 나에게 돈을 빌려주었던 지인들에게 다시 돈을 빌려달라고 부탁했다. 예전에 내가 돈을 갚으면서 이자를 두둑하게 주었기 때문이었는지 지인들은 순순히 돈을 빌려주었다. 그 돈 역시 다 잃었다. 여자친구가 대출받은 돈까지 합쳐서 빚이 1억 원이 넘어갔다. 가지고 있었던 3억 원이 넘는 돈을 다 잃고 친구와 여자친구에게 대출을 받게 만들고, 추가로 1억 원이 넘는 빚을 지게 된 이 모든 과정이 2주 동안의 짧은 시간에 일어난 일들이었다. 이렇게 무서울 정도로 짧은 시간 만에 천국이 지옥으로 변해버렸다.

53장.
진짜 '지옥'

 또 다시 지옥이 찾아왔다. 3억 원이 넘는 돈과 초호화 오피스텔에 최고급 가전들과 가구들, 그리고 갖가지 명품들, 모든 것이 사라졌다. 거기다가 가장 친한 친구를 사채 빚에 빠지게 만들었고, 여자친구에게도 대출 빚을 지게 했으며, 나 자신도 지인들에게 억 단위의 빚을 지게 되었다. 예전의 지옥은 지옥도 아니었다. 진짜 지옥은 이제 시작이었다.

 그런데 이전에 지옥을 처음 겪을 때에는 온갖 고통과 슬픔과 좌절, 후회로 하루하루를 보냈었는데 이제는 그런 생각조차 들지 않았다. 너무 짧은 시간에, 거기다가 정신이 미쳐있는 상태에서 이런 일들을 경험했기 때문이었는지 내가 처한 현실이 실감이 되지 않았다. 모든 것이 꿈만 같았다. 현실 감각이 전혀 느껴지지 않았다.

 행복이 날아간 것, 빚더미에 쌓인 것을 생각하는 순간 사지가 뒤틀리고 온몸에 식은땀이 났다. 여자친구와 지인들에게 빌린 돈을 어떻게 갚을지, 사채 빚을 지게 된 친구는 어떻게 될지를 생각하면 얼굴 표정이 찌그러졌고 동공이 뒤집히며 눈의 깜빡거림이 극심해졌다. 호흡 곤란 증상까지 찾아왔다. 대책이 나올 리 없었다. 정말로 답이 없는 상황이었다.

이러다가 죽는구나싶었다. 이런 상황이라면 정말 죽을 수도 있겠다는 생각이 들었다. 그런데 너무나 고통스러워 죽는 것이 아니라 사는 게 사는 것처럼 느껴지지 않으니 죽어도 괜찮겠다는 생각이었다. 아무 생각 없이 실성한 사람처럼 걷기만 했다. 입에 아무것도 갖다 대지 않았다. 돈을 잃는 2주 동안 다시 15kg이 넘게 빠졌다. 하루에 1~2kg씩 빠져나가는 것 같았다. 배고픔이 느껴지지도 않았다. 매일같이 그냥 죽는 것이 낫겠다는 생각만 커져갔다.

친구에게 이 상황을 전부 이야기했다. 친구는 이야기를 듣자마자 풀썩 주저앉았다. 친구의 얼굴에는 절망만이 가득했다. 단 한 톨의 희망도 찾아볼 수 없었다. 이 친구도 돈은 돈대로 잃어서 여기저기 빚을 지고 있었고 나에게 빌린 돈으로 겨우 견디고 있었던 것이었는데, 이제는 새로이 사채 빚까지 지게 되었으니 달리 손쓸 수 있는 방법이 있는 상황이 아니었다. 거기다가 이 친구네 집은 형편이 어려워 부모님의 도움조차 받을 수가 없었다. 앞으로 매달 내야할 이자가 상당해서 원금은커녕 이자도 제대로 내지 못할 상황이었다. 무엇보다 심각했던 것은 이 친구가 군대를 계속해서 미뤄왔는데, 더 이상 군대를 연기할 수 없는 상황이었다는 것이다. 엄청난 빚을 지고, 거기에다가 사채 빚까지 진 마당에 군대에 입대를 해야 했던 것이다.

우리 둘은 아무 말도 할 수 없었다. 미안하다는 말조차 나오지 않았고 어떻게 해결해야할 지에 대한 말도 할 수가 없었다. 우리 둘 모두 답이 없다는 것을 알고 있었다. 그렇게 아무 말 없이 땅만 쳐다보고 있었는데 친구가 간다는 말도 없이 떠났다. 나는 떠나는 친구의 뒷모습을 바라만보고 있었다. 붙잡아서 미안하다는 말이라도 하고 싶었지만 이런 상황에서 미안하다는 말이 무슨 소용이나 있었을까. 해결 방법을 찾아보자는, 너무 걱정하지는 말라는 말도 입에서 나올 리가 없었다. 나는 그렇게 아무 것도 하지 못한 채 친구를 떠나보냈다. 점점 작아지는 친구의 뒷모습을 보는데 불길한 예감이 들었다. 왠지 그 친구를 다시는 볼 수 없을 것 같다는 예감이었다.

나의 불길한 예감이 맞았다. 결국 친구가 투신자살을 했다.

모든 것이 나 때문이었다. 내가 친구를 그렇게 닦달하고 사채 빚까지 지게 만들었기 때문이었다. 아무리 많은 돈을 날렸고, 복구에만 정신이 팔렸다고 하더라도 친구에게 사채 빚까지 지게 만들어선 안 됐었다. 뒷감당은 어떻게 할지 생각도 안하고, 당장의 복구할 것만을 생각하며 파멸을 불러올 수 있는 짓을 너무나도 섣불리 저질러버렸다. 이성적인 판단을 하지 못할 정도로 미쳐있었던 것이다. 상황이 이렇게 될 거라고는 정말 상상도 못했었다. 불길한 생각이 들은 적도 있었지만 그런 생각조차도 가볍게 져버릴 정도로 정신머리가 썩어빠져 있었던 것이다.

가장 친했던 친구를 잃었다. 어린 시절의 추억을 함께 공유하는, 함께 고생하며 공부를 했었던, 불합격의 슬픔과 합격의 기쁨을 함께 나누었던, 축구를 참 잘했던, 함께 축구 게임을 정말 많이 했었던, 드록바36)를 참 잘 썼던, 나와 가장 친한, 내겐 둘도 없이 소중한, 그런 친구를 잃고 말았다. 내가 친구를 죽음으로 등 떠민 것이나 다름없었다. 도박이라는 것에 눈이 멀어 우정이라는 가치를 휴지조각 정도로 생각하며, 친구를 벼랑 끝까지 몰아 떠밀어버린 것이나 다름없었다.

친구의 죽음을 접하고 내 머릿속에 들은 생각은 딱 하나였다.

---

36) 코트디부아르 출신 축구 선수 이름.

'나도 곧 따라 가마.'

매일같이 들었던 죽을 수도 있겠다는 생각은 죽어야한다는 생각으로 바뀌었다. 죽자는 생각 말고는 아무런 생각도 할 수 없었다. 부모님과의 약속을 어기고 또다시 도박에 손을 댔으며, 이제는 억 단위가 넘는 빚을 졌고, 친구를 죽음으로 등 떠밀었다. 나는 이 세상에 살아 있을 자격이 없었다. 더 이상 내겐 숨을 쉬고 있을 자격조차 없었다.

소주를 잔뜩 사서 한강대교 위로 올라갔다. 아무 생각 없이 계속해서 소주를 마셨다. 아무리 마셔도 취하지 않았다. 3병을 마셨다. 토가 나왔다. 다시 계속해서 마셨다. 마시고 토하고를 반복했다. 점점 술에 취해가니까 자동차 지나다니는 소리가 다르게 들려왔다. 차 소리가 점점 나를 질책하는 고함 소리처럼 들리는 듯 했다.
"그래. 그렇게 나를 혼내주라. 이 슬픔을 조금이라도 덜 수 있게 나를 호되게 혼내주라. 내게 더 심하게 호통을 쳐주라."
계속해서 술을 마셨다. 술을 너무 마셔서 몸도 제대로 가눌 수가 없었다. 그렇게 풀썩 쓰러졌다. 다시 일어나서 뛰어내리려는 마음으로 난간에 올라섰다. 난간에서 올라서서 한강물을 바라보았다. 출렁대는 강물에 옆에 있는 대교의 불빛이 비추었다. 일자로 쭉 펼쳐진 그 빛은 어디론가 향하는 길처럼 보였다. 그 길은 나에게 빨리 내려오라고 손을 흔들고 있었다.
"그래. 뒤지자. 죽자 씨발.. 살아 뭐하냐... 씨발롬아... 으.. 씨발아.. 이젠 진짜 끝이다..이젠 진짜 안녕이다.. 하.. 개씨발..."
그렇게 몸을 내던졌다. 몸이 떨어지는 느낌을 받으니 그 취한 와중에도 정신이 번쩍 들었다.
'나는 이제 죽는구나.. 이것이 죽는다는 느낌이구나.. OO가 죽기 전에 느낀 기분이 이런 것이었겠구나.. 만나면 무슨 이야기부터 하지.. 그때 못했던 미안하다는 말부터 해야겠다.. 엄마아빠.... 정말 죄송합니다.. ○○야 미안하다....'

나는 그렇게 의식을 잃었다.

54장.
다시 눈을 뜨다

 다시 눈을 뜨니 병원이었다. 나는 죽지 못했다. 어떻게 된 것인지 알아보니, 여자친구가 내가 갑자기 연락이 되지 않자 무슨 일이 생긴 줄 알고 우리 부모님께 연락을 해서 모든 자초지종을 말씀드렸다고 한다. 그 이야기를 들으신 부모님께서 내게 무슨 일이 생긴 줄 알고 119에 신고를 하셨던 것이다. 내가 난간에 올라가서 떨어진 것은 신고를 받고 출동한 소방대원이 나를 발견하고 내가 떨어지기 직전에 뒤로 잡아당긴 것이었다. 나는 내가 강 쪽으로 뛰어내린 것이라 생각했지만 다리 안쪽으로 떨어진 것이었고 그렇게 떨어지는 느낌을 받으면서 의식을 잃고 기절을 한 것이었다. 핸드폰을 보니 긴급 구조를 위해 내 위치를 조회했다는 문자가 와있었다. 그리고 119에서 몇 통의 전화가 와있었는데 내가 전화를 받지 않으니 내 위치를 조회해서 나를 찾아 온 것이었다.

 그렇게 나는 다시 살아났다. 기분이 이상했다. 죽음의 문턱을 경험하고 온 기분은 정말 이상했다. 아무 말 없이, 아무런 생각도 없이 누워있었다. 누워서 멍하니 천장만 바라보고 있었다.
 아버지께서 오셔서 어떻게 된 것이냐고 물으셨다. 모든 상황을 말씀드렸다. 아버지께서는 착잡한 표정으로 일단 몸조리 잘하고 있으라고 하시며 내 여자친구에게 나를 부탁하고 돌아가셨다. 여자친구는 내 손을 잡고 말없이 계속해서 울기만 했다. 내 눈에서도 눈물이 났다. 펑펑 울었다. 여태껏 살면서 가장 많은 눈물을 흘린 것 같다. 둘이서 눈물바다를 만들었다.

 '이런 내가 살아갈 자격이 있을까. 친구를 죽음으로 몰고, 부모님의 신뢰를 또다시 져버리고, 1억 원이 넘는 빚을 지고, 또 이런 소동까지 벌여 사랑하는 사람들에게 치유할 수 없는 마음의 상처를 준 내가 과연 살아갈 자격이 있을까. 살아갈 자신이 있을까..' 하염없이 눈물만 흐를 뿐이었다. 문득 영화 〈타짜〉의 나오는 대사가 생각났다.

"끊지 못하면 결국 불행해진다."

55장.
인간답지 못하다

　병원에 누워서 많은 생각을 했다. 어렸을 때부터 학창 시절, 또 대학생이 되어서 사회에 진출했던 때를 천천히 회상해보았다. 내가 잘못 살아온 것이었을까. 아니었다. 순탄했던 것만은 아니었지만 그런대로 바르게 자라왔었다. 부족함은 있었지만 오히려 남부럽지 않게 살았던 것 같다는 생각도 들었다. 그럼 도대체 무엇이 문제였을까.
　내가 도박을 시작했을 때부터 지금의 상황이 오기까지를 천천히 돌아보았다. 입문했을 때부터 돈을 땄을 때와 잃었을 때, 그리고 처음 도박을 그만두어야겠다는 생각을 했을 때, 미니 토사장이 되어서 베팅 사업을 했을 때, 사다리를 정복한다고 했을 때, 그리고 모든 돈을 탕진하고 지금에 이르게 된 상황까지. 정말 다양하고도 많은 일이 있었지만 공통적인 것이 하나 있었다. '인간답지 못한 삶을 살아왔다'는 것이다.

　먼저 도박을 하던 내 모습에 대해서 생각해봤다. TV 화면, 모니터에서 축구 경기를 보면서 어린애처럼 아쉬워하고 좋아하는 내 모습은 어땠을까. 하루 종일 PC방에서 줄담배를 태우면서 모니터 앞에 앉아 여러 개의 경기를 틀어놓고 시청하는 폐인과 같은 내 모습은 어땠을까. 20대의 꽃다운 나이에 잠자는 시간 빼고 하루 종일 홀짝이 추첨되는 사다리 화면 앞에서 생사기로의 감정을 느끼며 환희하고 좌절하는 도박중독자로서의 내 모습은 얼마나 병신 같아 보였을까.
 이런 병신 같은 모습으로, 정작 중요한 가치들은 추구하지 못한 체 도박에만 빠져서 살아왔었다. 훌륭한 사람이 되어 부모님의 기대에 부응하지는 못할망정 쾌락만을 좇으며, 타락에 빠진 모습으로 그 기대를 저버리는 짓이나 하고 있었던 것이다.

 또 돈이라는 것의 소중한 가치를 잊어버리고 살아왔던 모습에 대해서도 생각해봤다. 내가 처음 돈이라는 것을 만졌을 때는 부모님께서 용돈을 주셨을 때이다. 그 돈은 부모님께서 가족을 위해 뼈 빠지게 일하시며 벌어 오신 돈이다. 부모님께선 내가 그 돈을 쓰면서 돈의 가치를 배우고, 그 돈을 유용하게 쓰는 법을 익히기를 바라는 마음에서 주신 것이다. 작은 돈이지만 부모님의 소중한 피땀이 담겨있고 의미와 가치가 담겨있는 것이다.
 내가 대학생이 되어서 아르바이트를 하면서 돈을 벌어보았을 때, 일을 해서 돈을 번다는 것이 얼마나 힘든 것인지를 처음으로 알게 되었다. 직접 일이라는 것을 해보니 부모님께서 얼마나 고생하시며 나를 키워 오셨는지를 깨달을 수 있었다. 그런 부모님의 헌신 덕분에 내가 이렇게 별 탈 없이 잘 자라온 것이니, 나도 그에 맞게 열심히 공부해서 훌륭한 사람이 되어 부모님의 은혜에 보답해야겠다고 생각했다.
 그런데 도박을 하면서 돈을 쉽게 얻다보니 돈의 중요한 가치를 너무나도 손쉽게 잃어버렸다. 남들 월급에 해당하는 돈을 하루 이틀 만에 얻다 보니 돈을 우습게 여기게 된 것이다. 내게 있어 돈이라는 것은 노동을 통해서 얻을 수 있는 피와 땀의 대가가 아니라 단순한 승리의 징표로 전락해버렸다. 소비라는 개념은 승리를 만끽하기 위한 수단일 뿐이었다. 돈을 그런 식으로 폄하해 보았으니 돈을 사용하는 모습도 추할 수밖에 없었다. 주체하지 못하는 사치를 부렸고, 돈으로 모든 것을 해결하려했고, 돈으로 사람들을 무시했으며, 돈이면 다라는 식의 행동을 보였었다. 돈 몇 푼 만졌다고 우리 부모님을 비롯하여 모든 사람들이 한평생을 바치며 이룩한 소중한 가치들을 무시했던 것이나 다름없다.

그 중에서 가장 비인간적이었던 모습은 바로 안정의 가치를 간과해버린 모습이다. 인간은 마음의 안정, 즉 '생물학적인 항상성'을 유지해야한다. 이러한 안정이 깨져버리면 혼란을 겪게 된다. 작은 감정의 변화만으로도 쉽게 흔들리게 되고 극도의 슬픔이나 분노를 느끼면 견딜 수 없는 지경에 이르게 된다. 만약 안정을 찾지 못할 경우엔 계속된 스트레스로 미쳐버리기까지 한다. 그렇게 극한의 상황이 와야 평상시에는 너무 익숙해 간과하고 있던 평온함이 얼마나 소중한 것이었는지를 깨닫게 된다.

나는 이런 안정의 중요성을 간과하고, 도박이 주는 재미와 쾌락을 얻기 위해 안정을 담보로 쓴 것이나 다름없었다. 도박의 승리가 주는 재미와 쾌락이 강하면 강할수록, 패배했을 때에 얻게 될 고통과 슬픔 역시 엄청날 수밖에 없다. 그런데 패배로 안정이 깨지는 것이 얼마나 고통스러울지, 그러한 극한의 고통에서 평상시의 안정을 얼마나 간절히 소망하게 될지를 고려조차 하지 못했었다. 그렇기 때문에 승승장구하는 와중에는 미래에 대한 어떠한 대비책이나 보험도 없이 계속 그 안정을 내걸고 더 많은 승리를 얻으려 했던 것이고, 패배가 쌓여 상황이 악화되고 안정이 점점 더 위태로워지는 상황 속에서도 안정이 박살나버릴 때에 대한 아무런 대책도 없이 안정을 내던져가며 복구를 하려 했던 것이다. 나락 속으로 빠져 들어갈 때에 내 머릿속에 든 생각은 하나뿐이었다.

'이 돈마저 다 잃으면 그냥 죽자. 죽는 것만 답이다.'

죽는다는 것이 어떤 것인지도 모르면서 위험한 도박을 합리화하는 수단으로 죽음을 이용했었다. 죽는다는 것이 모든 것을 해결해주는 대책인 마냥 생각했던 것이다. 안정이 깨져 죽음에 이르는 지경을 경험해보지 못했기 때문에 저런 허무맹랑한 합리화나 하면서 계속 나 자신을 위태로운 상황으로 내던지고 있었던 것이다.

도박으로 많은 빚을 진 사람에게 팔 하나를 자르면 빚을 갚아준다는 제안을 했다고 가정해보자. 아무리 빚을 탕감해준다고 해도 자신의 신체를 절단해가면서까지 그런 선택을 하는 사람은 없을 것이다. 팔이 잘리고 빚이 탕감되었다고 해보자. 그러면 오히려 빚더미에 쌓여있지만 사지가 멀쩡했던 과거로 돌아가고 싶어 할 것이다. 돈이라는 것은 벌어서 갚으면 그만이지만 잘려진 팔은 무슨 수를 써도 복구할 수 없기 때문이다.

예전의 나 역시도 그렇게 생각했을 것이다. 아마 팔이 잘릴 바에야 차라리 죽는 게 낫겠다는 생각을 했을지도 모른다. 팔이 잘리는 것은 충분히 생각해볼 수 있는 것이지만 죽는다는 것은 그렇지 않기 때문에 애매하고 막연한 쪽으로, 나 편한 쪽으로 상황을 회피해서 생각했을 것이다.

하지만 죽는다는 것에 의미를 제대로 파악하게 된다면 목숨을 잃는 것보다야 팔 하나 내주는 것이 훨씬 낫다는 것을 알게 될 것이다. 내가 죽음의 의미를 제대로 파악할 수 있었던 것은 뛰어내리는 그 순간이었다. 몸이 떨어지는 느낌을 받으면서 죽는다는 것이 체감이 되니 술에 만취해 혼미해있던 의식이 금세 뚜렷해졌다. 그 상황에서 내 머릿속에 가장 강력하게 찾아온 생각은 살고 싶다는, 죽기 싫다는 생각이었다. 정말 단순한 이유에서이다. 생명이기 때문에 죽는 것이 싫은 것이다. 죽으면 모든 것이 끝나버리기 때문에 살고 싶은 것이다. 아무리 절망 속에 빠져 있더라도 죽는 것보다야 살아서 느끼는 절망이 훨씬 나은 것이다. '개똥밭에 굴러도 이승이 나은 법'이다. 비록 소방대원이 나를 잡아당겨 뒤로 떨어지면서 죽는다는 것으로 착각을 한 것이었지만, 죽음의 직전에 도달했다는 느낌을 받고서야 비로소 모든 것이 끝나버리는 '죽음'의 의미를 제대로 파악할 수 있었다.

내가 깨어나 병원에서 맞이한 하루는 내가 죽기 직전에 간절히 바랐던 그 살고 싶다는 소망이 이뤄진 하루였다. 바로 전날 친구의 죽음을 접하고 나 역시 더 이상 살 자격이 없다는 생각에서 생을 마감하기 위해 뛰어내렸던 것이지만, 죽음의 문턱에서 그 죽음을 체감하고 오니 내가 살아있다는 사실이 그렇게 감사할 수 없었다. 죽지 않고 살아있다는 것은 너무나도 감사한 사실이었다. 생명이기 때문에 당연히 느껴야하는 생존의 감사함을 생명의 끈을 놓은 상황을 경험하고 와서야 제대로 느낄 수 있었던 것이다.

나는 이토록 감사하고 소중한, 생명을 유지하는 데에 있어 필수적인 안정을 그 위험한 전쟁터에 내던지고 있었던 것이다. 내가 얻고자 했던 것들은 기껏해야 재미, 쾌락, 돈 따위들이었다. 그 따위 것들을 얻으려고 내 생명을 위태롭게 할 수 있는 전쟁에 자청해서 참전한 것이었다. 인간의 온전함을 유지해주는 항상성을 바쳐서 재미와 쾌락을 좇았으니, 그것만큼 비인간적인 모습이 또 있을까.

지나온 과거를 생각해 보니 정말 인간답지 못한 삶을 살아왔다는 생각이 강하게 들었다. 쾌락을 추구하는 모습, 돈의 가치를 저버린 모습, 안정을 내던지는 모습, 파멸 속에서 내 자신을 내던진 모습, 이루 말할 수 없는 비인간적인 모습으로 내 소중한 인생을 허비하고 있었던 것이다.

도대체 왜 베팅을 하는 와중에는 이런 생각을 하지 못했던 것일까? 어떻게 보면 정말 단순한 생각이다. 이런 삶이 인간답지 못한 삶이라는 것은 초등학생들도 쉽게 알 수 있는 것이다. 그런데 다 큰 성인인 내가, 누구보다 똑똑하다는 내가 왜 이런 단순한 생각을 하지 못했던 것일까?

생각하면 할수록 계속해서 이런 의아함이 들었지만 이 의아함은 금세 사라졌다. 답이 나오는 데에 오랜 시간이 필요한 것이 아니었다. 답은 내가 '도박'을 했기 때문이었다. 도박이라는 것을 해댔기 때문에 인간성을 상실한 채 살아왔던 것이고, 도박이라는 것에 홀려있었기 때문에 인간성을 상실하고 있다는 사실을 인지할 수 없었던 것이다. 답은 도박이라는 것을 시작할 때부터 나와 있었다. 첫 입문을 했을 때 이미 인간성을 포기했던 것이고, 그렇기 때문에 인간답지 못한 삶을 살아온 것은 도박을 시작했을 때 이미 정해진 '운명'이었던 것이다.

56장.
파동이론

도박을 하면 승리를 하다가 패배를 하기도 하고, 이익을 보다가 손해를 보기도 하고 한다. 항상 이기기만 할 수도 없고 항상 지기만 할 수도 없다. 각각의 차이가 어느 정도 있겠지만 이러한 과정은 비슷한 모습으로 반복된다. 그리고 이러한 오르내림의 파동은 시간이 갈수록 그 크기를 더해간다. 마찬가지로 정신적인 변화의 파동도 그에 따라 커지게 된다. 재미와 쾌감은 계속해서 증폭되고, 승리로 인한 쾌락 역시 상상도 할 수 없을 정도로 커진다. 반대의 경우인 패배의 고통과 슬픔, 그에 따른 절망도 인간이 견디기 힘든 수준까지 커지게 된다.

파동이 커지면 커질수록 점점 그 안에서 인간성을 상실하게 된다. 돈을 많이 따고 있건, 잃고 있건 마찬가지이다. 엄청난 승리로 막대한 돈을 만질 수 있다 해도 그것은 노력을 통해 정당하게 얻은 것이 아니다. 엄청난 파동의 과정에서 삶이 위태로울 정도의 위기들을 수도 없이 경험했을 텐데, 그 승리는 목숨을 담보로 얻은 상처 가득한 승리일 뿐이다. 그렇게 비정상적으로 얻은 것이기 때문에 그것을 대하는 마음 역시 정상적일 수 없다. 점점 승리를 대하는 모습은 변질되어버린다. 목숨을 바쳐 얻은 승리이기 때문에 그런 승리감에 취해 다른 소중한 가치들을 쉽사리 잃어버리고, 자아도취에 빠져 본연의 모습을 잃어버리기도 한다.

그렇게 커진 파동이 패배로 전환되면, 패배로 인한 고통은 인간이 견딜 수 있는 단계를 넘어서게 된다. 그 극심한 고통에서 벗어나기 위해서, 또 예전의 승리로 돌아가려는 병적인 강박관념에서 인간의 최우선가치인 안정성에 배반되는 짓을 저지르게 된다. 다른 사람을 위험에 빠트릴 수도 있고, 자신을 그 위험한 불구덩이 속에 내던질 수도 있다.

더 무서운 사실은 이러한 파동의 오르내림의 반복이 파동의 크기와 비례해서 빠르게 진행된다는 것이다. 내림의 파동에서 오름으로 올라갈 때도 추진력이 붙어 빠르게 오름세로 전환되고, 오름의 파동에서 내림으로 내려갈 때에도 중력가속도를 받아 더더욱 강력하게 곤두박질친다는 것이다. 앞에서 이야기했던 파동의 크기와 더불어 거기에 비례하는 이러한 가속성은 사람을 흔들어놓는 것도 모자라 아예 찢어발길 수도 있다.

그렇게 되지 않으려면 어떻게 해야 할까? 방법은 딱 하나이다. 이 파동이 나를 휩쓸어버리기 전에 파동에서 벗어나는 방법밖엔 없다. 그런데 이익을 보고 있거나 아니면 손해를 보다가 그 손해를 복구하는 과정에 있을 때에는 절대로 그 파동에서 빠져 나올 수 없다. 잘 되어가고 있는 마당에 도박을 그만둬야겠다는 생각이 들 리가 없기 때문이다.

도박에서 빠져나올 수 있는 유일한 때는, 도박으로 심각한 손실을 입은 후 자신의 잘못을 인정하게 될 때뿐이다. 그때 그만두고 다시 손을 대지 않는 것이 도박에서 빠져나올 수 있는 유일한 탈출구이다.

영화 〈타짜〉에 '신의 손'이라는 것이 나온다. 신의 손이란 도박 인생에서 최고로 큰 판에서 최고의 패가 나왔을 때, 그 패를 공개하지 않고 덮어둔 채로 도박의 세계를 떠나는 것을 말한다. 최고의 패인 삼팔광땡37)으로 그 판에서 승리해 엄청난 돈을 딸 수도 있었을 것이다. 그런데 그 판을 이겨버려서 최고의 승리가 주는 최고의 쾌락을 경험해버리면, 몸은 계속해서 그 쾌락을 원하게 될 것이고, 그것 이상 가는 쾌락을 원하게 될지도 모른다.

그렇게 도박을 계속 이어나가다보면 언젠가는 불행이 찾아올 수밖에 없다. 최고의 승리만큼의 최악의, 오히려 그것보다 훨씬 더 큰 패배의 불행이 기다리고 있을 수도 있다. 그렇기 때문에 신의 손 고니는 그 판에서 지고 도박을 끊는 것이 다음에 찾아올 극심한 위기를 겪는 것보다 낫다고 생각한 것이다. 그래서 스스로 패배를 자처하고 파동의 굴레에서 벗어날 수 있는 최선의 길을 택한 것이다.

승리의 파동이 인생에 긍정적인 영향을 줄 때는 초기뿐이다. 승리의 파동이 커질수록 그 승리가 주는 쾌감에 쉽게 무감각해진다. 도박에서의 승리로는 어떤 성취감도 보람도 느낄 수 없기 때문에 단순히 이겼다는, 돈을 땄다는 향락적인 쾌감은 아무리 좋았다한들 금세 무덤덤해지고 만다. 하지만 그 쾌락의 중독성은 어느 무엇보다 심해서 사람으로 하여금 더욱 강력한 쾌락을 추구하게끔 부추기고, 그렇지 못할 때에는 심각한 금단증세를 불러일으켜 사람을 고통스럽게 만들기도 한다. 더 강력한 쾌락을 얻었다고 한들 그 쾌락도 금세 무덤덤해지고, 그것보다 더더욱 강력한 쾌락을 원하게 된다. 금단현상 역시 줄어들 생각은 안하고 계속해서 커져만 간다. 이러한 중독은 날이 갈수록 심해지게 되고, 결국 욕망의 하수인이 되어 그 기대치를 맞추기 위해 인

---

37) 도박 '섯다'에서 3월 광패와 8월 광패가 만드는 최고의 패.

생을 바치고 있는 자신을 발견하게 될 뿐이다.

  그러니 전체적으로 보면 도박의 파동이 인생에 긍정적인 영향을 주는 구간은 없다고 봐도 무방하다. 당연한 것이다. 앞의 문장을 다르게 말하면 도박이 인생에 도움이 될 때가 있냐는 것인데, 이렇게 생각하면 이해하기가 쉬울 것이다. 도박이 인생에 도움이 될 리가 없다. 도박이 인생에 도움이 된다는 생각을 한다면 자학을 즐기는 정신병을 앓고 있는 것이다.

  이러한 필연적인 파멸의 굴레에서 벗어나려면 하루빨리 이 파동에서 벗어나야만 한다. **도박을 끊어야한다.** 이 파동에서 벗어날 수 있는 때는, 도박을 끊을 수 있는 때는, 앞에서 말했듯이 오직 '패배'의 시기뿐이다. 패배의 시기 이외에 도박을 끊어야겠다는 생각이 드는 때는 존재하지 않기 때문이다. '승리보다 값진 패배'라는 말을 들어봤을 것이다. 하지만 도박의 세계에선 '패배가 승리보다 항상 값지다.' 패배야말로 도박을 끊게 해주는 유일한 처방이기 때문이다. 이러한 패배를 감사히 받아들여야한다.

  내가 지금 시점에서 다음 파동을 시작한다면 그 파동이 나를 어떻게 흔들어놓을지는 상상조차 하기 싫다. 그때에는 내가 인간이 아닐 수도, 이 세상에 더 이상 숨 쉬고 있지 않을 지도 모른다. 나는 이 극도로 고통스러운 패배를 이용해서 파동에서 벗어날 것이며 다시는 파동을 타지 않을 것이다. 그 이유는 간단하고 명료하다.

                    죽고 싶지 않으니까.
                    살고 싶으니까.
              이제는 '인간답게' 살고 싶으니까.

57장.
공감

　심리 치료에 있어서 가장 훌륭한 치료 방법은 '공감'하는 것이다. 자식을 잃은 부모에게는 그 어떤 위로의 말도 통하지 않는다. 하지만 똑같이 자식을 잃은 부모와 그 아픔을 공유한다면 그것만으로 큰 위로가 될 수 있다.
　병원에서 누워 이런저런 생각을 했다. 그러다가 나처럼 도박으로 인해서 자살을 선택한 경우가 있었는지 찾아보았다. 알아보던 중 인터넷 '자살 방지 카페'에 가입했다. 그곳에는 나처럼 도박으로 인생을 망친 사람들이 많았다. 오히려 나보다 심각한 사람들도 있었다. 부모님의 수술비로 도박을 해서 부모님이 치료를 받지 못하는 상황을 만들었다는 사람부터 강제로 정신 병원에 끌려 들어가 도박 중독 치료를 받고 있는 사람들, 도박 빚 때문에 범죄끼지 지질러 징역을 살고 있는 사람들도 있었다.
　그 중 가장 충격적이었던 것은, '나는 자살해 죽은 아이의 아버지입니다.'라는 제목의 글이었다. 글의 내용은 정말 충격이었다. 장례식장에 와서 자살로 자식을 먼저 보낸 부모의 슬픔을 보면 그 누구도 자살을 시도하지 못할 것이라는 내용이 있었다. 그 글을 읽고 내가 우리 부모님을 그렇게 만들 뻔 했었다는 생각을 하니 온 몸에 소름이 돋았다. 내가 죽지 않고 살아있다는 것이 그렇게 다행으로 느껴질 수 없었다.

나보다 심각한 사람들의 이야기를 접해보니 이만하길 다행이라는, 정말 여기서 끝나는 것만 해도 천만 다행이라는 생각이 들었다. 일종의 위로가 되는 것 같기도 했다.

그리고 도박을 끊지 못해 다시 손을 댔다는 사람들의 글이 정말 많았다. 그들에게 나의 사례를 보여주며 나처럼 되기 싫으면 당장 도박을 끊으라고 말해주고 싶었다. 또 나보다 더 심각한 사람들의 이야기를 들려주며 이렇게 되기 싫으면 당장이라도 끊으라고 말해주고 싶었다. 정말 힘들고 견딜 수 없는 상황에서 절망을 느끼고 있겠지만 그런 마음이 들 때가 도박을 끊을 수 있는 유일한 상황이고, 나와 같은 상황이 오기 전에 끊는다는 것이 얼마나 현명한 것인지를 말해주고 싶었다.

순간 내가 살아야할 이유가 하나 떠올랐다. 더 이상 나와 같은 사람들이 나오지 않게 하기 위해서, 직접 경험해보지 않으면 모르는 파멸의 굴레를 사람들에게 알려 도박에 대한 경각심을 불러일으켜야겠다는 생각이 들었다. 그것이 죽어 마땅한 내가 살아나가야 할 유일한 이유이고, 나의 과오를 속죄할 수 있는 유일한 길이겠다는 생각이 들었다. 내 과거에 대해 반성하고, 부모님께 저지른 불효를 반성하고, 죽은 친구에게 속죄하고, 베팅을 제공하는 모든 이들에게 가장 완벽하게 복수할 수 있는 방법은 이것뿐이라는 생각이 들었다.

내가 불법 인터넷 스포츠 도박의 1세대로서 겪은 생생한 경험들로 도박을 하는 모든 이들에게 경각심을 불러일으키고, 도박을 끊어야만 하는 이유를 알려 사람들이 지옥과 같은 도박의 세계에서 빠져나오게

도와야겠다는 생각을 하게 되었다.

  생각을 마치고 눈을 감았다. 질끈 감았다. 그리고 생각했다. 다시 눈을 뜨면 다른 삶을 살아가겠다고, 다시는 쓰레기처럼 살지 않겠다는 굳은 다짐을 했다. 그렇게 감은 눈을 다시 떴다.

58장.
결말

 모든 것이 꿈이었다. 눈을 뜨니 내 손에는 합법 베팅인 프로토 베팅 용지가 쥐어져있었다. 그 용지에 레알 마드리드와 바르셀로나의 승리가 베팅되어있었다. 배당은 1.3배, 베팅 금액은 1만 원. 그 베팅 용지를 손에 쥐고 잠이 들었는데 마치 구운몽38)의 성진처럼 도박을 하면 겪을 수 있는 파멸을 경험하는 꿈을 꾼 것이었다. "도박이 이렇게 무서운 것이라니!" 당장 그 베팅 용지를 찢어버렸다. 그리고 곧바로 꿈속에서 죽었던 그 친구에게 전화를 걸었다. 친구는 전화를 받았다.
 "어? 너 안 죽었네?"
 "뭔 개소리야."
 "아냐. 위닝 고고?"
 "고~"
 우린 그렇게 축구 게임을 하기 위해 플스방으로 갔다. 플스방비 내기를 하기로 했다. 그 친구가 레알 마드리드를 골랐다. 분명히 프로토 베팅 용지에 레알 마드리드의 승리로 체크되어있었는데 이 친구가 내

---

38) 조선 숙종 때에, 문인 김만중이 지은 장편 소설. 육관 대사(六觀大師)의 제자인 성진(性眞)이 양소유(楊少游)로 환생하여 여덟 선녀의 환신인 여덟 여인과 인연을 맺고 입신양명하여 부귀영화를 누리나 깨어 보니 꿈이었다는 내용이다. 인간의 부귀영화가 한낱 꿈에 지나지 않는다는 불교적 인생관을 주제로 하고 있다.

베팅 내역과 똑같이 레알 마드리드를 골라서 신기했다. 그래서 나도 그 용지에 적혀 있는 대로 레알 마드리드가 상대해야했을 팀을 골랐다. 전력 상 열세에 있는 팀이지만 내가 꾼 꿈이 무슨 메시지를 담고 있을 것이란 생각에 그 팀을 골랐다. 친구는 장난치지 말라며 제대로 된 팀을 고르라고 했지만 나는 그대로 강행했다. 결과는 내가 이겼다. 친구는 말도 안 된다며 한판 더 하자고 했다. 나는 스포츠의 세계는 모르는 것이라며 친구를 놀렸다.

그렇다. 스포츠의 세계는 모르는 것이다. 도박의 세계는 모르는 것이다. 사람 인생 어떻게 될지 모르는 것이다.

지금 위 이야기를 읽고 황당하고 어이가 없었다면 먼저 사과하겠다. 하지만 위의 내용은 내 친구가 세상을 떠난 이후로 내가 매일같이 눈을 감을 때마다 상상하는 바람이다. 매순간 눈을 뜨면 내가 가정한 상황처럼 예전으로 돌아가기를 바란다. 저 상상의 날로 돌아갈 수 있다면 내가 가진 것, 내가 할 수 있는 것 모든 것을 다할 것이다.

친구야.
잘 살고 있냐. 나는 죽지 못해 살고 있다.
너를 그렇게 보내고 나도 따라가려고 했는데 그렇게 하지 못했다.
네가 나를 오지 못하게 했을 거야. 내가 세상에 남아서 무언가 해야 할 일이 있으니 네가 나를 죽음의 문턱에서 돌려보낸 것이라고 생각해.
다시는 우리 같은 사람이 나오지 않게 하려면 내가 무엇을 해야 할까를 생각해봤어. 내가 경험한 지옥 같은 도박 인생과 그런 도박을 끊어야하는 이유에 대한 책을 써서, 사람들이 그 책을 읽고 도박이 얼마나 무서운 것인지 깨닫게끔 해야겠다는 생각을 했어.

그리고 진로를 바꿔 의학도의 길을 걷기로 했어. 최초의 도박중독자 출신 도박 중독 치료사가 되어서 도박중독자들을 치료해야겠다는 생각이 들었어.

거기에는 베팅 사이트 없지? 그럼 그곳이 아마 천국일거야. 지옥을 경험하다 갔으니 천국 같은 그곳에선 베팅하지 말고 평안하게 지냈으면 한다.

그리고 위닝 연습 좀 많이 해둬라. 레알 마드리드나 바르셀로나 같은 강팀만 하면 실력이 늘지 않아. 위닝은 능력치로 하는 게 아니라 마음으로 하는 거야. 이 병신아. 네놈 위닝 실력을 생각하니까 갑자기 눈물이 앞을 가린다.

나중에 다시 만나서 꼭 위닝 한판하자. 내기가 없으면 재미없으니까 음료수랑 플스방비 내기는 하자. 앞으로는 돈내기는 딱 위닝할 때만 하자.

연습 많이 하고 있어라. 내가 같이 따라가서 연습 상대를 해줬어야 했는데 그렇게 못해서 미안하다. 정말 미안했다. 정말 미안하다. 정말 정말 미안하다. 내가 너무너무너무 미안하다. 친구야. 너무 미안하니까 다음에 위닝 할 때 음료수는 내가 살게.

잘 살고 있어라. 하늘에서 내가 도박 끊고 열심히 잘 살고 있는 모습 지켜봐주라. 항상 네가 보고 있다고 생각하고 열심히 살게. 잘 지내라.

평안하게 잘 살아라.

59장.
끊어라

도박을 끊어야 한다. 끊어야만 하는 이유를 정리해서 설명하겠다.

도박은 마약이나 마찬가지이다. 황금만능주의사회인 우리나라에서 돈의 가치와 도박이 맞물리면 오히려 마약보다 더 끊기가 어려운 것이 바로 이 도박이다. 마약은 그 중독과 파멸이 무서워서 시도하지 못하면서 도박은 무슨 깡으로 입문하는 것인가. 경험상 마약보다 중독성이 더 심하고, 위험성도 훨씬 높다. 마약은 차라리 구하기라도 어렵지, 베팅은 핸드폰 하나만 있으면 된다. 10초면 구할 수 있는 마약을 하는 것이나 마찬가지이고, 주머니에 마약 제조 공장을 넣고 다니는 것과 마찬가지이다.

재미있는 것을 찾고 싶다면 그 재미를 추구한다고 해서 인생이 파멸에 빠지지 않는 것들 중에서 골라라. 도박을 하는 것은 인생과 목숨을 걸어야하는 게임을 하려는 것과 마찬가지이다. 게임에 빠지는 순간 그 게임이 일상의 모든 것을 앗아갈 것이고 목숨을 걸어야하는 상황에 처하게 될 수도 있다. 그런 위험한 스릴이 재미있게 느껴진다면 정신병 초기 증상을 앓고 있는 것이다.

도박에 손을 대는 사람 중에 멍청한 사람은 없다. 자신이 멍청하다고 생각하는 사람은 도박을 무서워해 손조차 대지 않으려 한다. 도박을 하는 대부분의 사람들은 자신이 어느 정도 똑똑하다고 생각할 것이고 실제로 그 똑똑한 머리를 잘 굴려 도박에서 승리를 경험한 적도 있을 것이다. 그렇게 자신의 생각대로 일이 풀리니 도박에 대한 자신감도 붙을 것이고, 재미마저 있으니 도박이라는 것이 참 매력적이게 느껴질 것이다.

하지만 도박은 그 근본이 확률에 달려있다. 아무리 똑똑하고 능력이 좋다고 해도 단순히 운이 나쁨으로 해서 패배를 할 수 있다. 운에 달린 것이기 때문에 아무리 영리하다고 해도, 또 아무리 노력을 한다고 해도 그 운을 뒤집을 수 있는 방법은 없다.

그 좋은 머리를 가지고 확률에 모든 것을 맡기는 승부를 할 필요가 없다. 자신의 노력으로 뒤집을 수 있고, 자신의 능력으로 무언가를 해낼 수 있는 분야에서 힘쓰는 것이 훨씬 더 바람직하다. 능력이 뛰어날수록 절대로 도박 같은 확률 게임을 해서는 안 되는 것이며 도박에서 멀리 떨어져 있을수록 능력이 뛰어난 것을 의미하는 것이다. 억대 연봉을 받을 정도의 잠재력과 능력이 있는 사람이 쓸데없이 동전 던지기에 인생을 낭비할 필요가 있을까? 동전을 던질 시간에 자신의 뛰어난 능력을 갈고 닦는 것이 현명한 길이다.

인간답게 살아야한다. 어려운 일이 아니다. 본인의 맡은 바 소임만 잘 해내면 된다. 인간답게 사는 것이 꼭 무언가를 잘해야 한다는 것을 말하는 게 아니다. 그저 사람이 해선 안 될 짓들을 하지 않는 것만으로도 충분하다. 사람이 해서는 안 될 짓들은 바보가 아닌 이상 누구나

다 안다. 사람을 죽여선 안 되는 것처럼 말이다.

　인간이 감당할 수 있는 쾌락 그 이상의 것을 탐하면 안 된다. 그런 쾌락은 인간 본연의 모습을 망가트릴 수 있기 때문이다. 그러니 정신을 혼미하게 할 정도의 쾌락으로 사람을 홀려 그 사람의 안정성을 앗아가 버리는 도박이라는 것을 절대로 해서는 안 된다. 명문대에 다닐 정도로 수재인 내가, 바보처럼 그 간단한 사실을 놓쳐서 지금 이 지경에 빠졌다. 나 같은 바보가 되기 싫으면 도박을 끊어야만 한다.

　그리고 베팅 사이트 사장, 즉 토사장이 되었다고 생각해보아라. 베팅의 수익 구조는 배당의 불공정함 때문에 베팅 이용자가 베팅을 얼마나 잘하건 토사장이 이득을 볼 수밖에 없는 구조로 되어 있다. 그렇기 때문에 스포츠 베팅을 하는 것의 의미는 호구 중의 호구, 자처해서 토사장 ATM기기가 되는 것을 의미하는 것이다. 도대체 손해를 볼 수밖에 없는 불리한 내기를 왜 하는 것일까? 분석만 믿고? 기가 막히게 잘 들어맞는 감만 믿고? 아무리 그 O랄로 연구를 하고 분석을 해도 구조의 부당함 때문에 손해를 볼 가능성이 너무나도 높다는 것을 반드시 명심해야 한다. 그 노력을 자신의 인생을 증진시킬 수 있는 곳에다 사용하는 것이 백배천배는 더 낫다.

　높이가 무한대로 있는 사다리가 있다고 쳐보자. 사다리의 끝은 구름에 가려서 보이지 않는다. 사다리를 하나씩 올라갈 때마다 볼 수 있는 풍경이 늘어난다. 그 풍경은 장관을 그린다. 그런데 너무 높이 올라왔기 때문에, 떨어지면 죽을지도 모른다. 하지만 더 멋진 풍경을 보기 위해 위만 보고 올라왔기 때문에 뒤는 생각하지 못한다. 높이 올라간 그곳엔 바람이 세게 분다. 그 바람에 흔들려 미끄러져 몇 칸 내려오게 된다. 그제야 떨어지면 죽을지도 모른다는 공포감에 쌓이게 된다. 그래서 빨리 이 사다리의 끝까지 올라가서 이 공포감을 없애고 싶은데 아무리 올라가도 사다리의 '끝'은 보이지 않는다.

그러다 결국 힘이 부쳐 떨어지게 된다. 떨어져 온 몸이 상처투성이가 되고 내가 떨어진 곳의 지반도 움푹 파이게 된다. 그런데도 풍경에 대한 동경으로, 그 풍경을 다시 보기 위해서 지반을 메우고 다시 사다리에 올라선다. 요령이 생겨 금세 예전에 올라갔던 만큼을 올라간다. 한 번 실수를 딛고 올라왔기 때문에 자신감이 생겨 더 높은 곳에서의 풍경을 보기 위해서 한층 더 올라간다.

그런데 내가 여기서 더 올라가려고 하면 아까 메우고 온 지반이 부실해 사다리의 무게를 견디지 못하고 움푹 파이기 시작한다. 이제는 올라가는 칸만큼 땅이 파인다. 한 칸을 올라갔을 뿐인데 내가 올라가려고 힘을 준만큼 땅이 파이니 높이는 가중된다. 하지만 이미 한 번 떨어진 경험이 있기 때문에 또 떨어지진 않을 것이라 생각하며 계속해서 올라간다. 요령도 생기고 사다리를 오르면서 근력도 붙어서 더 높은 곳까지 올라가게 된다.

그곳의 풍경은 정신을 잃게 할 정도로 아름답다. 세상을 다 가진듯한 기분이 든다. 성취감은 이루 말할 수 없이 크다. 그 높이에서 밑에 있는 사람들을 바라보니 개미처럼 느껴진다. 그 개미들이 나보고 너무 높이 올라갔으니 내려오라고 말한다. 한낱 개미 따위가 말하는 것이 귀에 들릴 리 없다. 올라갈수록 지상의 말이 들리지 않고, 지상에서 즐기던 것들과 멀어진다. 지상과 멀어질수록 고독해진다. 그렇다고 내려갈 수도 없다. 여기까지 올라오느냐고 내가 고생을 얼마나 했는데.

이제 내게 남은 것은 사다리를 타는 것 말고는 없다. 계속해서 올라간다. 그런데 이젠 올라가도 풍경의 변화가 없다. 아무리 올라가도 그대로다. 이제 내게 남은 것은 더 올라가야한다는 의무감뿐이다. 외로움과 고독감을 느끼며, 그 고생을 하며 계속해서 올라가는데도 아무런 보상을 느끼지 못한다.

점점 정신이 피폐해진다. 예전에 실패에서 얻은 요령으로 조심히 한 칸씩 올라가는 것도 이젠 짜증이 난다. 그 높은 위치에서 빨리 올라가려고 서두른다. 그러다 미끄러져 한 칸 밑으로 내려가면, 짜증이 폭발해 이젠 세 칸씩 올라가려고 한다. 그러다가 더 미끄러지면 이젠 점프를 해서 한 번에 최고기록으로 올라가려한다. 그러다가 사다리를 붙잡지 못하고 추락을 한다. 중간에 있는 사다리를 붙잡아 떨어지는 것을 멈추지만, 예전의 높이에 대한 강박관념에 사로잡혀 나를 추락하게 만든 점프를 계속해서 시도한다.

결국 지상으로 떨어지고 심각한 부상을 입는다. 지상에 내려가니 내가 이룩한 모든 것이 사라진 것 같은 생각이 든다. 내게 남은 것은 아무 것도 없다. 순간 엄청난 분노가 찾아온다. 가장 친한 친구의 몸을 빌려 다시 올라간다. 올라가려고 다시 사다리에 발을 올리니 갑자기 발밑에 구멍이 보인다. 지반이 파이고 파여 이제는 구멍을 만들어버린 것이었다.

순간 두려운 마음이 들지만, 이미 미쳐버린 나이기에 지상에서 그 위험한 점프를 또다시 한다. 어느 정도 올라가다 또 떨어져 친구의 몸마저 잃고 만다. 다시 다른 몸을 빌려 올라가보지만 또 떨어지고 만다. 이젠 구멍 깊숙이 빠져들었다. 결국 부상으로 더 이상 움직일 수 없는 내 몸을 가지고 또 올라가 보려하지만, 나 자신도 이젠 끝이 났다는 걸 안다. 결국 모든 것을 포기하고 지하 나락으로 몸을 던진다.

떨어지면서 죽는다는 생각을 하니 내가 틀렸었다는 생각이 든다. 높은 풍경은 이제 필요 없으니 그저 지상에서 평온하게 살고 싶다는 생각만 든다. 그렇게 의식을 잃는다.

정신을 차려보니 누군가 지하까지 내려와 나를 울면서 치료해주고 있다. 그제야 깨닫게 된다. 풍경 보는 것에 빠져 사다리를 한 칸씩 올라갈 때마다 나는 내 소중한 생명을 담보로 내던졌던 것이다. 또 나를 걱정해주는 소중한 사람들의 마음을 배신하면서 사다리를 타고 있었던 것이다.

더 이상 사다리를 타지 않을 것이라는 생각을 한다. 사다리가 없어도 그 지하에서 지상으로 올라갈 수 있는 방법은 얼마든지 있다. 얼마나 오랜 시간이 걸리건 다른 방법으로 올라갈 것이다.

"죽는 것보단 나으니까."

사다리 베팅 앞에서 미치지 않을 수 있는 사람은 없다. 바둑 두는 인공지능 '알파고'라면 사다리 베팅으로 돈을 딸 수도 있을 것 같다. 하지만 세계 최강 이세돌이 그 기계에게 패배했던 것처럼 사람은 감정이란 것이 있기 때문에 정신적으로 흔들려 실수를 할 수밖에 없다.

나 역시도 숱한 전쟁을 치르며 만든 완벽에 가까운 정신 무장으로, 평정심이라는 최강의 무기를 들고 사다리라는 적과 싸웠었다. 하지만 나의 무기가 아무리 강력하다하더라도 결국엔 나라는 인간이 만든 것이고, 내 본연의 것이기 때문에 한계가 있을 수밖에 없었다. 그렇기 때문에 사다리라는 괴물과 끝없는 싸움을 계속하다보니 결국엔 내 무기에도 작은 균열이 생기게 된 것이고, 그 작은 균열 때문에 무기가 깨져버리는 상황이 발생한 것이다. 최후에는 나를 보호해주는 어떠한 무기도 없이 맨주먹으로 그 괴물에게 덤비다가 잡아먹히게 된 것이다.

단언컨대 5분에 한 번씩 느껴지는 격정 앞에서 평정심을 유지할 수 있는 사람은 없다. 평정심을 유지할 수 있다고 생각한다면 사다리의 사자도 모르는 것이다. 아무리 승률이 좋고 아무리 운이 좋다고 해도 언젠가는 큰 위기가 찾아올 수밖에 없고, 그 위기에서 정신적으로 흔들려 크나큰, 심각한 패배를 경험할 수밖에 없다.

어차피 1/2의 확률에서 승률이 무슨 의미가 있고 운이 무슨 의미가 있을까. 도박 자체가 사람의 심리에 끼치는 영향이 너무나도 막대하기 때문에 문제가 생긴다는 것이다. 그것을 파악하고 대비하려고 해도 인간이기 때문에, 인간이라면 어쩔 수 없이 견디지 못하고 무너질 수밖에 없는 것이다. 그것이 어떤 모습으로 다가오건 중요치 않다. 결국에는 흔들리고 파멸에 빠지고 있는 자신을 발견하게 될 뿐이다. 인간이라면, 본인이 감정을 느낄 수 있는 생명체라면 절대로 그 인간의 본래성을 노리는 死다리 게임을 해서는 안 된다. 간단한 이유이다. 사람이 해서는 안 되는 게임이기 때문이다.

사다리가 이용자의 입맛에 잘 들어맞는 효자 종목이면, 인간이 이겨낼 수 있는 종목이라면 베팅 사이트에서 도대체 무슨 이유로 2배 가까이 되는 높은 배당을 줘가며 사다리 베팅을 이용하게 해주는 것일까? 반드시 명심해야할 점은 사람들의 생각대로 원하는 결과를 내줄 사다리 게임이었으면 절대로 베팅 사이트에서 사다리 베팅을 제공해주지 않았을 것이라는 점이다. 딸 수 있을 것 같다는 생각, 별 거 아니라는 생각, 이런저런 방법을 적용해보면 가능할 것이라는 생각이 들게끔 교묘하게 사람을 속여서 앉혀 놓고, 더더욱 교묘한 방법으로 심리적인 약점을 노리는 종목이 바로 사다리 베팅이라는 것을 명심해야한다.

절대로 사다리를 타서는 안 된다. 현재 우리나라에서 가장 위험한 도박이 사다리 게임이다. 강원랜드에서 시행되는 도박과는 차원이 다를 정도의 위험성을 지니고 있다. 전문꾼들이나 가는 강원랜드조차도 베팅 금액 제한이라는 것이 있다. 물론 사다리 게임에도 베팅 금액 제한이 있긴 하지만, 일단 기본적으로 강원랜드의 제한 금액보다 3배는 더 높다. 거기에다가 마음만 먹으면 그 제한 금액을 무의미하게 만들 수도 있다. 그렇기 때문에 무제한의 위험성을 지니고 있는 도박인 것이다.

그리고 그 무제한의 위험성을 가진 도박을 무제약으로 이용할 수 있다는 점에서도 그 위험성이 배가된다. 스마트폰만 있으면 언제, 어디서든 이용할 수 있다. 눈만 뜨면 바로 이용할 수 있고, 밥 먹을 때, 등교길에, 퇴근길에, 자기 전에도 10초면 접속해서 베팅을 할 수 있다. 한마디로 언제든 강원랜드로 순간 이동을 해서 무제한의 베팅을 할 수 있다는 것이다.

이러한 무제한의, 무제약의 위험성을 가진 사다리 게임을 절대로 시행하게 해선 안 되며, 절대로 이용해서도 안 된다. 괜히 死다리 게임이 아니다. 목숨을 앗아가는 괴물과 절대로 맞닥뜨려서는 안 된다. 진짜로 죽을 수도 있다. 그렇기 때문에 절대로, 절대로 사다리 게임을 이용해선 안 된다. 절대로..

60장.
결말2

    다시 나의 이야기로 돌아와서, 시간이 흘러 병원에서 퇴원을 하고 죽은 친구의 아버지를 만나 뵙게 되었다. 친구 아버지의 슬픔에 젖은 눈을 보니 죄송하다는 말조차 입에서 나오지 않았다. 입을 여는 순간 울음이 터져 나올 것만 같았다. 그저 고개를 푹 숙이고 땅만 바라보고 있었다. 친구 아버지께서 말씀하셨다. 고개 들으라고, 내 잘못만이 아니라고, 용서하겠다고, 꿋꿋이 살아나가라고, 그것이 죽은 자신의 아들에게 속죄하는 유일한 길이라고 말씀하셨다.

    하염없이 눈물만이 흐를 뿐, 나는 그 어떤 말도 할 수가 없었다. 친구의 아버지께선 나를 안아주셨다. 가슴팍에 안겨 참회의 오열을 했다. 친구의 아버지께선 나를 도닥여주셨다. 자식을 잃은 슬픔을 경험하시고도 그 원인을 제공한 나 같은 놈을 위로해주시고 걱정해주신다니.. 정말 몸 둘 바를 모를 지경이었다.

    우린 그렇게 이야기를 마치고 헤어졌다. 친구 아버지의 돌아가시는 뒷모습을 보는데, 예전에 친구의 뒷모습을 봤던 것이 생각이 났다. 그 때에는 친구의 뒷모습만 바라보며 아무 말도 하지 못했었다. 하지만 이번에는 그렇지 않았다. 뛰어가서 친구의 아버지를 붙잡았다. 그리곤 이렇게 말했다.

"백배 천배 사죄할 수 있도록 혼신의 힘을 다해 살아가겠습니다.. 정말 그 누구보다 열심히 살아가겠습니다.. OO를 가슴에 품고, 항상 속죄하는 마음으로 살아가겠습니다.."

친구의 아버지는 다른 말씀 없이 나를 다시 한 번 안아주셨다. 아까 내가 적셔놓았던 가슴팍에 다시 한 번 얼굴을 묻었다. 뜨거웠다. 피처럼 뜨겁게 느껴졌다. 색깔만 하얄 뿐이지 피눈물처럼 뜨겁게 느껴졌다. 그 피눈물에 친구 아버지의 자애로운 온기가 뜨거움을 더했다. 정말 따듯했다. 이 뜨거움과 따듯함을 내 가슴에도 새겨 앞으로의 고난을 견뎌내고 이겨나가야겠다고 결심했다.

이렇게 나의 삶은 계속되었다. 씻을 수 없는 상처 가득한 과거를 안고 살아간다는 것은 무척이나 힘든 일이었다. 많은 깨달음을 얻었다고 해도, 또 정신적으로 많이 회복되었다고 해도 여전히 슬프고 여전히 고통스러웠다. 매일같이 느껴지는 고뇌와 번민 속에서, 하루에도 수십 번씩 자괴감에 빠져들었다.

너무 많은 것을 잃어버렸다. 부모님의 신뢰를 져버렸고, 가장 소중한 친구를 잃었고, 사랑하는 여자친구의 믿음도 져버렸다. 내 인생에서 가장 아름다운 시기인 20대를 까맣게 먹칠해버렸다. 내게 남은 것은 아무것도 없었다. 되돌아볼만한 것이 없었고 돌아보는 것 자체가 싫었다. 정말 너무 많은 것을 잃어버렸다.. 너무 많이...

하지만 나는 버텨낼 것이다. 견뎌낼 것이다. 살아나갈 것이다. 아무리 힘들고 고통스럽더라도 이겨낼 것이다. 나는 반드시 그렇게 해낼 것이다. 이유를 따지려들지 않을 것이다. 이겨내야 한다는 것 이외에 그 어떤 잡스러운 생각도 하지 않을 것이다. 내가 살아나가야 할 이유는 오직 그 뿐이니까.

삶의 방향은 정해졌다. 나의 과거를 속죄하는 방향으로, 나의 과오를 만회하는 방향으로, 참담했던 과거만큼의 찬란한 미래를 만든다는 방향으로 삶을 이끌어나갈 것이다. 이런 고통마저 견뎌낼 수 있다면, 이 고난을 극복해낼 수 있다면, 이런 불행을 행복으로 바꿀 수 있다면 그때의 나는 한층 더 성장한 인간이 되어있지 않을까. 그런 마음과 바람으로, 정해진 방향을 따라 뒤돌아보지 않고 나아갈 것이다.

나의 과거를 속죄하고 만회하는 데에 온 힘을 다할 것이다. 밝은 미래를 만들기 위해 혼신의 노력을 펼칠 것이다. 다시는 인간답지 못한 삶을 살아가지 않을 것이며, 사랑하는 사람들의 신뢰를 져버리는 일을 만들지 않을 것이다.

우리나라에서 다시는 나 같은 사람이 나오지 않게 하기 위해, 도박을 근절하는 데에 이 한 몸 바칠 것이다. 마약보다 더 위험한 도박이라는 독약이 이 세상에 판치지 못하게 할 것이다. 도박이라는 독약이 퍼져 삶이 위태로운 사람들에게 그 독을 치료할 수 있는 백신을 제공해줄 것이다.

그렇게 하기 위해서 진로를 바꾸기로 마음먹었다. 의학도의 길을 걷기로 결심했다. 최초의 도박중독자 출신 도박 중독 치료사가 되어서 도박 중독을 치료하는 것으로 내 인생을 속죄해야겠다는 생각을 했다.

이것으로 내 인생의 '2막'이 시작되었다.

마치면서

도박을 끊고 일상으로 돌아가니 시간이 더디게 가는 것처럼 느껴진다. 매시간을 온 신경을 집중해서 생사기로의 전쟁을 치렀었는데, 다시 일상으로 돌아오니 시간이 2배는 느리게 가는 것 같이 느껴진다. 밥 먹을 시간부터 잠을 잘 수 있는 시간, 공부할 수 있는 시간, 운동할 수 있는 시간, 쉴 수 있는 시간, 이 모든 것들을 할 수 있는 시간적 여유가 생겼다. 하루가 이렇게 길게 느껴졌던 적도 없었던 것 같다. '나'를 위한 시간이 이렇게나 많았었다.

사소한 느낌, 감정들이 다시 살아났다. 그동안 너무 많은 것을 잊고 살아왔다. 날씨가 좋을 때는 상쾌한 느낌이 든다. 밥을 먹지 않으면 배가 고프고 따듯한 밥을 먹으면 너무나 달콤하다. 밥 먹고 커피 한잔을 하며 한가롭게 거닌다. 공부가 참 재미있게 느껴진다. 물론 시험 기간에 들어서면 공부에 대한 압박이 들긴 하지만, 시험 끝나고 동기들과 축구 한 게임 뛰면 스트레스가 풀리는 느낌이 든다. 해소되는 기분이라는 것을 새삼 느낀다.

인간답게 살 수 있게 되었다. 더 이상 나의 가장 소중한 안정을 위태롭게 하는 일을 만들지 않아도 됐다. 더 이상 감정의 굴곡 속에서 혼란을 겪지 않으니 마음의 평온이 되찾아왔다. 다시 바른 마음가짐, 바른 생각을 갖게 되었고 성격도 원래대로 돌아왔다. 그리고 패배의 절망 속에 빠져있을 일도 없게 되었으니 죽고 싶다는 생각, 죽고 싶다는 말을 더 이상 하지 않게 되었다. 인간답지 못했던 삶에서 겨우 벗어나 드디어 사람답게 살 수 있게 되었다. 사람답게 사는 것이 이렇게 감사하다는 것을 다시금 깨닫게 되었다.

내가 무엇인가를 도전하게 되었다. 이 시련과 과오를 만회하기 위해 무엇이든 시도해봐야겠다는 생각이 들었다. 예전에 막연하게 생각했던 것들을 몸소 도전해보게 되었다. 평상시 같았으면 시작도 하지 않았거나 중도에 포기했었을 텐데, 이번 일을 계기로 무언가 끝까지 해내야겠다는 마음가짐을 갖게 되었다. 위기가 찾아오지 않았다면 도전도 없었을 것이다. 위기가 곧 기회가 된 것이다. 이 기회를 잘 살려 나의 과오를 만회해보려고 한다.

도박을 끊게 되었다. 도박을 하지 않아도 되었다. 나는 이제 다시는 도박을 하지 않을 것이다. 지금 나의 인생에서 도박을 끊는 것보다 좋은 일이 있을 수 있을까. 끊지 않았으면 평생을 도박중독자로 살면서 하나 뿐인 내 인생을 허비하고 있었을 것이다. 돈을 얼마를 따고 있건 얼마를 잃고 있건 그것은 중요하지 않다. 틀림없이 인간답지 못한, 짐승 같은 모습으로 살아가고 있었을 것이다.

단언컨대 도박을 끊은 이 시점이 앞으로의 나의 올바른 미래를 위한 시작점일 것이다. 지나온 나날들을 교훈삼아 앞으로 내 인생을 위태롭게 하는 짓을 다시는 하지 않을 것이며, 이 위기를 기회로 삼고 지난날의 과오 만회하고자 남들보다 몇 배 열심히 노력할 것이다.

마지막으로 도박을 끊으니 참 행복하다. 마냥 좋다. 도박을 하지 않는다는 것, 그 끊기 힘들다는 도박을 끊었다는 것만으로도 나 자신이 너무나도 대견스럽다. 또 내 주변에 나를 걱정해주는 사람, 도와주는 사람, 응원해주는 사람, 믿어주는 사람, 사랑해주는 사람들이 이렇게 많았었다는 것에 축복받은 것 같은 감사함을 느낀다. 그 감사함 덕분에 삶이 너무나도 행복하다. 이 행복함을 발로 차버리는 짓을 절대로 하지 않을 것이다.

우리 같은 도박중독자가 가진 절대적인 장점이 하나 있다. 바로 도박으로 단맛, 쓴맛, 똥맛까지 다 먹어봤기 때문에 더 이상 그 쓴맛과 똥맛을 보지 않아도 된다는 것에서 안도의 행복을 느낄 수 있다는 것이다. 그리고 너무나도 고통스러운 현실 속에서 살아왔기 때문에 작은 결실이나 만족에도 크나큰 행복을 느낄 수가 있다. 또 도박을 접하지 않으면 몰랐을, 등한시했을 감사함들을 도박중독자로 살아본 덕에 누구보다 뼈저리게 느낄 수가 있다.

도박을 완전히 끊게 되었을 때 그 감사함과 행복함은 이루 말할 수 없을 정도로 크게 다가온다. 도박중독자였기 때문에, 안정적이고 평범한 삶이 너무나도 행복해질 수가 있는 것이다. 그 이루기 어렵다는 행복한 삶, 도박중독자였기 때문에 쉽게 이룰 수 있다.

모든 도박중독자들이 나처럼 도박을 끊고 행복해졌으면 하는 바람이 있다. 더 이상 음지 속에서 불행을 느끼면서 살지 말고 양지로 나와 행복하게 살았으면 한다.

도박중독자들이여. 단순한 사실 하나를 명심하자. 도박을 끊으면 행복해진다. 행복이 멀리 있는 것이 아니다. 바로 코앞에 와있다. 도박만 끊으면 그 어렵다는 행복을 쉽게 쟁취할 수 있다. 도박을 끊고 행복해지자. 당신도 분명 행복해질 수 있다.

여러분들이 이 행복을 느낄 수 있기를
저 토카로트는 간절히 소망합니다.

도박에 빠진 S대생

초판 1쇄 | 2016년 7월 20일

지은이 | 토카로트 (필명)

발행인 | 고민정
펴낸곳 | 한국전자도서출판
주 소 | 경기도 구리시 건원대로 92,
114동 303호 출판그룹 한국전자도서출판
홈페이지 | www.koreaebooks.com
이메일 | contact@koreaebooks.com
팩 스 | 0507-517-0001
원고투고 | edit@koreaebooks.com
출판등록 | 제2015-000004호

ISBN 979-11-86799-11-6 (03330)

Copyright 2016 토카로트, 한국전자도서출판 All Rights reserved.

본 책 내용의 전부 또는 일부를 재사용하려면 목적여하를 불문하고
반드시 출판사의 서면동의를 사전에 받아야 합니다.
위반 시 민·형사상 처벌을 받을 수 있습니다.

잘못된 책은 구입처에서 바꿔드립니다.
저자와의 협의 하에 인지는 생략합니다.
책값은 본 책의 뒷표지 바코드 부분에 있습니다.

한국전자도서출판은 출판그룹 한국전자도서출판의 출판브랜드입니다.